코칭 윤리 사례 연구

First published 2024

by Routledge
4 Park Square, Milton Park, Abingdon, Oxon OX14 4RN

and by Routledge
605 Third Avenue, New York, NY 10158

Routledge is an imprint of the Taylor & Francis Group, an informa business

© 2024 selection and editorial matter, Wendy-Ann Smith, Eva Hirsch Pontes, Dumisani Magadlela, and David Clutterbuck; individual chapters, the contributors

The right of Wendy-Ann Smith, Eva Hirsch Pontes, Dumisani Magadlela, and David Clutterbuck to be identified as the authors of the editorial material, and of the authors for their individual chapters, has been asserted in accordance with sections 77 and 78 of the Copyright, Designs and Patents Act 1988.

All rights reserved. No part of this book may be reprinted or reproduced or utilised in any form or by any electronic, mechanical, or other means, now known or hereafter invented, including photocopying and recording, or in any information storage or retrieval system, without permission in writing from the publishers.

Trademark notice: Product or corporate names may be trademarks or registered trademarks, and are used only for identification and explanation without intent to infringe.

British Library Cataloguing-in-Publication Data
A catalogue record for this book is available from the British Library

ETHICAL CASE STUDIES FOR COACH DEVELOPMENT AND PRACTICE

Copyright © 2024 by Wendy-Ann Smith, Eva Hirsch Pontes, Dumisani Magadlela, David Clutterbuck
Authorised translation from the English language edition published by Routledge, a member of the Taylor & Francis Group
All rights reserved.

Korean Translation Copyright © 2024 by Korea Coaching Supervision Academy
Korean edition is published by arrangement with Taylor & Francis Group through Imprima Korea Agency

이 책의 한국어판 저작권은 Imprima Korea Agency를 통해 Taylor & Francis Group와의 독점 계약으로 한국코칭수퍼비전아카데미에 있습니다. 저작권법에 의해 한국 내에서 보호를 받는 저작물이므로 무단전재와 무단복제를 금합니다.

호모코치쿠스 50

코칭 윤리 사례 연구
Ethical Case Studies for Coach
Development and Practice

웬디-앤 스미스, 에바 허쉬 폰테스, 두미사니 마가드렐라 편저
김상복, 김현주, 이서우 옮김

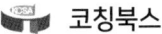
코칭북스

목차

역자 서문 ······ 8
편집자 소개 ······ 12

제1부. 코치의 윤리적 개발을 위한 사례 연구 작업

1장. 코치 교육과 성장을 위한 윤리 사례 연구 ······ 19
  웬디-앤 스미스Wendy-Ann Smith, 데이비드 클러터벅David Clutterbuck

2장. 사례 공식화: 코칭 사례연구를 위한 작업 도구 ······ 53
  데이비드 A. 레인David A. Lane, 마이클 카바나Michael Cavanagh, 웬디-앤 스미스 Wendy-Ann Smith

제2부. 사례 연구 ······ 87

3장. 일대일 코칭 ······ 89
  사례 연구 1. '지옥에서 온 상사' 코칭하기 ······ 91
    문혜선Haesun Moon
  사례 연구 2. 코치가 코칭할 수 있다고 해서 코칭을 해야 하는가? ······ 101
    애널리즈 로취Annalise Roache
  사례 연구 3. 부모의 사망, 코칭이 필요한가? 치료가 필요한가? ······ 111
    야닉 제이콥Yannick Jacob
  사례 연구 4. 경계 지키기: 한 명의 코치, 두 명의 고객 ······ 121
    샬린 S. 루소Charline S. Russo
  사례 연구 5. 전인적 인간에 집중하기: 조직에서 성공적인 코칭 성과 창출하기 ······ 131
    알리사 M. 마놀레스쿠Alissa M. Manolescu, 사샤 E. 라딘Sasha E. Radin

4장. 수퍼비전 ······ 143

사례 연구 6. 코칭수퍼비전으로 가져온 담합 ······ 145
이브 터너Eve Turner

사례 연구 7. 전문가들의 그룹 수퍼비전에서 정신 건강이 드러나는 경우: 다양한 관점에 귀 기울이기 ······ 155
앤 칼레야Anne Calleja, 캐롤 휘태커Carol Whitaker

사례 연구 8. 모자가 몇 개나 되나요? ······ 167
에바 허쉬 폰테스Eva Hirsch Pontes

사례 연구 9. 사별에 대한 상호교차성과 수퍼비전 ······ 175
몬게지 C. 마칼리마Mongezi C. Makhalima

사례 연구 10. 이중 역할: 수퍼바이저 역할을 하는 코치 교육자 ······ 183
캐리 아놀드Carrie Arnold

5장. 팀 코칭 ······ 193

사례 연구 11. 윤리 또는 가치의 문제인가? ······ 195
잉엘라 캄바 러들로Ingela Camba Ludlow

사례 연구 12. 팀 코칭 계약에서 주목할 점 ······ 203
데이비드 매튜 프라이어David Matthew Prior

사례 연구 13. 예측할 수 없는 팀 리더십 유산 탐색 ······ 213
두미사니 마가드렐라Dumisani Magadlela

사례 연구 14. 알지 못하는 영역에 대한 코치 역량 ······ 221
에바 허쉬 폰테스Eva Hirsch Pontes, 데이비드 클러터벅David Clutterbuck

사례 연구 15. 팀 코칭 참여와 기밀 유지 ······ 231
콜름 머피Colm Murphy

6장. 외부 코칭 ······ 241

사례 연구 16. 코칭할 것인가, 하지 않을 것인가: 자원이 거의 없는 고객 ······ 243
에바 허쉬 폰테스Eva Hirsch Pontes

사례 연구 17. 코칭 중에 이해관계자의 순위 다툼이 충돌할 때 ······ 251
샘 아이작슨Sam Isaacson

사례 연구 18. 3자 계약: 법적, 윤리적 책임은 무엇인가? ······ 259
마리 스톱포스Marie Stopforth

사례 연구 19. 바위와 돌 사이: 같은 조직 내에서 고객 코칭하기 ······ 269
　　잉가 아리아나 비엘린스카Inga Arianna Bielinska
사례 연구 20. 다층 정렬 ······ 277
　　조 레이마리Jo Leymarie

7장. 내부/사내 코칭 ······ 285

사례 연구 21. 내부/사내 코치 및 정신 건강 ······ 287
　　안드레아 기랄데즈-헤이즈Andrea Giraldez-Hayes
사례 연구 22. 끊임없이 움직이는 변화하는 조직의 조각 탐색하기 ······ 297
　　로레인 S. 웹Lorraine S. Webb
사례 연구 23. 내부/사내 코칭: 여성 리더에 대한 편견 ······ 305
　　로지 에반스-크림메Rosie Evans-Krimme
사례 연구 24. 독재적 리더십의 권력 문제 ······ 315
　　F. K. 티아 모인F. K. Tia Moin
사례 연구 25. 코칭 주제가 일상 업무와 겹치는 경우 ······ 325
　　샘 아이작슨Sam Isaacson

8장. 디지털 및 인공지능(AI) 코칭 ······ 333

사례 연구 26. 예상치 못한 사망 시 디지털 기록 관리하기 ······ 335
　　이브 터너Eve Turner, 데이비드 A 레인David A. Lane
사례 연구 27. 코치와 핀테크 디지털 전문가 ······ 345
　　라몬 에스트라다Ramón Estrada
사례 연구 28. 통제 범위를 벗어난 데이터 위반 처리 ······ 353
　　알렉산드라 J.S. 포에이커스Alexandra J.S. Fouracres
사례연구 29. AI 환경에서의 새로운 팀 리더 ······ 363
　　데이비드 클러터벅David Clutterbuck
사례연구 30. AI: 코칭의 미래? ······ 373
　　데이비드 클러터벅David Clutterbuck

9장. 코칭에서의 권력 ······ 381

사례연구 31. 문화적 해석 ······ 383
　　실비나 M. 슈피겔Silvina M. Spiegel
사례연구 32. 여성 권력이 자신에게 불리하게 무기화될 때 ······ 395
　　캐롤라인 아담스 밀러Caroline Adams Miller, 웬디-앤 스미스Wendy-Ann Smith

사례연구 33. 한 가지 조건하에서: 정체성에 기반한 공격 사례 ······ 405
　　파멜라 A. 라르드Pamela A. Larde

사례연구 34. 권력 게임: 기존 리더의 역할 전환과 파급 효과 ······ 413
　　모니카 머레이Monica Murray

사례연구 35. 신경다양성 장애 환경에서의 코칭 ······ 421
　　조나단 드루리Jonathan Drury

10장. 코칭에서의 홍보 ······ 431

사례연구 36. 코칭을 동료 코치에게 하청하는 경우 윤리적 도전 과제 ······ 433
　　김 모건Kim Morgan

사례연구 37. 비즈니스 코치의 모범 ······ 441
　　프란신 캠폰Francine Campone

사례연구 38. 코칭은 당신의 꿈의 직업이다 ······ 451
　　프란신 캠폰Francine Campone

사례연구 39. 조직 및 이해관계자 계약 시 윤리적 문제 ······ 459
　　롭 캠프Rob Kemp

사례연구 40. 학습 및 개발 책임자가 코칭 실무 명패를 걸고 있다 ······ 469
　　웬디-앤 스미스Wendy-Ann Smith, 에바 허쉬 폰테스Eva Hirsch Pontes, 두미사니 마가드렐라Dumisani Magadlela

부록 A: Coaching and psychology bodies ······ 478
부록 B: Associations and forums ······ 480
부록 C: Coaching codes of ethics ······ 481
자료: 글로벌 윤리강령 2021 ······ 483

색인 ······ 504
역자 소개 ······ 510
발간사 ······ 515

역자 서문

코칭 윤리라 하면 입문 코치일 때는 비밀을 준수하는 것과 유사 분야와 구별하는 것 정도로만 인식하고 있었던 것이 사실이다. 그도 그럴 것이 코칭 윤리에 대해 자세히 배워본 적이 없고 윤리 강령을 훑어보는 정도로 만족했었던 것 같다. 그리고 실제 코칭에서도 윤리에 그다지 벗어나는 일이 없었고, 이슈가 될 만한 일도 벌어지지 않았다고 '생각'했었다. 그렇지만 윤리에 관한 공부를 하면서 윤리와 역량은 떼려야 뗄 수 없는 관계라는 걸 알게 되었고, 윤리적인 둔감과 미성숙이 코칭 성과에 영향을 주고, 코치로서의 평판에 의식적, 무의식적으로 관여하고 있다는 점을 인식하게 되었다. '윤리는 모든 대화에 존재하며, 우리 사회의 구조, 인간됨의 일부이고, 일상적인 선택의 일부이다(Hawkins & Turner, 2020)'라는 문장이 그동안 인식해 왔던 윤리에 대한 관점을 조금 더 확장하게 해주었다.

이 책은 38명의 코치가 참여하여 솔직하고 신랄하게 윤리의 민감성과 성숙성을 드러내는 사례를 제공하고 있다. 번역하면서 많은 이야기가 내 이야기 같았고, 그 때문에 안타까움과 분노 같은 생생한 감정을 느꼈다. 만약 내가 그 상황이라면 어떻게 했을까? 앞으로 내가 코치라는 직업을 유지할 수 있을까 하는 우려가 생기는 장면도 있었다. 외국의 사례이지만 우리나라에서도 얼마든지 일어날 수 있는 사례들이며, 그 안에서 운신의 폭을 어떻게 가져가야 할까 고민되는 사례도 많았다. 사례들에는 코치가 '윤리적인 민감성'이 낮을 때 어떻게 코칭 성과에 영향을 미치는지, 민감하게 알아차렸어도 그것을 실행하지 못하는 코치의 주저함과 좌절을 엿볼 수 있다. 한편으로는, 우리나라에서도 코칭 윤리 사례들이 자연스럽게 공유되어 코치의 윤리적 성숙성을 함께 성찰하는 날이 왔으면 좋겠다는 바람을 가져보는 계기가 되었다.

전문 코치로 산다는 것은 항상 딜레마 상황 속에 있는 것처럼 느껴진다. 인간 존재에 관심을 두고 성장과 발전, 성찰을 기본으로 하는 코치의 역할은 현실적인 난관에 부딪혔을 때, 특히 돈과 관련된 딜레마에 봉착했을 때 그 역할의 비탈길에서 방황하게 되고, 유혹을 뿌리치기란 쉬운 일은 아니다. 나만 몰래 하면 누가 알까, 고객은 이게 윤리에 어긋난다는 것조차 모를 걸…, 이런 유혹. 그렇지만 이런 '개인'들이 모인다면 코칭계의 평판은 어떻게 되는 것인가.

코치 스스로 그 비탈길에 서지 않는 것, 먼저는 그것이 비탈길인지 민감하게 알아차리는 것이 중요하다. 알아차린 것을 행동으로 옮기는 것은 또 다른 차원의 이야기이다. 알면서도 실행하지 못할 때의 자존감 하락은 코치를 좌절하게 한다. 이때 수퍼비전, 동료 코칭, 지속적인 전문성 개발을 위한 학습 등으로 현명한 실천 방안을 찾아 '윤리적 성숙성'의 길로 한 걸음 더 나아가야 한다.

코칭 역량competency, 코칭 실천 역량capability, 코칭 수용력capacity은 그대로 윤리 역량, 윤리 실천 역량과 윤리의 수용력으로 연결된다. 먼저는 코칭 윤리에 기준이 되는 강령들이 어떤 것이 있는 지 알고, 그 강령들을 실제 코칭 장면에서 실천하고, 일반적인 입장에서 구체적인 적용으로, 절대적 기준에서 상대적 기준으로 시야와 관점을 넓히며 수용력을 키우는 것이 필요하다.

특히, 팀 코칭이 막 떠오르고 있는 요즈음, 다양한 이해관계자, 이미 조성되어 있는 팀 문화, 조직의 위계 등에서 발생할 수 있는 윤리적 딜레마는 산재해 있을 것이다. 팀 코칭이 우리나라에 긍정적으로 정착하기 위해 코치의 윤리적 민감성과 성숙성이 더욱 필요한 이 시점에서 이 코칭 윤리 사례집이 코치들에게 도움이 되길 바라는 마음이다. 번역에서의 미흡함과 부족함을 너그러운 마음으로 수용해주시길 바라며…

항상 한걸음 먼저 가셔서 후배 코치들에게 지원과 응원을 아끼지 않는 한국코칭수퍼비전아카데미 김상복 코치님께 감사의 마음을 드린다. 함께 번역에 참여한 김현주 코치님께도 감사와 동료애를 전한다.

2024년 8월
역자를 대표하여, 코치 이서우

편집자 소개

이 책은 코치들이 코칭 과정에서 직면할 수 있는 윤리적 딜레마에 대한 깊이 있고 폭넓은 사례를 제공하는 최초의 종합 사례 연구 핸드북으로 코치들의 윤리적 알아차림과 역량 개발을 위한 책이다.

    코칭의 세계는 지난 20년간 점점 더 복잡해지고 있다. 여러 전문 단체들이 행동 강령과 윤리 지침을 발표했지만, 이는 기껏해야 일반적인 원칙을 다루고 반성을 위한 참고로만 활용되고 있다. 코치 성장과 프랙티스를 위한 윤리적 사례 연구를 하려는 코치들에게는 필수적인 동반자이다. 노련한 프랙티셔너들이 집필한 코칭 사례 연구서는 프랙티스에서 윤리에 대한 보다 개인적인 관점을 제공한다. 간결한 구조와 윤리적 딜레마에 초점을 맞춘 이 책은 프랙티셔너를 위한 매력적인 강의 보조 교재이자 자료이다.

    윤리 개발, 코치 교육, 일대일 코칭, 개인 및 그룹 수퍼비전, 팀 코칭, 외부 코칭 과제, 내부/사내 코칭, 디지털 및 AI 코칭, 코칭에서의 권력과 홍보 등 각 부분으로 나누어져 있는 이 책은 전문 코치 여정에서 모든 수준의 경험을 가진 코치와 수퍼바이저, 리더십 개발 컨설턴트, 인적 자원 전문가, 코칭 대학원 프로그램 및 개인 코치 교육 훈련생 등 윤리적으로 사고하고 실천에 대한 경험이 많은 사람들에게 중요한 자료가 될 것이다.

웬디-앤 스미스 Wendy-Ann Smith: 프랑스. 에클로레브Eclorev 코칭 및 컨설팅. 코칭 심리학자, 연구자, 교육자. 코칭 부티크 에클로레브Ecloerev의 디렉터이자 코칭 윤리 포럼의 공동 창립자, 코칭 윤리 저널Journal of Coaching Ethics의 창립 편집자, 영국 버킹엄셔Buckinghamshire 뉴 대학교 긍정 심리학 센터의 객원 연구원, 코칭 연구소의 윤리 그룹 토론 리더. 최근 저서로는 『Positive Psychology Coaching in the Wokrplace』(2021)와 『코칭 윤리 연구와 실천 핸드북: 윤리적 성장과 성숙을 위한 실천가이드』(김상복 옮김. 코칭북스. 2024)가 있다. 이 책의 코칭 심리학, 긍정 심리학, 실천 윤리에 관한 다양한 내용을 집필했다. 정기적으로 소수의 고객을 일대일로 코칭한다. 대학을 비롯한 다양한 환경에서 강의, 교육, 워크숍을 기획하고 진행한다. 코칭 심리학, 긍정 심리학, 실천에서의 윤리 의식 향상을 통해 코치 발전을 지원하는 데 관심이 있다. 여가 시간에는 고양이와 사진 촬영, 그림 그리기, 탐험을 즐긴다.

에바 허쉬 폰테스 Eva Hirsch Pontes: 브라질. 피닉스 코치. 면허를 소지한 심리학자이며 캘리포니아의 허드슨 코칭 연구소를 통해 코치 자격증을 취득. ICF의 MCC, EMCC(ESIA)의 공인 수퍼바이저. 브라질의 여러 비즈니스 스쿨에서 임원, 팀 코치, 코칭수퍼바이저, 갈등 중재자, 초빙 교수로 활동한다. ICF의 자원봉사 활동에도 적극적으로 참여, ICF/브라질 지부의 초대 이사회를 통합했으며, 이후 해당 지부의 자문위원회 위원으로 활동했다. 또한 지역 윤리위원회에서 활동했으며 12년 이상 ICF 평가위원으로 일했다. 2006년 코치가 되기 전에는 해운업계에서 25년 이상 임원으로 일하며 이사와 이사회 멤버를 비롯한 여러 주요 직책을 맡았다.

두미사니 마가드렐라 Dumisani Magadlela: 남아프리카. 요하네스버그에서 운영하는 개인 코칭 및 컨설팅 회사인 Afrika Coaching의 창립자이자 경영 간부. 남아프리카에 본사를 둔 선도적인 코치 훈련 학교인 The Coaching Center(TCC)의 부교장. 경영자 코치, 팀 코치, 우분투Ubuntu[공동체 정신] 코치이며 16년 넘게 코치 트레이너로 활동. 코칭 관심 분야에는 통합 프랙티스, 우분투 코칭, 게스탈트 프랙티스, 의식적인 인간관계 등이다. 스텔렌보쉬 대학Stellenbosch University 비즈니스 스쿨 경영 코칭 프로그램 MPhil 교수, GTCIGlobal Team Coaching Institute 및 CCMIClutterbuck Coaching and Mentoring International의 핵심 교수진. 이 글 집필 당시 전 세계 최대 규모의 코치 단체인 국제 코칭 연맹ICF 글로벌 엔터프라이즈 보드의 글로벌 의장이었다.

데이비드 클러터벅 David Clutterbuck: 영국. 코칭 및 멘토링 인터내셔널, 코칭과 멘토링의 선구자 가운데 한 명이며 유럽 멘토링 및 코칭 위원회EMCC의 공동 설립자이다. 여러 대학의 코칭 및 멘토링 초빙 교수로 재직 중인 그는 『팀코치 되기』(동국대학교 동국상담코칭연구소 옮김. 코칭북스. 2024)를 비롯한 75권 이상의 책을 저술하거나 공동 집필했다. 에티오피아의 윤리 코치 프로젝트의 수석 코치였으며 영국 국민보건서비스 내에서 윤리 멘토링 프로그램을 진행하고 있다. 현재 코칭 및 멘토링 인터내셔널의 실무 책임자이다.

제1부

코치의 윤리적 개발을 위한 사례 연구 작업

1장
코치 교육과 성장을 위한 윤리 사례 연구

저자: 웬디-앤 스미스Wendy-Ann Smith[1], 데이비드 클러터벅David Clutterbuck[2]
번역: 김상복

소개

믿음trust과 진실함integrity은 조력 전문직helping proffession의 토대이고 신뢰성credibility을 뒷받침한다. 코치에 대한 '신뢰성'은 코칭 효과의 강력한 활성 요소임이 확인되었다(de Haan, 2021). 윤리는 믿음, 신뢰성, 진실함의 받침대이다. 조력 분야 현장에서 안내를 도와주고(Carroll et al., 2013; Iordanou et al., 2016; Smith et al., 2023), 의사결정 방식을 격려하는 도덕, 가치, 신념, 직관, 원칙이 서로 뒤섞여 엮어있는 조합이다. 법의 지배가 공정하게 기능하고, 정당성이 유지되는 상황인지 탐구하게 한다(Breakey, 2020). 그러므로 윤리는 개인, 기관, 사회를 보호하며, 코칭의 모든 관점에 대한 지침이 되어야 한다.

---

1) **웬디-앤 스미스**Wendy-Ann Smith: 본 저서의 편집자. 편집자 소개 참조
2) **데이비드 클러터벅**David Clutterbuck: 본 저서의 편집자. 편집자 소개 참조

이 장에서는 ①윤리를 학습하는 방법, ②성인의 윤리적 개발을 뒷받침하는 전제 조건과 메커니즘, ③윤리적 알아차림awareness과 ④의사결정, ⑤전문성 개발을 위한 프랙티스와 ⑥윤리적인 코치 교육에 대해 살펴본다. 코치 교육과 수퍼비전 도구로 '실제 생활real life'과 사전에 정의된 사례 연구는 윤리적 역량competency, 실천능력capability과 수용력capacity을 촉진하고 '아는 것에서 실행하는 것Knowing to Doing'의 격차를 해소하게 한다. 각 장의 마지막에는 코치 교육자가 검토해야 할 사항, 연구와 성찰을 위한 질문이 첨부되어 있다.

윤리적 개발

윤리는 학습될 수 있는가?

제임스 레스트James Rest는 초기 성인기(20~30대 청년)는 윤리적 딜레마에 대처와 문제 해결 수용력에 큰 변화를 경험하고, 이는 사회를 인식하는 방식과 사회에서 자신의 역할 확립과 관련 있다는 점을 발견했다(Velasquez & colleagues, 1987). 변화의 정도는 윤리와 도덕에 대한 정규 교육과 직접적으로 부모, 가족 구성원, 더 넓게는 교사, 종교 단체, 아동 및 청소년 단체 활동의 영향을 받는다.

성인이 되기 전에 윤리적인 사람이 되는 법을 배우지 않으면 너무 늦은 것인가? 성인도 윤리적인 사람이 되는 법을 배울 수 있는가? 일부는 '아니다'라고 주장한다(Kristol, 1987; Irving, 1989). 그러나 시대를 막론하고 많은 사람은 '그렇다'라고 주장해 왔다. 소크라테스를 연구하는 철학자들[3]은 윤리는 우리가 무엇을 해야 하는지를 아는 것으로 구성되며, 그런 지식은 가르칠 수 있다고 주장했다.

윤리의 발달 단계

콜버그와 동료들(Kohlberg, 1975, 1983)은 도덕과 윤리적 발달이 한 번에 형성되는 것이 아니라 일반적인 발달 단계에 따라 이루어진다고 주장한다. 각 단계 역시 고정된 것이 아니라 자기-이해도가 높아지면서 발달하고 성숙해짐에 따라 각 단계를 서로 오가는 것이다. 단계는 다음과 같다.

- **전 관습적** preconventional: 옳고 그름, 보상과 처벌 또는 불쾌한 경험의 회피는 권위자의 말과 행동을 통해 학습한다. 예를 들어 숙제하지 않으면 나가서 놀 수 없다.
- **관습적** conventional: 옳고 그름은 더 넓은 집단 및 사회 규범과 법률의 채택, 내면화로 정의된다. 예를 들어 가족, 친구, 종

---

3) Can ethics be taught?
 https://www.scu.edu/ethics/ethics-resources/ethical-decision-making/can-eth-ics-be-taught/.

교, 기업 문화, 심지어 갱단 문화가 여기에 속한다.
- **후 관습적**postconventional: 집단의 충성심과 규범의 영향력이 줄어든다. 개인의 도덕과 가치관에 따라 원칙을 이해하고 이에 따라 일할 수 있는 능력을 갖추게 된다.

윤리적 예민함acuity을 지원하려면 어떻게 해야 하는가? 콜버그(1983)는 사회화, 도덕적 딜레마 토론, 공동체라는 세 가지 접근 방식, 즉 노출, 모델링, 토론을 혼합한 방식을 주장했다. 이후 콜버그와 다른 많은 학자들은 도덕과 윤리에 대한 도전과 토론, 재검토가 이루어지는 교육의 중요성을 강조해 왔다. 이 과정을 통해 정교한 지식과 이해, 의사결정의 상승 궤적을 그리며 단계별 진전이 이루어진다고 결론지었다.

전문성 개발: 윤리적 성숙도

전문성 개발은 기술과 숙련도를 익히고, 개발하고, 개선하는 방법으로 워크숍, 독서, 교육, 콘퍼런스와 수퍼비전 등 다양한 활동에 참여하며 얻어진다. 레인Lane(2017, p.651)은 개발을 '규칙을 따르는 것에서 패턴을 인식하고, 프로토콜을 벗어날 수 있는 자신감을 키우는 것'으로 점진적으로 진행되는 것을 강조한다. 예를 들어 드레프스Dreyfus와 드레프스Dreyfus(2008, Lane, 2017, p.651)는 기술

습득skill acquisition에는 다섯 단계가 있다고 제안한다.

초보자: 본질적으로 규칙을 학습하고 따르는 단계. **고급 초보자**: 더 정교한 규칙을 사용하고 맥락적 요소를 인식할 수 있지만 작업의 모든 측면을 동등하게 취급하는 경향이 있다. **능숙한 단계**: 능숙함competent이란 개념적이고 맥락 안에서 계획을 수립하고 의사결정 단계마다 표준화된 절차를 사용할 수 있다. **숙련된 단계**: 숙련됨proficient이란 고객의 문제를 전체적으로 보고 분석적 의사결정과 직관을 결합할 수 있다. **전문가 단계**: 더는 규칙에 의존하지 않으며 새로운 의사결정 과정을 활용할 수 있다(2008, Lane, 2017, p.651).

그러나 고정된 단계 구조 틀framework은 점점 많은 비판을 받고 있다. 바흐키로바Bachkirova(2017)는 코칭의 복잡성과 비선형적인 인과 과정과 결과라는 특징으로 인해 코치 교육은 체계적인 역량 접근methodical competency approaches보다는 실천능력capabilities에 초점을 맞춰야 한다고 제안하고, 더 나아가 다른 사람은 '실천능력'을 개인 수용력capacity까지 포함해 확장할 것을 제안한다(예: Hawkins, 2011).

반면에 반 나우워버그Van Nieuwerburgh(2020, p.180)는 코치는 실제 사례를 분석하면서 '중요한 선택의 순간critical moments of choice'을 인식할 수 있는 능력을 키운다고 보며, 사례 연구 시나리오에서 '존재'하는 방식을 성찰하며, 이를 통해 윤리적 적합성ethical fitness을 개발하고 수용력을 구축한다고 뒷받침한다.

라자싱헤Rajasinghe와 동료(2022)는 경험 많은 코치들의 내러티브를 연구한 결과, 코치들은 자주 '규칙 관련 책rule book'을 내려놓는다. 자신과 코칭에 대해 많은 질문을 던지며 자율적으로 자기 주도적인 의도적 순환 학습cyclic learning, 성찰과 프랙티스에 참여해 [결정적] 순간에 '존재하는' 수용력을 키우고 자신의 전문적 직관을 다듬고 신뢰한다는 점을 발견했다.

우리는 윤리적 성숙성ethical maturity은 전문적 프랙티스로 윤리적 민감성ethical sensitivity, 알아차림, 예민함, 직관을 통해 지속해서 배양되며, 역량, 실천능력, 수용력을 향상해 가는 '과정'으로 봐야 한다고 제안한다. 그러므로 윤리는 코치 교육에서 필수적인 가장 중요한 부분이다.

코치 교육

코칭

웰빙, 배움과 개발을 위한 관계적이며 창의적인 대화 과정인 코칭은 기본적으로 다학제적이다. 교육 윤리, 임상 심리와 상담 윤리, 의료 윤리, 언론 윤리, 비즈니스 윤리 등 다양한 윤리강령의 영향을 받는 여러 영역의 지식과 기술을 활용하여 다양한 수준의 윤리 개발에 도달할 수 있다([그림 1.1] 참조).

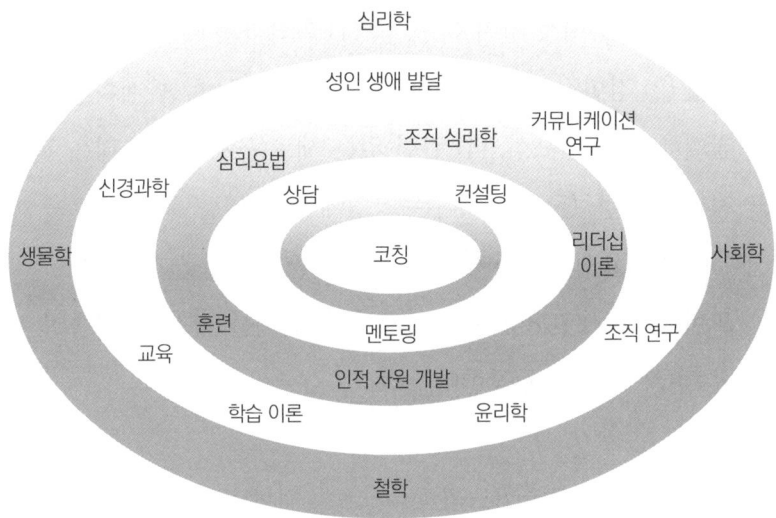

[그림 1.1] 코칭의 분야 간 영향력. (제목 수정: 다른 지식 분야들 사이에서 코칭의 포지셔닝(Bachkirova, 2017, p.29). 타티아나 바흐키로바가 친절하게 허락함).

성인 교육

성인의 교육 요구는 아동과 다르다. 아동은 아직 이해하고 추론하며 도덕적 결정을 내릴 수 있는 능력이 발달하는 단계에 있다 (Piaget, 1954). 그러나 성인은 세상을 이해하고 복잡성을 처리할 수 있는 높은 수준의 정신적 능력(인지, 정서, 대인관계, 내적 능력)

을 갖추고 있기에(Kegan, 1980) 다른 학습 조건이 필요하다.

경험은 성인에게 강력한 학습 조건이다. 놀스Knowles(1980)는 성인 학습에 대한 여섯 가지 욕구, 즉 (1) 학습하는 이유를 알아야 할 필요성, (2) 경험적으로 학습해야 할 필요성, (3) 학습 계획과 평가에 참여해야 할 필요성, (4) 관련 있는 새로운 것을 배우려는 관심을 지닐 필요성, (5) 이론보다는 작업에 관련 있는 문제problem를 해결해야 할 필요성, (6) 자기 동기 부여를 할 필요성을 제시했다.

또한 콜브Kolb(1984)는 네 가지 학습 단계를 거칠 때 학습이 가장 잘 이루어진다고 주장한다.

1) 구체적인 경험/(느낌)concrete experience(feeling): 새로운 경험과 상황을 이해하거나 재해석하기
2) 성찰적 관찰/(주목하기)reflective observation(watching): 경험을 이해하고 반성할 수 있는 능력
3) 추상적 개념화/(생각하기)abstract conceptualisation(thinking): 경험에서 무엇을 배울 수 있는지 생각하기
4) 능동적 실험active experimentation(doing): 새로운 배움을 적용하기

새로운 경험이 반복되면 네 단계가 주목받는다. 이 순환 과정을 통해 새로운 배움을 이해하고 적용할 수 있다. 콜브의 단계 모델에는 변증법적으로 상반되는 적응 방향을 나타내는 두 차원이 있다.

1) 구체적인 경험 대 추상적인 개념화
2) 능동적 실제 훈련 대 성찰적 관찰

이 차원은 독립적이지만 상호 강화되며 각각은 다른 것과 반대이다(Lane, Kahn & Chapman, 2018, p.370). 이 대립은 긴장을 유발하고, 학습은 그 긴장을 해소하는 결과이므로 학습은 **의미**를 만들고 **발달**을 촉진하는 과정이다. 윤리성ethicality 발달을 위한 최적의 학습 조건을 제공한다.

객관적, 주관적 경험을 능동적으로 이해하고 결과를 예측하는 성인은 도덕적, 윤리적 발달 능력이 향상되며(Dewey, 1986), 민감성 향상, 알아차림 강화, 적합한 합리적well-reasoned 의사결정 수용력을 배양하게 된다. 윤리적 민감성, 알아차림, 의사결정 능력 배양이 전문적/직업적 윤리 개발의 기본이라는 것은 논리적으로 당연한 결과이다.

윤리적 민감성과 예민함

윤리적 발달과 성숙은 우선 삶의 모든 영역, 특히 개인과 직업 영역에서 윤리의 중요성을 이해하는 것이다. [1]윤리 선택의 순간에 대한 민감성, [2]그 순간에 대한 조율, [3]적절한 자기 알아차림을 위한 수용력(감정, 직관, 신념, 가치, 동기 부여, 책임감, 두려움, 권력 사용 등)

을 습득하는 것이다(Carroll & Shaw, 2013, p.150-151 참조). 마지막으로 ④모든 것을 아우르고encompasses 시스템으로 사고하기, ⑤옳고 그름 또는 최선의 행동(윤리적 의사결정)을 분별할 수 있는 수용력, ⑥그 결정에 따라 행동할 수 있는 용기를 포함한다.

코칭 현장의 윤리적 발전을 위해서는 윤리가 코칭의 모든 영역, 즉 코칭 기관, 코치 교육기관, 코칭수퍼바이저, 프랙티셔너의 지침이 되는 원칙이라는 것을 깊이 이해해야 한다. '비판적 성찰적 프랙티스'는 윤리적으로 성숙한 코치가 정기적으로 채택하고 구현해야 하는 방법이자 도구이다.

윤리적 알아차림

보지 못하거나 알지 못하는 것을 바로잡을 수 없다. 알아차림awareness을 개발하려면 우선 자신의 **가치**, **원칙**, 타인과의 **상호 작용**에 대한 비판적 성찰이 필요하다. 윤리성ethicality은 현재 순간의 윤리적 이슈와 앞으로 발생할 수 있는 문제를 이해하고 인식할 수 있는 능력을 요한다. 또한 시스템의 모든 수준에서 행동의 영향과 효과를 의식할 필요가 있다(Brennan & Wildflower, 2014).

코리Corrie와 레인Lane(2015, Garvey et al., 2023, p.270 재인용)은 **윤리적 알아차림**에는 다음과 같은 **여섯 가지 주요 요소**가 있다고 주장한다.

1) 윤리적 민감성ethical sensitivity: 자기 알아차림과 행동의 결과/중요성의 영향에 대한 인식
2) 윤리적 분별력ethical discernment: 정서적 자각을 성찰하고, 문제를 해결하며, 윤리에 기반한 결정을 내릴 수 있는 능력
3) 윤리적 실행ethical implementation: 윤리적 결정을 내리는 데 도움이 되거나 방해가 되는 요소에 대한 알아차림
4) 윤리적 평화: 자신의 지원 네트워크를 활용하고 윤리적 선택의 과정에서 배우고, 결정을 내려놓고, 자신의 한계를 인식함으로서 결정을 받아들이고 살아갈 수 있는 능력
5) 윤리적 대화convertation: 어떤 입장을 '공개'하고 그 결정이 주요 윤리적 원칙과 연관되어 있음을 보여줌으로써 입장을 옹호할 수 있는 능력
6) 윤리적 성장growth과 인격character의 발달: 학습을 통해 개발되는 매킨타이어MacIntyre의 '사람의 자질qualities of the person'.[4] 이는 시간이 지남에 따라 윤리적 이해와 경각심이 개발되고 확장됨에 따라 점진적이고 발전한다.

라자싱헤Rajasinghe와 동료들(2022)은 내러티브 연구에서 ①순간의in a moment 알아차림, ②직관적intuition 알아차림, ③성찰적 알아차림, ④경계에 대한 알아차림, 코칭에 영향을 미치는 일반적인 ⑤시스템

---
4) [역자] 『덕의 상실』 알래스테어 매킨타이어. 이진우 역. 문예출판사. 2021

적인 알아차림, ⁶윤리적 알아차림의 여섯 가지 알아차림 상태를 확인했다.

일부 코치들은 자신이나 코칭 중에 갖는 느낌이나 긴장감을 설명했는데, 이는 잠재적인 윤리적 이슈에 대한 경각심을 불러일으켜 중요한 의사결정의 지점을 제공하기도 한다.

윤리적 의사결정

초보자에게는 윤리적 의사결정이 단순해 보일 수 있다. 숙련도가 높아질수록 뉘앙스와 복잡성이 더욱 분명해진다. 보머Bommer와 동료들(1987)은 윤리적 비윤리적으로 끝나는 의사결정에 작용하는 다양한 요소를 제시한다([그림 1.2] 참조).

여러 가지 윤리적 의사결정 구조화 작업framework이 이루어지고 업데이트되었다. 이에 대한 개요와 논의는 『코치 윤리 연구와 실천 핸드북』(스미스 외, 2023)[5]의 2장과 5장을 참조하기 바란다. 윤리적 의사결정 과정에 대한 성찰의 유용한 출발점은 브레이키Breakey(2020, p.122)의 7단계 과정이 윤리적 의사결정의 일관성에 도움이 된다고 주장한다. 이 과정에서 중요한 점은 각 단계를 완료

---

5) [역자] The Ethical Coaches' Handbook: A Guide to Developing Ethical Maturity in Practice. Edited by Wendy-Ann Smith, Jonathan Passmore Eve Turner, Yi-Ling Lai, David Clutterbuck. 2023. ROUTLEDGE. 2023. 『코칭 윤리 연구와 실천 핸드북: 윤리적 성숙성과 실천을 위한 가이드』. 김상복 옮김. 코칭북스 2024.

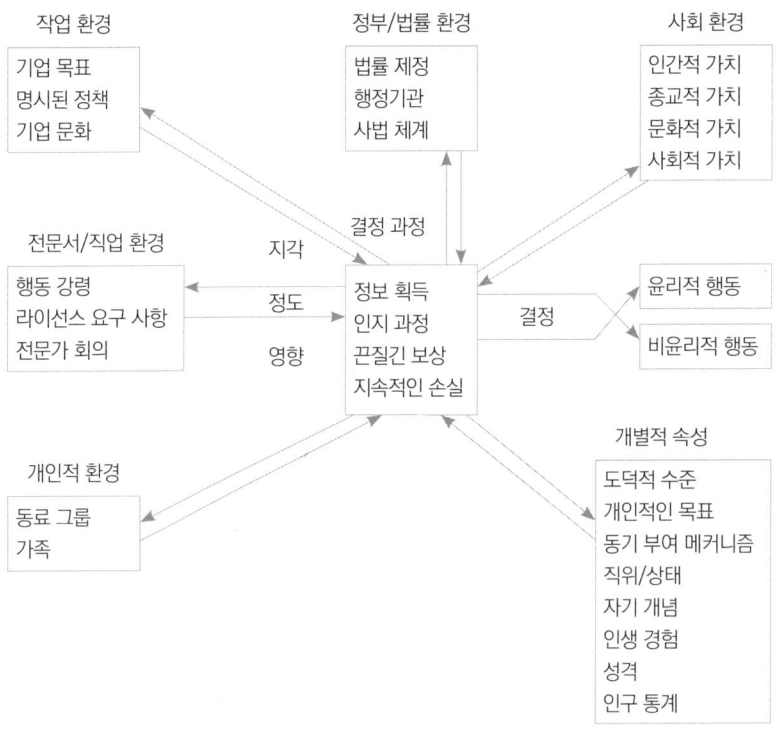

[그림 1.2] 윤리적/비윤리적 의사결정의 행동 모델(Bommer et al., 1987)
Michael Bommer가 친절하게 허락함

해야 다음 단계로 넘어갈 수 있다는 점이다.

1) 의사결정과 관련된 윤리적 이슈에 대한 알아차림 확립
2) 관련 사실과 법률에 대한 지식 및 상황에 대한 알아차림 수집
3) 가능한 모든 옵션 개발

4) 정당한 행동 방침에 대한 올바른 윤리적 판단

5) 해당 조치를 실행하기 위한 실용적이고 가능한 계획 다듬기

6) 계획을 숙련하게proficiently 실행하기

7) 디브리핑하고 다음을 준비하기

윤리 전문 경영 컨설턴트인 스카츠데일Scottsdale의 존 브런John Bruhn은 '교육 과정은 알아차림을 창조하는 것이다. 윤리는 주말에 책을 많이 읽는 것이 아니라 모델을 통해 배우기 때문에 단순한 교육은 행동을 변화시키지 못한다'(Ethics India에서 인용, 2023년 2월 11일 액세스). 이런 입장은 윤리 교육이 가능하다는 브레이키Breakey(2020)와 다른 사람들의 주장과 일치한다. 브레이키는 교육 환경에서 구조 틀을 가르치는 것은 위의 1~5단계에서 충분히 가능하다고 주장한다. 그러나 6단계에는 용기와 동기 부여의 심리적 요인이 내재 되어 있어 가르칠 수 없다. 행동을 방해하는 요인은 무엇인가?

경험에 대한 성찰을 핵심 프랙티스로 강조하는 것은 초기 문학 작품(예: 호머의 오디세이, 등장인물 페넬론Fenelon의 텔레마코스Telemachus, 최근에는 뢰프스트롬Löfstrom, 암머Ammer & 에들링Edlling, 2021)부터 이어져 온 오랜 윤리적 학습 전통이다.[6] 캐롤Carroll과 쇼Shaw는 해야할 일을 행동으로 옮기지 못하는 여덟 가지 이유를 밝혀냈다(Carroll & Shaw, 2013, p.225).

1) 개인적 비용

2) 가치 충동

3) 개인과 직업의 일관성

4) 담합적 자세

5) 경쟁적인 약속

6) 뇌 손상

7) 갈등하는 하위 자기 mini-selves (좀비 시스템)

8) 의지력 will-power 및 미루기 procrastination

브레이키 Breakey (2020)는 윤리 교육의 약점은 지식과 결정을 행동으로 전환하는 데 있다고 설명한다.

'아는 것과 실행하는 것'의 간극을 어떻게 좁힐 수 있을까?

실제 시나리오/사례 연구를 통해 용기와 자신감을 높여 행동에 동기를 부여해 보자. 전문 교육에서 사례 연구의 활용은 새로운 것이 아니다. 의학, 간호학, 비즈니스, 법학, 심리학 및 기타 분야에서 사례 연구를 정기적으로 사용한다. 그러나 코칭 공간에서 윤리성을 개발하는 데 엄격한 관심을 기울인 공식적 사례는 거의 없다.

---

6) [역자] 논쟁이 있지만 역사 수업을 윤리와 도덕 교육 상황에서 활용하는 전통을 말한다. 인용 논문은 역사 수업에서 윤리 교육의 공간으로 역사적 인물의 행위와 도덕적 특성에 대한 추론, 역사적 공감(관점 수용)의 사용, 과거의 도덕적 의미를 현재와 미래에 반영하는 방법 등을 주장한다.

코치 교육에서 '실제' 생활과 경험/사례 활용하기

삶과 전문적 실천에서 무엇이 '올바른' 행동인가? 대답은 언제나 불확실하다. 윤리적 딜레마에는 회색 영역에 숨겨진 '윤리적 허용영역zones of ethical acceptability'이 포함돼 있다(Fatien & Clutterbuck, 2023). 이 영역은 대부분 [1]공식화하고 [2]원칙적이며 [3]신중한 의사결정, 이를 위한 [4]최선의 선택을 통해서만 파악할 수 있다(Giraldez-Hayes & Smith, 2022).

사례 연구는 흔히 '실제 생활real life'에 기반한 이야기 또는 시나리오이거나 내러티브 형식의 창작된 이야기이다. 이는 성경의 비유 개념과 동일하다. 이는 문화, 인종, 성별, 장애가 주는 영향 등 '실제' 생활에서 접하기 어려운 삶의 미묘한 차이를 파악하고 이해하는 데 도움이 된다. 사례 연구는 [1]다양한 관점의 복잡한 시나리오 분석을 통한 비판적 사고, [2]동료colleagues/peers와의 토론, [3]의사결정 과정 학습, [4]'아는 것에서 실천하기Knowing to Doing'로 나가기 위한 자신감과 용기를 키우는 역할극이며 [5]참여를 통해 개발하는 능동적 학습 토대를 제공한다.

'앎에서 실천으로'라는 윤리적 프랙티스 훈련은 [1]성찰, [2]사례공식화case formulation, [3]수퍼비전, [4]코치와 고객의 웰빙과 [5]코칭 전문화professionalisation를 위한 의도적 초점을 통해 가능하다.

윤리적 성찰

성찰은 시간을 들여 숙고하고, 호기심을 갖고 자신과 검토 중인 상황에 대해 질문하는 일련의 과정이다. 이는 무의식을 의식으로 끌어내어 자기 자신에 대한 학습, 삶의 경험과 전문적인 프랙티스를 위한 새로운 통찰을 촉진하는 데 도움이 된다. 볼러Voller(2009, p.21)는 성찰을 다음과 같이 설명한다.

> 경험의 단편에서 의미를 찾기 위해 사고, 감정, 감각 및 행동에 의도적으로 집중한다. 이런 성찰 결과는 새로운 이해를 창출하는 것이며, 선택의 폭을 넓히거나 변화를 가져오거나, 증가, 혼란의 감소로 이어질 수 있다.

코치와 고객 모두에 대한 성찰 프랙티스는 코칭 프랙티스와 알아차림, 통찰과 의사결정 개발에 기본이다. 성찰은 윤리적 민감성과 전문적 프랙티스를 효과적으로 높이기 위해 개발해야 할 기술이다(Kovacs & Corrie, 2022).

성찰적 프랙티스 구축하기

성찰은 윤리를 우선시하는 **비판적 시각**으로 질문해야 하며, 이를 통해 코치는 문제를 예측하고 과거 문제를 이해하며, 자신의 모든 긍정적 부정적 경험으로부터 배울 수 있다.

언제 성찰해야 하는가?

성찰 시간을 코칭 프랙티스의 우선순위로 삼는다. 예를 들면 코칭 전, 코칭 중, 코칭 후, 그리고 각각의 매 순간에 성찰한다.

깊은 성찰을 촉진하기 위해 코백스Kovacs와 코리Corrie(2022)가 제안한 성찰 질문의 예는 [표 1.1]을 참조한다.

성찰을 위한 보조 도구는 상상하기 어려울만큼 다양하다. 손쉬운 접근은 주제, 실망, 성공에 초점을 맞춰 회기에 대한 성찰 일기와 메모를 작성하는 것이다(Kovacs & Corrie, 2022). 회기 녹음이나 기록도 방법이지만 많은 주의와 배려가 필요하며 목적, 보관 및 기밀 유지를 명확하게 잘 이해해야 한다. 조력 전문직의 성찰적 프랙티스 과정에 대한 심층적인 탐색은 캐롤Carroll(2009)을 참조한다.

코칭 사례 이해하기

심리학 분야의 조력 전문직에서 사례 구성은 사례가 복잡할수록 풍부한 정보 자원을 제공하는 기본적인 과정이다. 사례 공식화case formulation는 고객에게 발생하는 여러 상호 작용 이슈를 이해하고 파악하는 데 도움이 된다. 혼자 코칭 할 때나 수퍼비전에서 사례 공식

[표 1.1] 성찰 프랙티스 개발을 지원하는 질문

○ 프랙티스 직후 성찰 reflection-on-practice

- 무엇이 잘 되었나? 회기 맥락에서 작업이 잘 되었다는 것은 무엇을 의미하는가?
- 무엇이 효과적이었는가? 회기 맥락에서 효과적이지 못한 것은 무엇을 의미하나?
- 위 질문에 대한 나의 답변은 나의 가설이 고객과 상황에 대해 무엇을 다시 보여주는가?
- 다음에는 무엇을 다르게 할 것인가?

○ 프랙티스 내부 성찰 reflection-in-practice 능력을 키우는 데 회기 녹음을 다시 듣는 것이 도움이 될 수 있다. 이 작업은 다음 회기에서 고려할 수 있는 기회를 제공한다.[7]

- 내가 지금 무엇을 놓쳤거나 고려하지 않았는가?
- 내 마음 안에는 무엇이 있었고, 그 결과는 무엇이었는가?
- 내가 탐구한 경로는 무엇이었나?
- 나는 어떤 가설을 염두에 두고 있었으며 이를 어떻게 테스트했는가?
- 내가 대화에서 무엇을 다르게 했고, 할 수 있었는가, 그것이 어떤 방식으로 변화를 이루었는가?

○ 실천 직후 성찰reflection-on-action로 실천 능력capability을 구축할 때 염두에 두어야 할 질문

- 여기서 드러난 패턴은 무엇인가? 이 패턴은 무엇을 의미하는가?
- 이 상호 작용은 나에게 어떤 느낌을 주며, 이는 무엇을 의미하는가?
- 나의 감정, 믿음, 가정이 나의 고객과 함께하는 시점에서 나의 작업 능력에 어떤 영향을 미치고 있는가?
- 나는 어떤 가설을 세우고 있으며 이를 어떻게 테스트할 수 있는가?

○ 자기-성찰 능력을 더욱 크게 개발하려면

- 이 상황이나 사례는 나의 가치와 가정에 대해 무엇을 말해 주는가?
- 다음에 다르게 행동하는 데 어떤 다른 가정이나 믿음이 도움이 되는가?
- 고객에게 준 잠재적인 영향은 무엇인가?
- 나는 내가 훈련받은 이론을 적용하고 있는가, 아니면 단지 흐름과 나의 흐름에 따라 가고 있는가? 직감? 이것이 의미하는 바는 무엇인가?
- 이 상황에서 나의 믿음과 가정은 사회적 맥락과 어떻게 상호 작용했는가?
- 이것이 코칭과 고객에게 어떤 영향을 미쳤는가?

Source: Kovacs, L., & Corrie, S. Building reflective capability to enhance coaching practice(2022. p.93)

---

7) [역자] 인용한 저자들은 reflection-in-practice는 '프랙티스 내부를 성찰'하기 위한 기본 질문이고 실행 후에도 실행 과정 내부를 사후에 성찰한다는 관점에서 'reflection-in-action'과 구별하고 있다. 이를 통해 실천능력을 개발한다는 흐름이다. 이를 'reflection-on-action(실천 직후 성찰)'로 다양한 기록을 보고

화는 같은 가치를 지닌다. 이는 코치 교육에 반드시 포함되어야 하는 중요한 기술skill이다. 2장에서는 사례 공식화에 대한 심층적인 논의와 실습 사례를 제공한다.

수퍼비전

모든 코치가 의무적으로 받아야 하는 것은 아니지만 일부 코칭 기관(예: 영국심리학회 코칭심리분과)에서는 코치와 코칭수퍼바이저를 위한 수퍼비전은 코칭 프랙티스와 윤리적 성숙을 개발하고 성찰적 프랙티셔너가 되는 데 매우 중요하다는 점을 강조한다. 수퍼비전은 코치와 코칭수퍼바이저가 비판적으로 성찰하고, 학습하고, 앞으로 나아갈 길을 계획할 기회와 공간을 제공한다(Carroll, 2009; Hewson & Carroll, 2016).

수퍼비전은 때로 교육, 상담, 컨설팅 또는 멘토링과 유사하며

이를 텍스트로 하여 질문하는 것과 분리하고 있다.
 그렇지만 역자는 회기 안에서 회기를 진행하는 중에 그 곳에서 일어나는 경험적 자기와 관찰하는 자기와의 작용으로 성찰이 일어난다고 본다. 이를 '실천-중-성찰reflection-in-action'로 하고, 회기 직후의 성찰로 '실천-직후-성찰reflection-on-action'로 구분해 이해해야 한다고 본다. 이는 실천 후 시간이 지나 실천 과정에 대한 성찰로 여러 기록물이나 축어록을 살피며 성찰하는 회기와 회기 사이에 성찰과 분리해야 한 '실천-활동을-성찰reflecion-to-action'에 해당한다. 또 코치는 수퍼비아저와의 회기, 코치이와의 회기를 앞두고 지난 회기 성찰과 회기 사이의 성찰을 종합하며 '실천에-대한-성찰reflection-about-action'을 한다고 분류하는 입장이다. 그러므로 '실천 중 성찰'은 질문보다는 그 당시 말풍선처럼 또는 크라우드에서 일어나고 이는 무의식적으로 '코치이'하고도 상호 교류된다.

(Loganbill et al., 1982)[8], 이 모든 것이 코치가 독립적인 프랙티스를 향해 성숙하도록 촉진하는 데 중요한 역할을 한다.

코칭수퍼비전에 대한 자세한 내용을 확인할 수 있다(Smith, Boniwell & Green, 2021, 8장; Smith et al., 2023, 9장).[9]

고객과 코치의 웰빙, 코칭의 명성을 최선으로 한다

인간은 전인적이며 언제나 최선의 의도를 가지고 있다. 그렇지만 그 의도가 완전무결한 것은 아니다. 의도가 아무리 명예롭다 해도 윤리적 알아차림과 **적절한** 행동appropriate action을 위한 용기가 없다면 그 진실성integrity에 의문이 제기될 수 있다. 윤리는 사회, 우리가 소속한 기관, 직업, 고객, 개인 및 전문적 관계를 보호하는데 있다.

'윤리성'은 무의식적으로 또는 우연히 옳은 행동을 하거나 부적절하고 해로운 행동을 하는 것과는 반대로, 옳은 행동/최선 또는 가장 덜 해로운 행동에 대한 의식적 사고conscious thought를 요구한다. 행동은 우리 외부와 내부의 수많은 요인에 의해 영향 받는다. 외부 영향은 정치적, 사회적, 제도적 영향일 수 있다. 내적 영향은 우리의 신념, 가치관 및 자신과 다른 견해를 생각하고, 성찰하고, 안

---

8) [역자] 수퍼비전은 다른 대인관계 조력 방식인 교육, 심리치료, 상담, 컨설팅, 멘토링과 공유하는 유사한 점을 갖고 있으나 이와는 다른 독립된 영역을 지닌 전문 분야로 발전하고 있다.
9) [역자] 필자가 소개한 책 이외에도 많은 책이 국내에 출판되어 있다.

아주는 수용력capacities이다. 윤리는 바로 "'이 경우 어떻게 하는 것이 최선인가'라고 묻는 의사결정에 대한 접근 방식을 요구하며, 프랙티셔너(코치)는 자주 '내가 무엇을 감수하고 살 수 있는가? 용납할 수 없거나 불합리한 결과는 무엇인가?'라고 묻는다."(Breakey, 2020, p.120). 이 같은 질문은 유용하고 피해를 줄이는 해결책을 찾기 위한 것이다.

긍정적인 윤리적 실천으로 알려진 비교적 새로운 윤리적 실천 패러다임에서는 코치에게 "무엇이 고객에게 가장 큰 유익을 제공할 것인가?"라고 질문하도록 안내한다(이 주제에 대해 자세히 알아보려면 Smith et al., 2023. 16장 참조). 웰빙/덕virtuous을 중심에 둔 접근의 영향력을 확대한다는 입장에서 아서Arthur, 크리스티얀손Kristjánsson, 톰슨Thompson, 페젤Fazel(2023, p.8)은 '배려/돌봄, 일치성integrity, 공정성fairness, 근면성dilligence'은 조직과 사회의 '번영flourishing' 또는 더 큰 선good을 위한 윤리적 프랙티스의 토대라고 제안한다. 따라서 웰빙 또는 긍정적 윤리 실천에 기반하는 코칭은 코치, 코칭 고객, 코칭의 더 넓은 영역(예: 학계, 연구, 교육, 코치 인증기관, 협회 및 행정 담당자)과 코칭 분야의 명성을 보호하는 데 중요한 위치를 차지한다.

코치 교육자

이 사례 연구는 코치 교육 환경에서 검토할 수 있도록 폭넓고 깊이 있는 코칭 시나리오를 제공하기 위해 고안되었다. 앞에서 윤리적 성숙성 개발과 관련된 많은 요소(윤리적 발달 단계, 성인 학습 필요성 등)를 설명했다. 그러나 학습자가 개발해야 하는 필수 기술과 원칙에 대한 교육자 간의 합의는 여전히 부족하다.

아서Arthur와 동료들은 윤리 교육 프로그램에 (1) 지식과 전문성, (2) 좋은 인성good character, (3) 모범 사례(Arthur, Kristjansson, Thompson & Fazel, 2023) 등 세 가지 요소가 포함되어야 한다고 제안한다. 그러나 윤리 교육자들은 학생들이 '앎에서 실천으로' 나아갈 수 있도록 지원해야 하는 과제를 제기한다. 또 코치 트레이너와 수퍼바이저는 자신의 윤리성을 점검하고 윤리적 행동의 롤모델이 되어야 한다고 제안한다. 어떻게? 학습 공간에서 자신의 결정과 행동의 근거와 **생각을 말로 표현함**으로써 자신감과 행동에 동기 부여하는 방식mode을 효과적으로 제공할 수 있다. 사례 연구는 좋은 성품character과 프랙티스를 개발하는 기초를 제공한다.

NSW[10] 교육에서는 사례 연구를 통해 학습하는 학생들에게 5단계 과정을 제안한다.

---

10) NSW 교육: 사례 연구를 통해 효과적으로 가르치는 방법, 2023년 6월 8일 액세스 https://www.teaching.unsw.edu.au/case-studies.

1. 설명/정보 탐색clarification/information(무엇?): 모든 당사자 파악, 무엇이 사실이고 무엇이 가정과 편견인지 이해하기
2. 분석/…(왜?): 도전 과제와 윤리적 요점을 이해하고 파악하기 위한 사례공식화
3. 결론/권고: 이제 지금 무엇을 할 것인가? 결론에 대한 명확한 근거를 제시하고 가능한 결과 파악
4. 실행(어떻게?): 응답 및 역할극role play 스크립팅
5. 적용/성찰(그래서 무엇을? 나에게 어떤 의미가 있는가?): 자신과 프랙티스를 위해 배운 것은 무엇인가?

사례 연구를 어떻게 활용해야 하는지 개괄적으로 설명하기보다는 삶의 자세로서 윤리성을 강화하기 위해 사례 연구를 활용하는 자신만의 방법을 성찰하고 찾아보기 바란다. 질문은 아래 사례 연구에서 찾을 수 있다. 이 사례 연구의 주인공은 코치 트레이너로, 여러 상황에 영향을 받는 코치들이며 다양한 도전 과제와 윤리적 함의를 갖고 작업한다.

사례 연구

몸이 좋지 않거나 과로한 코치

리암Liam은 코치 양성 학교의 CEO이다. 그는 20년 동안 코치와 코칭 리더를 양성해 왔다. 코치 교육과 일대일 및 팀 코칭이 자신의 일주일을 완성하는 일련의 코칭 관련 활동의 일부라고 설명한다. 이런 다양한 활동을 통해 그는 매우 만족감을 느낀다. 또한 여러 대학에서 대학원 수준의 겸임교수로 코칭을 정기적으로 강의하고 있다. 작년에 그는 주당 평균 약 10시간인 교수 강의 시간을 유지하면서 일대일 고객 상담 시간을 일반 업무 시간의 절반 이상으로 늘리기로 했다.

3개월 전, 리암은 최소 10시간의 재택 학습과 함께 일주일에 이틀은 출석해야 하는 2년제 파트 타임 대학원 디플로마 과정을 시작했다. 몇 주가 지나면서 그는 점심시간이 되면 피곤함을 느꼈다. 이는 그에게 어울리지 않는 이례적인 일이다. 최근까지 일요일이면 아내와 함께 장거리 자전거를 타는 등 일상에서도 활동적인 생활을 한다. 또 일주일에 두 번은 헬스장에서 운동하고 격일로 요가를 한다.

코치 교육

리암Liam은 정기적으로 학생들로부터 피드백을 구한다. 그는 따뜻하고 세심하며 지적이고 정중하고 부드럽게 도전하는 것으로 잘 알려져 있다. 그렇지만 마지막 수강생 집단에서 받은 피드백은 놀라웠다. 학생들은 리암의 피드백이 짧고 날카로웠으며, 어떻게 변화해야 하는지 설명이 명확하지 않다고 평가했다. 또 리암이 자신의 진도에 관심이 없는 것 같고 수업의 규모가 너무 크다고 말했다. 많은 수강생은 이 과정이 강의 외에는 기술이나 자기 계발에 도움이 되지 않는 돈벌이 수단에 대한 강의일 뿐이라고 생각했다. 마지막 코스에는 리암의 처남도 참석했다. 수강생들은 가족에 대한 편애와 집중으로 인해 불편함과 소외감을 느꼈다고 말했다.

코칭

최근 리암은 자신이 조바심을 내고 고객의 이야기에 흥미를 느끼지 못하며 코칭 회기가 끝나기를 원한다는 사실을 알아차렸다. 그는 집중이 잘 안되고 자신의 연구에 대해 더 생각하고 싶었다. 집에 돌아온 리암은 아내 파리Fari에게 말했다.

오늘 일은 정말 지루했어. 고객 가운데 누구 하나도 지난 번에 만났던 자기 자리에서 조금도 움직이지 않는 것 같아 정말 짜증이야. 이런 좌절감은 참기가 어렵더군. 하루 종일 정말 지루했어.

파리가 대답했다.

리암, 지난 주말에도 같은 말을 했잖아. 그리고 최근에 두통을 호소했고. 지난 몇 주 동안 자전거 타기 싫다고 했던 거 기억나? 병원에 가봐야 하지 않을까? 이런 것이 모두 무슨 일이라고 생각해?

리암은 파리의 반응을 생각해 보았다. 그는 자신이 최근 회기 직후 메모를 중단했고, 한 명 이상의 고객이 자신이 이해받지 못했다고 자기 느낌을 말했다는 사실이 떠올랐다. 심지어 한 코칭 고객은 리암이 요즘 코칭을 즐기고 있는지 물어보기도 했다.

리암은 무슨 변화인지 어떻게 해야 할지 조금 고민되었다. 솔직히 사업이 줄어들거나 잃을까 봐 두려웠다. 이만큼 명성을 얻고 비즈니스를 구축하기 위해 열심히 노력해 왔는데…, 그는 그 어떤 것도 잃고 싶지 않았다.

코칭 트레이너와 학생 모두를 위한 성찰 질문

- 성인이 성찰적인 삶의 방식을 배우고 기르는 데 필요한 조건

과 요구 사항을 읽었다면, 이 장과 이 책에 나오는 사례 연구를 어떻게 사용하여 성찰을 촉진할 수 있는가?
- 이 사례 연구를 교육 환경에서 사용한다면, 어떤 학습 목표를 세울 수 있는가?
- 교육 현장에서 사례 연구를 사용할 때 어떤 어려움이 있을 수 있는가?
- 코치 트레이너의 윤리적 삶의 태도를 어떻게 역할 모델로 삼을 수 있는가?
- 코치 트레이너에게 중요한 도전 과제는 무엇인가?
- 도전 과제와 윤리적 우려 사항에 영향을 받을 수 있는 모든 당사자를 구분해 본다면?
- 코치 트레이너를 위한 윤리적 고려 사항은 무엇인가? 코칭 윤리 강령의 어떤 사항과 일치하는가? 강령에는 어떤 지침이 제공되는가? 의사결정을 지원하기 위해 어떤 도구를 사용하나?
- 코칭 환경과 교육 환경에서 코치가 발생하는 문제를 관리하기 위해 사용할 수 있는 옵션은 무엇인가?

결론

코칭과 마찬가지로 윤리는 복잡하고 관계적이며 맥락적이기에 윤리적 개발을 위한 교육이 어렵다. 역설적이지만 복잡성에 대한 이해 자체가 윤리적 알아차림의 전제 조건이며, 코칭에서 윤리적 알아차림은 복잡성의 범위와 역할을 인식하는 데 필요하다.

콜버그(1983)가 규명한 윤리 발달의 조건인 사회화, 도덕적 딜레마 토론, 커뮤니티는 코치 교육 환경에서 사례 연구, 그룹 토론, 트레이너와 동료의 역할극을 통해 잘 조성될 수 있다. 윤리적 성숙을 위해 시나리오를 분석하고, 가능한 행동 방침을 파악하고, 코치, 고객, 시스템, 코칭 분야에 '웰빙'에 초점을 맞춘 신중하게 세심히 계획된well-thought-out decisions 결정을 내리는 엄격한 과정에 참여해 윤리적 민감성을 습득해야 한다.

지금까지의 코치 교육은 대체로 전문 직업인으로 코치의 윤리성 개발을 포괄적이고 지속적인 방식으로 다루지 못했다. 코치 교육에 윤리적 사례 연구를 포함하고 성찰적 프랙티스와 정기적인 수퍼비전으로 뒷받침하는 것은 실용적인 방법pragmatic way을 제공한다.

참고 문헌

- Arthur, J., Kristjánsson, K., Thompson, A., & Fazel, A. (2023). *The Jubilee Centre Framework for Virtue-Based Professional Ethics*. Accessed May 20, 2023. Framework_Virtue Based Prof Ethics.pdf
- Bommer, M., Gratto, C., Gravander, J., & Tuttle, M. (1987). A behavioral model of ethical and unethical decision making. *Journal of Business Ethics*, 6, 265-280.

- Breakey, H. (2020). Incorporating philosophical theory, ethical decision-making models, and multidimensional legitimacy into practical ethics education. In *Educating for Ethical Survival* (pp. 117-126). Emerald Publishing Limited.
- Brennan, D., & Wildflower, L. (2014). Ethics in coaching. In E. Cox, T. Bachkirova, & D. Clutterbuck (eds.), *The Complete Handbook of Coaching*, 2nd edn (pp. 430-444). London: Sage.
- Carroll, M. (2009). From mindless to mindful practice: On learning reflection in supervision. *Psychotherapy in Australia*, 15(4), 38-49.
- Carroll, M., & Shaw, E. (2013). *Ethical Maturity in the Helping Professions: Making Difficult Life and Work Decisions*. London: Jessica Kingsley Publishers.
- Corrie, S., & Lane, D. (2015). *CBT Supervision*. In R. Garvey, & A. Giraldez-Hayes (eds.), *Chapter: Ethics in Education and the Development of Coaches* (pp. 270). London & New York: Routledge.
- de Haan, E. (2021). *What Works in Executive Coaching: Understanding Outcomes through Quantitative Research and Practice-Based Evidence*. Routledge.
- Dewey, J. (1986, September). Experience and education. In *The Educational Forum* (Vol. 50, No. 3, pp. 241-252). Taylor & Francis Group.
- Fatien, P. & Clutterbuck, D. (2023). What is ethics, and how does it apply to coaching?. In W. A. Smith, J. Passmore, E. Turner, Y.-L. Lai, & D. Clutterbuck (eds.), *The Ethical Coaches' Handbook: A Guide to Developing Ethical Maturity in Practice* (pp. 22-35). Routledge. https://doi .org/10. 4324/9781003277729
- Garvey, B., & Giraldez-Hayes, A. (2023). Ethics in education and the development of coaches. In W. A. Smith, J. Passmore, E. Turner, Y.-L. Lai, & D. Clutterbuck (eds.), *The Ethical Coaches' Handbook: A Guide to Developing Ethical Maturity in Practice* (pp. 267-278). Routledge. https://doi .org /10. 4324 /9781003277729
- Giraldez-Hayes, A., & Smith, W. A. (2022). 3 Coaching psychology as a profession: Ethical and practice-related issues. In M. Shams (ed.), *Psychology in Coaching Practice: A Guide for Professionals* (p. 28).
- Hawkins, P. (2011). Expanding emotional, ethical and cognitive capacity in supervision. In J. Passmore (ed.), *Supervision in Coaching: Supervision, Ethics and Continuous Professional Development*. London: Kogan Page.
- Hewson, D., & Carroll, M. (2016). *Reflective Supervision Toolkit*. Hazelbrook,

NSW: MoshPit.
- Iordanou, C., Hawley, R., & Iordanou, I. (2016). Values and ethics in coaching. In *Values and Ethics in Coaching* (pp. 1–224). London: Sage.
- Kegan, R. (1980). Making meaning: The constructive-developmental approach to persons and practice. *The Personnel and Guidance Journal*, 58(5), 373–380.
- Knowles, M. (1980). *The Modern Practice of Adult Education: From Pedagogy to Andragogy*. Englewood Cliffs, NJ: Prentice Hall.
- Kohlberg, L. (1975). The cognitive-developmental approach to moral education. *The Phi Delta Kappan*, 56(10), 670–677.
- Kohlberg, L., Levine, C., & Hewer, A. (1983). Moral stages: A current formulation and a response to critics. *Contributions to Human Development*, 10, 174.
- Kolb, D. A. (1984). The process of experiential learning. In *Experiential Learning: Experience as the Source of Learning and Development* (pp. 20–38). Englewood Cliffs: Prentice Hall
- Kovacs, L., & Corrie, S. (2022). Building reflective capability to enhance coaching practice. In D. Tee & J. Passmore (eds.), *Coaching Practiced* (pp. 55–64). Chichester: Wiley.
- Kristol, I. (1987). "Ethics anyone" or "Morals?". *The Wall Street Journal*, September 15, 1987.
- Lane, D. A. (2017). Trends in development of coaches (education and training): Is it valid, is it rigorous and is it relevant? In T. Bachkirova, D. Drake, & G. Spence (eds.), *The SAGE Handbook of Coaching* (pp. 647–661). London: SAGE.
- Lane, D., Kahn, M. S., & Chapman, L. (2018). Adult learning as an approach to coaching. In S. Palmer & A. Whybrow (eds.), *Handbook of Coaching Psychology A Guide for Practitioners* (2nd ed., pp. 369–380). Routledge. https://doi .org /10 .4324 /9781315820217
- Löfström, J., Ammert, N., Edling, S. et al. (2021). Advances in ethics education in the history classroom: After intersections of moral and historical consciousness. *International Journal of Ethics Education*, 6, 239–252. https://doi.org/10.1007/s40889-020-00116-w
- Loganbill, C., Hardy, E., & Delworth, U. (1982). Supervision: A conceptual model. *The Counseling Psychologist*, 10(1), 3–42.
- Piaget, J. (1954). *The Construction of Reality in the Child*. (M. Cook, Trans.).

Basic Books.
- Rajasinghe, D., Garvey, R., Smith, W. A., Burt, S., Clutterbuck, D., Barosa-Pereira, A., & Csiga, Z. (2022). On becoming a coach: Narratives of learning and development. *The Coaching Psychologist*, 18(2).
- Smith, W. A., Boniwell, I., & Green, S. (eds.). (2021). *Positive Psychology Coaching in the Workplace*. Switzerland: Springer International Publishing.
- Smith, W. A., Passmore, J., Turner, E., Lai, Y.-L., & Clutterbuck, D. (eds.). (2023). *The Ethical Coaches' Handbook: A Guide to Developing Ethical Maturity in Practice* (1st ed.). Routledge. https://doi.org/10. 4324 /9781003277729
- Tatiana Bachkirova, T. (2017). Developing a knowledge base of coaching: Questions to explore. In T. Bachkirova, D. Drake, & G. Spence (eds.), *The SAGE Handbook of Coaching* (pp. 23-41). SAGE.
- Van Nieuwerburgh, C. (2020). An introduction to coaching skills: A practical guide. In *An Introduction to Coaching Skills* (pp. 1-240). London: Sage.
- Velasquez, M., Andre, C., Shanks, T., & Meyer, M. J. (1987). Can ethics be taught. *Issues in Ethics*, 1(1), 101-102.
- Voller, H. (2010). Developing the understanding of reflective practice in counselling and psychotherapy. *D. Prof, University of Middlesex*. Cited in Michael, Carroll (2009). From mindless to mindful practice: On learning reflection in supervision. *Psychotherapy in Australia*, 15(4), 38-49.

2장

사례 공식화: 코칭 사례 연구를 위한 작업 도구

저자: 데이비드 A. 레인David A. Lane[1], 마이클 카바나Michael Cavanagh[2],
웬디-앤 스미스Wendy-Ann Smith[3]
번역: 김상복

소개

아이디어 개발과 교육 도구로 사례 연구의 역할은 여러 전문 분야에 이미 잘 확립되어 있다. 의학에서 사례 연구는 새로운 아이디어의 출

[1] **데이비드 A. 레인**David A. Lane: 영국 전문성 개발 재단. 코칭의 연구와 전문성 개발에 기여뿐만 아니라 주요 컨설팅 회사, 다국적 기업, 공공 부문 및 정부 기관을 포함한 다양한 조직에서 코칭을 해왔다. 경력 있는 코치들을 위한 실천 기반 석사 및 박사 학위 과정을 운영. 영국 심리학회 심리치료 전문 심리학자 등록 위원장을 역임했으며 심리치료에 관한 EFPA 그룹을 소집했다. BPS, CIPD, WABC, EMCC의 위원회에서 활동. 상담 심리학에 대한 그의 공헌은 '뛰어난 과학적 공헌'으로 BPS의 수석상을 수상하는 결과로 이어졌다. 영국심리학회로부터 전문심리학에 대한 공로상을, Surrey 대학교로부터 평생 공로상을, Coaching at Work에서도 비슷한 공로를 인정받았다. APECS의 펠로우이다.

[2] **마이클 카바나**Michael Cavanagh: 호주 시드니 대학교 코칭 심리학부 부국장. 리더십 및 코칭 심리학 분야에서 국제적으로 인정받는 학자, 실천자, 컨설턴트. 리더, 팀, 코치들이 복잡한 환경에서 일할 수 있도록 준비시키는 데 중점을 두고 있다. 시드니 대학교의 코칭 심리학 부서의 부소장으로서 Tony Grant와 함께 세계 최초의 코칭 심리학 석사 학위를 설립. 영국 미들섹스Middlesex 대학교의 객원 교수. 다양한 산업 분야의 모든 직급의 리더와 관리자를 코칭했다. 동료 심사를 거친 언론에 수많은 논문을 발표했으며, 호주표준협회Standards Australia 의『조직 코칭 핸드북Handbook of Organizational Coaching』의 주요 저자. 국제 코칭 심리학 리뷰International Coaching Psychology Review의 호주 편집자. 조직, 개인이 조직, 직원, 지구의 지속가능성을 높이는 방식으로 복잡한 과제를 이해하고 해결하도록 돕는 데 열정을 쏟고 있다.

[3] **웬디-앤 스미스**Wendy-Ann Smith: 본 저서의 편집자. 편집자 소개 참조

발점이다. 일반적으로 사례 연구는 추후에 확실한 증거 수집과 새로운 진단으로 이어지는 통찰력을 생성해 왔다(Crowe et al., 2011).

비즈니스 분야의 사례 연구는 세계 모든 대학에서 필수적인 교육 과정으로 자리 잡았다. 사례 연구는 제시된 문제를 다루는 새로운 방법으로 이어지는 심도 있는 연구를 가능하게 한다. 하버드 비즈니스 스쿨의 학장인 노리아Nohria(2021)는 사례 연구를 통해 분별력/안목discernment, 편견에 대한 인식, 판단력, 협업, 호기심, 자신감을 향상시킬 수 있다고 주장한다. 심리학에서 사례 연구는 새로운 이론적 관점을 제시하는 많은 초기 아이디어를 제공한다(Jarrett, 2015).

이처럼 사례 연구는 여러 분야에서 핵심적인 연구 도구로 사용되고 있으며 상세한 분석으로 이해를 높이는데 중요한 기여를 한다. 그러나 사례 자체만으로는 미치는 영향을 주요 요인으로 이해하거나, 이를 통해 기술記述description을 구성하는 '구조화 작업framework' 없이는 별다른 도움이 되지 않는다. 여러 분야에서 이 기술을 구성하는 데 다양한 개념이 적용되고 있다. 예를 들어 의학에서는 진단diagnosis과 처방/공식화formulation(때로는 사례 개념화conceptualisation라고도 함)의 차이를 고려하는 것이 더욱 유용하다. 사례 연구에서 특정 증상의 집합은 특정 질환(예: 적혈구 낭종 진단)을 가진 사람이라는 정의로 이어질 수 있다. 그러나 이것만으로는 많은 정보를 전달하지 못한다. 공식화formulation에는 ①코치이coachee의 이해, ②미래에 미칠 영향, ③해결 방법, ④자기감에 미치는 영향, ⑤코치이나 의료진/코치의 향후 행동에 미칠 수 있는 영향 등이 포함되어야 한다. 따라서 공식화는 질환 진단과는 다른 방식으로 사람을 통합한다. 사람은 곧 건강 상태condition가 아니다. 즉 진단명인 암 환자a cancer patient가 아니라 암과 함께 살아가는 사람a person living with cancer이다.

완전히 다른 맥락의 예술 행위에서도 작가, 배우, 연출가가 관객과의 만남이라는 공연 행위를 추구하기 위해 **인물을 이해하는 방식**이 우리 작업에 기여할 수 있는 부분이 있다. 공식화라고 정의하지는 않지만 각 과정에는 유사점이 있다. 코리Corrie와 레인Lane(2010)의 접근법은 데이비드 드레이크David Drake의 내러티브 작업, 사이먼 캘로우Simon Callow의 연극 이해, 브라이언 로스트론Bryan Rostron의 텍스트 창작, 쉴라 스트로브리지Sheelagh Strawbridge의 우리 삶에서 이야기story의 역할, 티모시 웨스트Timothy West와 프루넬라 스케일Prunella Scales의 연기acting, 앨런 듀런트Alan Durrant의 창작 프랙티셔너를 위한 정체성 개념화, 위치성positionality, 전문성 개발 등을 예로 들며 사례를 탐구한다. 심리학 및 예술 활동에서 사례와 성격 형성이 어떻게 작동하는지에 대한 이해를 함께 제공한다. 배우이자 연출가, 공연 이론가인 스타니슬랍스키(Stanislavski, 1863~1938)의 연구를 상담 분야에 적용하면 코치가 내담자와 함께 작업을 탐색하는 방법을 쉽게 성찰할 수 있는 틀을 제공하다(Lane & Corrie, 2012). 여기에는 세 가지 핵심 과정이 포함되어 있다.

1. **최고 목표**super objective: 작업에 대한 최고 목표를 찾고 합의한다. 코칭에서는 함께 할 작업의 목적을 합의하기 위한 초기 대화가 이에 해당한다.
2. **내적, 외적 작업**: 작업에 대한 적절한 자세와 태도를 개발하기 위해 준비한다. 코칭은 작업에 영향을 미치는 관점에 도전하도록 이해를 돕기 위해 자기감sense of self과 작업 맥락을 탐색하거나, 작업에 도움되는 자세를 위해 도전해야 할 관점에 대한 이해를 개발한다.
3. **행동을 관통하는 흐름**through line of action: '고객과 마주한 encounter' 상황에서 성과로 나아가기 위한 노력, 즉 행동을 관통하는 흐름을 파악한다. 코칭에서 코치이와 코치가 함께 노력하여 결과에 도달하는 과정을 말한다.

이 책에 소개된 사례는 코치와 코치이가 어떻게 '최고 목표'에 도달했는지, 어떤 '내적, 외적 작업'을 수행했는지, 과정에서 보이는 '행동을 관통하는 흐름'은 무엇인지 질문하며 이를 충분히 탐구할 수 있을 것이다.

심리학에서 사례 공식화case formulation는 임상심리학자들 작업의 핵심적인 특징이었다(BPS, Good Practice Guidelines, 2011). 최근에는 다른 심리학 실천 분야에도 핵심적인 요소가 되었다(Lane, Watts & Corrie, 2016). 몇 년 동안 코칭(Corrie, Kovacs

& Lane, 2021)과 코칭 심리학(Lane & Corrie, 2009)에서 활용도 증가했다. 이 장에서 사용하는 구조화 작업의 기초를 형성하는 것은 바로 사례 공식화이다.

사례 공식화란 무엇이며 왜 중요한가?

공식화는 코리와 레인(Corrie & Lane 2010, 2021)에 의해 고객의 이야기를 심리학적으로 설명하고, 변화에 영향을 미칠 수 있는 드러내는 호소presenting concerns[이른바 주호소]를 찾는 것으로 설명했다. 이는 코치로서 우리의 관심과 관련해 무엇을 의미하는가?

코칭을 통해 고객과 함께 일할 때 우리는 그들의 이야기를 이해하려고 노력한다. 모든 고객은 자기 세계에 대한 자신만의 이야기, 자신만의 성찰적 내러티브reflective narrative를 가져온다. 그렇지만 코치로서 우리도 개인적이나 전문적으로 세상에 대해 자기만의 할 이야기account를 갖고 있다. 고객과 코치의 마주함encounter에 코치는 이 관점을 적용하며 직면한 문제를 이해하려고 노력한다. 우리는 함께 하는 일에 대한 공통의 관계적 내러티브relational narrative(Lane, 1990. 이를 공유한 관심사shared concern라고 부른다)를 구축한다. 따라서 공식화를 통해 이를 이해하려는 시도는 단순히 두 친구가 어떤 이슈에 대해 토론하는 것과는 다르다.

코치이는 잠재적 이익을 공유할 수 있는 코치가 전문성을 가지고 있을 것이라는 최소한의 어떤 느낌/기대를 갖고 찾아온다. 고객이 자신의 목표, 도전 과제 및/또는 우려/관심 사항을 해결하기 위해 단순히 자신만을 활용할 수 있다고 생각한다면 코치가 필요하지 않을 것이다. 고객의 이야기에는 **가정**, **상황**에 대한 세부 사항, **변화**의 가능성에 대한 신념과 감정이 포함되어 있다. 코치는 고객이 이야기를 충분히 전달할 수 있는 **공간**을 만들고, 자기 이야기를 충분히 들어 준다는 편안함을 가질 수 있도록 노력한다. 그러나 코치는 이야기를 듣는 것이 출발점이지만 단순히 듣는 것이 아니라 제시된 상황에 대한 자신의 관점을 활용하여 이야기를 이해하려고 노력한다.[4]

사례 공식화란 진술된 이야기의 의미(명사)와 이해(동사)를 공식화하기 위한 지속적이고 새로운 과정이다.[5] 이는 고객만 아니라 코치에게도 도움이 된다. 코리와 코벡스(Corrie & Kovacs, 2019)에 따르면 공식화는 다음과 같은 효과를 가져올 수 있다.

a) 코칭 지원

---

[4] [역자] 이때 말하는 코치의 관점은 '알지 못함의 자세'와는 구별된다. 관점이란 '사례 공식화' 구조틀, 작업 가설, 코칭 기획 등을 의미한다. 가보지 않은 길을 위한 최소한의 준비로 지도와 나침판이 필요하다. 그렇지 않으면 가본 길만 가게 된다. 또 알 수 없는 고객의 펼쳐지는 세계를 들으며 허공에 건물을 짓기 위해서도 필요한 것이 비계scaffold이다.
[5] [역자] 동사(행동)는 명사(주어/주체)에 종속된 것이 아니다 둘은 상호 영향을 준다. (어떻게) 코칭한다(동사)는 어떤(수준, 성격)의 코치인가(주어)를 규정하기도 한다.

b) 코치 지원

c) 관계 활성화enable

d) 프랙티스의 질적 강화enhance

카바나Cavanagh(2006)는 코칭 상호 작용의 세 가지 성찰 공간 모델Three Reflective Spaces model에서 이 과정을 설명했다. 이 모델은 코치와 고객이 제기하는 문제에 대한 공통된 이해에 도달할 수 있도록 사례 관련 정보에 접근하고, 공유하고, 처리하는 역동적이고 지속적인 과정을 설명한다. 이런 새로운 이해가 효과를 가지려면 변화의 가능성을 가능하게 하는 방식으로 이슈를 이해해야 한다. 또한 코칭 대화 외부의 현실에 의해 정보를 얻고 이를 테스트해야 한다.

이 과정에서 공식화는 곧 고객, 코치, 이를 진행하는 외부 시스템 간의 역동적인 대화의 출현물이자 지속적인 결과물이 된다(Cavanagh & Spence, 2012 참조). 따라서 이 장에서는 두 가지 질문에 대한 답을 찾아야 한다.

1. 공식화 작업 과제에 어떻게 접근할 수 있는가?
2. 이 책의 사례 연구를 더 잘 읽을 수 있도록 어떻게 공식화할 수 있는가?

공식화 과제를 어떻게 접근해야 하는가?

이를 위한 유일한 방법은 사실 없다.

예를 들어 웨렐Worrell(2010)은 실존주의적으로 일하는 사람들의 방식을 설명한다. 중요하다고 생각되는 아이디어에 고객의 관심을 집중시키거나 아이디어를 소개하는 교육적인 역할을 논의하기 보다는 오히려 고객의 성찰적 내러티브에 대해 어떻게 기술/묘사하는지를 중심으로 탐구하고, 그 경험을 공개하는 방식 그대로 머물게 하려고 한다. 즉 현상학적 탐구phenomenological investigation의 형태를 취한다. 그는 이 연구가 우리의 공식화 이해와 관련이 있다고 주장하며 세 단계를 제시한다.

1. 판단 중지epoche: 여기에는 '밝혀진/털어놓은 사실disclosure'에 대한 개방성openness을 위해 기존의 가정과 기대를 중단하려는 시도이다.
2. 서술/기술description: 현상을 설명하는 것이 아니라 묘사하는 것과 관련 있다. 모든 분석은 해석을 개방하기 위해 경험에 가깝게 접근하고 유지하려고 노력한다. [이를 다른 것으로 바꾸려 하거나 첨가하려 하지 않는다.]
3. 균등화equalisation: 고객이 경험의 의미를 이해하게 하기 위한 맥락을 최대한 넓히려고 시도한다.

웨렐Worrell이 주장하듯이 고객의 관심사/우려에 대한 서술적/기술적 해명descriptive clarification에 가깝게 머무르는 것을 강조하는 것은 공식화에 대한 우리의 이해에 많은 것을 가져다 줄 수 있다. 사례 연구를 탐구할 때 이런 **의미의 공식화**는 ①코치가 가정을 어떻게 중단했는지, ②설명이 고객의 경험에 얼마나 밀접 했는지(밀접성/근접성closeness of the description), 또 ③고객에게 경험의 주제와 의미를 탐구하는 맥락을 어떻게 이해하도록 시도했는지에 초점을 맞추게 한다.

드레이크Drake는 사례 구성에 대한 내러티브 접근을 네 가지 요소로 제시한다(2010, p.247). 이 틀을 사용하여 사례를 진행하거나 읽을 경우 강조점은 다음과 같다.

사람: (a) 코치와 코치이 모두의 자기-앎self-knowledge에 대한 강조, (b) 알아차림을 위한 공감적 컨테이너 창조하기, (c) 앎과 전문 지식의 다양한 원천, (d) 그들이 무슨 일이 일어나고 있다고 생각하는지에 대한 관심 기울이기

스토리: (a) 내러티브 구조와 심리에 대한 기초 지식, (b) [스토리 안의] 변화의 여지/기회 찾기, (c) [스토리의] 과거, 현재, 미래의 영향, (d) 원인이 무엇이라고 생각하는지에 대한 귀인

요소: (a) 내러티브 작업 자료에 대한 전문 지식, (b) 요소들의 상호 작용에서 나오는 새로운 기회, (c) 다양한 인과관계

의 흐름을 평가하여 얻은 통찰력, (d) 자신이 무엇을 왜 해야 한다고 생각하는지 그 이유에 근거한 행동

장field: (a) 코치와 고객 사이의 공간에서 발견되는 맥락적 지식에 대한 강조, (b) 새로운 이야기를 위한 행동의 구조화, (c) 현재 무엇이 가능한지에 대한 전체론적 관점, (d) 결과적으로 어떤 일이 일어날 것이라고 생각하는지에 대한 기대

이처럼 사례 연구에 접근할 때 [1]사람, [2]이야기, [3]요소, [4]장field이 어떻게 표현되는지 질문하는 것도 가능하다.

채프먼Chapman(2012)은 콜브Kolb와 윌버Wilbur의 연구를 바탕으로 한 '구조화 작업framework'을 제시한다. 최근에는 신경과학의 접근을 '통합적 체험 학습 과정'이라는 용어에 포함시켰다(Chapman, 2023). 레인Lane, 채프먼, 칸Kahn(2019)은 팀의 역할을 조사하고 역할에 기반 한 구조화 작업을 제시한다. 스타우트 로스트론Stout Rostron(2019, 2021)은 여러 모델을 제시하지만 특히 다양한 문화적 관점을 활용한다. 이렇듯 사례 연구를 탐구하는 데 사용할 수 있는 다양한 접근 방식이 있다. 바흐키로바Bachkirova, 클러터벅Clutterbuck, 콕스Cox(2018)는 아래에서 제안하는 유사한 접근 방식을 제시한다. 이 접근법은 코칭 실천의 개인적 모델로 제공되지만 사례 연구를 탐색하는 데 기초가 될 수 있다. 이 작업은 세 가지 질문이다.

1. 인간의 본성과 세상을 어떻게 바라보는가, 특히 무엇이 중요하다고 생각하는가? (코칭 프랙티스를 뒷받침하는 철학)
2. 코칭은 무엇을 위한 것이며 코치는 무엇을 달성하려고 하는가? (코칭의 주요 목적)
3. 이 목적에 적합하고 철학에 부합하는 일관되게 사용되는 도구, 방법 및 절차는 무엇인가? (일관된 과정)

공식화에 대한 접근 방식은 우리가 윤리적 실천과 증거를 취하는 관점에 부분적이지만 영향을 준다(Lane & Corrie, 2023). 또 코칭 사례 연구는 특정한 이론적 입장의 프리즘을 통해 미리 전달되고 이해되는 경우가 많다(Cox, Bachkirova & Clutterbuck, 2018). 인지 행동 코칭이나 내러티브 코칭 사례 공식화Case formulation가 이와 유사하게 초점을 맞춘다.

많은 저자는 코치가 코칭에서 일어나는 일과 고객을 더 깊이 이해할 수 있도록 돕기 위해 사례 공식화를 단독으로 또는 수퍼비전의 프랙티스로 포함시켜야 한다고 주장한다(예: Cavanagh, Stern & Lane, 2016; Corrie & Lane, 2009; Drake, 2014; Grant, 2011; Lane, Watts & Corrie, 2016; Watts, Bor & Florance, 2021).

이 장에서는 사례 공식화와 사례 연구 읽기에 대한 이론 중심 접근 방식을 제시하는 대신 어떤 이론이 유용한지에 대해서는 중립적 태도를 유지한다. 이런 태도로 '구조화 작업'은 수년에 걸친 여러 연구를 통해 전문적 관계에서 일어나는 일과 그에 따른 코칭 만남에서 어떤 일이 일어나고 있는지 이해하려는 노력에서 비롯되었다. 이를 학교 시스템(Lane, 1975, 1978, 1990)과 이후 치료(Bruch & Bond, 1998; Bruch, 2015)에서 시작된 DEFINE으로 명명된 다섯 가지 영역과 관련해 검토한다.

1. Definition: 수행해야 할 작업의 기초를 형성하는 공통 관심사와 목표에 대한 **정의**
2. Exploration: 현재 상황에 영향을 미치는 역사적, 발달적, 문화적 경향 요인predisposing factors이 관심사/우려와 목표에 영향을 미치는 맥락적/상황적 요인에 대한 **탐색**
3. Formulation: 변화의 가능성을 만들어내기 위해 참가자들이 공유하는 일관된 이해를 생성하기 위한 다양한 요인의 범위를 **공식화**
4. Intervention: 변화를 일으키기 위한 공식화에 기반한 **개입** 계획 및 실행
5. Evaluation: 결과 **평가**, 필요에 따른 개입 수정 및 향후 개선점 도출

코칭이 여러 분야에 걸쳐 복잡한 영역에서 운영되는 경우가 많다는 점을 감안하면 이런 공식화 접근 방식은 고용 가능성employability

에 대한 대규모 연구(900개 이상의 조직)에 따라 재구성되기도 했다 (Lane, Chapman & Kahn, 2014 참조). 이는 코칭 개입이 빠르게 선택되고 있다는 점을 나타낸다(Rajan & Lane, 2000).

코리와 레인(2010)은 사람들이 들려주는 이야기를 통해 공식화에 대한 가이드를 제공하면서 작업의 내러티브가 어떻게 전개되는지 탐구했다. 그들은 내러티브를 이해하기 위한 과정을 제시한다. 그 가운데 하나는 이야기를 이끌어가는 **우선순위**, 이야기의 **배경**, 주요 **인물**, 전개되는 **플롯**, **사건**의 시작, **목표 및 결과**와 같은 영역을 검토하는 것이다.

코칭의 미래에 대한 다양한 연구를 보면 [1]고객과 코치가 함께 하는 작업의 목적을 어떻게 이해하는지, [2]그들이 각각 어떤 관점으로 문제를 바라보는지, [3]어떤 과정을 통해 상호 작용을 끌어내는지 검토하고 결론을 내리고 있다(Cavanagh & Lane, 2012; Lane & Corrie, 2006; Lane, Stelter & Stout-Rostron, 2018). 또 [4]과정의 일관성을 검토하기 위해 사례 연구를 공식화하는 방법을 제안한다.

공식화는 어떻게 사례 연구를 더 잘 읽을 수 있게 하는가?

먼저 공식화 '구조화 작업'과 이 작업이 생성하는 질문을 개괄적으로 설명해 보자. 이는 이 글의 사례와 '실제' 사례를 읽기 위한 사전 단계이다.

목적: 우리는 어디로, 왜 가는가?

코칭을 위한 공동의 여정은 함께 할 작업의 **목적**을 정의하는 것에서 시작된다. 이 노력을 어떻게, 누구에 의해, 어떤 목적으로 시작하는지도 논의의 일부이다. 사람들은 이 목적에 각자 나름의 아이디어를 가져오지만, 함께 탐구해 볼 공통 관심사를 찾으려고 노력할 것이다. "문제problem를 일으킨 (같은) 수준의 생각하기thinking로는 문제를 해결할 수 없다."라는 자주 인용되는 격언이 여기서 중요하다.

우리의 목적은 우리의 관점(세상을 이해하는 방식)과 무관하지 않다. 두 사람이 관점을 함께 정의co-define내리고 서로에게 도움을 준다. 우리가 세상을 이해하는 방식에 따라 해결해야 할 문제가 무엇인지, 그 해결의 경로나 방법이 무엇인지 결정된다. 단기적으로는 유용한 목표처럼 보이는 것이 장기적으로는 부정적인 결과를 초래할 수 있다. 어떤 목적이 더 중요하고 일차적인지는 참여자들의 세계관이나 의미 형성 수용력meaning-making capacities에 따라 달라진다. 따라서 우리가 공유한 목적을 이해하려면 대화에 가져오는 사고의 수준을 성찰/숙고하는 것이 중요하다(목적과 관점을 취하는 수용력perspective-taking capacity의 관계에 대해서는 Cavanagh, 2013

참조). 이런 성찰을 위해서는 아래와 같은 질문이 필요하다.

- 우리가 함께 코칭하는 목적은 무엇인가?
- 우리가 진정으로 가고자 하는 곳은 어디이며, 우리가 밝힌 목적이 우리를 그곳에 데려다 줄 것인가?
- 이 목적은 무엇을 가능하게 하고 무엇을 제약하는가?
- 우리의 목적이 다른 시간대에도 유용한 결과를 가능하게 하는가? [과거-현재-미래]
- 모든 관련 이해관계자가 우리의 목적을 진정으로 공유하고 있는가?

따라서 사례 연구를 읽을 때는 기본적으로 네 가지 영역을 정의해야 한다.

1. 우리가 함께 탐구하고자 하는 질문/도전/관심사/목표는 무엇인가?
   a) 이 질문이 알려지지 않은 미지의 목적지로 이어질 수 있는 열린 질문인가?
   b) 제기한 질문에 정확한 해결 지점, 즉 해결해야 할 문제problem나 주요 이해관계자가 적절하다고 인정하는 해결책이 필요한가?

c) 이 사례의 수용 가능한 해결책이 어떤 모습일지 미리 정의할 수 있는가?

　　d) 코치와 고객 간에 협의된 작업 목적에 대한 정의가 주요 이해관계자들과 합의되었는가?

　　e) 코칭 대화 전반을 통해 드러나는 목표/질문/우려사항/도전의 변화 또는 새로운 사항이 코칭에 어떻게 반영될 것인가?

2. 작업에 대한 우리의 기대와 주요 이해관계자의 기대는 무엇인가?

　　a) 참여자와 주요 이해관계자의 의도가 알려져 있고 투명한가?

　　b) 결과에 영향을 미칠 수 있는 사람들이 확인되었는가?

　　c) 예상되는 결과나 성과가 있으며, 이것이 주요 참여자의 목표와 어떤 관련이 있는가?

　　d) 결과물 또는 결과를 달성함으로써 달라지는 점은 무엇인가?

3. 코치와 고객의 마주함encounter에서 우리 각자는 어떤 역할을 하고 싶은가?

　　a) 핵심 목표, 데이터 또는 가설을 확인하는 데 누가 역할을 해야 하는가(또는 하고 있는가)?

　　b) 각 당사자 또는 주요 이해관계자는 어떤 역할을 수행하길 원하는가?

c) 각 당사자는 어떤 시간, 에너지, 자원을 투자할 것이며 얼마나 기꺼이 헌신할 것인가?

　　d) 각 당사자가 파트너십과 주인의식을 갖기 위해 어떻게 여정을 시작하게 할 것인가?

4. 목적의 맥락은 무엇이며 어떤 방식으로 정의되어 있는가?

　　a) 고객이 자기 이야기를 전달할 수 있기 위해 무엇이 필요한가?

　　b) 코치와 고객이 계약 범위에 적합하고 함께 일함으로써 가장 잘 해결될 수 있는 공통 관심사를 파악할 수 있었는가?

　　c) 개입으로 인해 이익을 얻거나 불안을 느낄 수 있는 다른 이해관계자의 입장을 파악하고 이해했는가?

　　d) 코치, 고객 및 기타 이해관계자에게 의미 있는 만남이 될 수 있는 이유는 무엇인가?

관점: 무엇이 우리의 여정에 영향을 미치는가?

코칭 사례를 검토할 때 대체로 두 가지 접근 방식에 직면하게 된다. 첫 번째는 코치가 인지 행동, 게슈탈트, 해결 중심 또는 긍정 심리학 스타일의 코치처럼 특정 관점을 갖고 있는 경우 이다. 이 경우 코치는 코치이가 말하는 고민의 특정 측면을 살펴보고 그 이야기의 특정 측면을 다른 측면보다 우선시하여 퍼즐을 풀려고 노력한다. 그렇다고 해서 코치가 코치이의 이야기를 주의 깊게 듣지 못하거나 뛰어난 성과를 낼 수 없다는 의미는 아니다. 그렇지만 코치가 선호하는 접근 방식에 가치를 둘 경우에는 코치이와 함께 일할 때 특히 주의를 기울여야 한다. 자기 관점이 분명하지 않거나 증거로 뒷받침되지 않을 수 있는 코치이를 고려하는데 주의해야 함을 의미한다. 두 번째는 코치는 코치이의 이야기를 직접 듣고 현재 시점에서 그에게 가장 적합한 관점을 탐색해야 한다는 점이다. 코치와 고객은 만남의 의미를 구성하고, 해체하고, 재구성하기 위해 노력하면서 [한가지 렌즈가 아니라] 다양한 렌즈를 통해 목표/도전/이슈를 이해하려고 노력하는 길이다.

이 같은 두 가지 접근 가운데 하나를 효과적으로 구성하기 위한 핵심은 고객의 **고유한 독특한 경험**과 **의미 형성**을 이해하는 다양한 방법에 대한 호기심과 경험, 이론 및 연구를 통해 얻은 통찰과 고객을 이해하려는 노력 사이의 **균형**을 유지하는 것이다. 따라서 코칭 참여에서 이론과 증거 기반이 어떻게 사용되는지, 그리고 코칭 대화가 고객의 고유한 이야기와 상황에 얼마나 반응하는지에 주의를 기울여야 한다. 브루후Bruch와 본드Bond(1998)는 치료 동맹therapy alliance(코칭 관계에 대해서도 설명할 수 있음)과 관련하여 내담자가 함께 공유 모델shared model을 구축하기 위해 '고객과 함께 작업하는 세계 구성'의 중요성을 언급한다. 이를 통해 고객이 시도해 볼 수 있는 실험을 위한 행동을 고려할 수 있고, 그 결과 해당 상황에서 고객에게 맞춤화된 공식화가 가능해진다. 관점과 관련하여 검토해야 할 영역은 네 가지이다.

1. 코치와 고객 사이의 여정에 어떤 관점이 영향을 미치는가?
   a) 코치가 사례를 이해하는 데 어떤 관점이 도움이 되는가?
   b) 고객이 상황을 이해하기 위해 어떤 관점을 가져오는가?
   c) 코치나 고객은 세상에서 자신의 위치를 어떻게 정하고 있으며, 그것이 이해에 어떤 영향을 미치는가?
   d) 코치는 고객이 만남에서 자신의 신념, 지식 및 역량을 개방적으로 탐색하도록 지원하기 위해 무엇을 하고 있는가?

2. 마주함에서 실천 모델에 대한 어떤 믿음/신념이 드러나는가?
   a) 자기 자신과 타인에 대한 어떤 신념이 고객이 직면하는 퍼즐이나 프랙티셔너가 제공하는 노력을 이해하는데 도움이 되는가?
   b) 행동과 변화에 대한 개인 이론에 기반한 어떤 관점이 만남에 정보를 제공하는가?
   c) 대인관계 이론과 변화에 기반한 어떤 관점이 만남에 정보를 제공하는가?
   d) 시스템 이론과 변화에 기반한 어떤 관점이 만남에 정보를

제공하는가?

3. 증거의 본질과 관련된 어떤 신념이 이 만남에서 보이는가?
   a) 작업이 해석되거나 수행되는 방식에서 증거로 간주되는 것이 무엇인가?
      1) 명확한 과학적 근거가 있는 데이터의 사용
      2) 프로토콜이나 매뉴얼과 같은 '효과 있는' 관점을 활용
      3) 상황과 성찰에 특화된 숙고적 행동
      4) 지배적 담론에 대한 비판적 참여를 통해 가정과 권력 구조에 도전

4. 무엇이 증거로 간주되는지는 누가 결정하는가?
   a) 무엇이 증거로 간주되는지 결정에 따라 누가 가장 큰 혜택을 받거나 가장 적은 혜택을 받는가?
   b) 증거에 대한 접근 방식이 문화적 기대와 상충하는 경우 고객 또는 코치에게 어떤 영향을 미치는가?
   c) 누가 결정권을 갖고 있는가?
   d) 어떤 정치적, 경제적, 사회적, 환경적 관심사가 선택을 주도하는가?

과정: 어떻게 그곳으로 갈 것인가?

작업의 목적이 이해되고 영향력 있는 관점을 탐색하기 위한 만남이 시작되면 코치와 고객이 함께할 과정을 결정할 수 있다. 어떤 경우에는 하나의 이론적 모델을 사용하여 접근 방식에 이를 반영하고, 고객의 동의를 얻기 위해 그 윤곽을 설명해야 할 것이다. 그렇지 않고 내러티브를 보다 폭넓게 탐구하는 경우에는 스토리텔링 과정을 관리하기 위한 구조화 작업에 합의해야 할 것이다. 코칭 프랙티스에서 선택한 과정에 영향을 미치는 여섯 가지 일반적인 담론이 있다.

1. 진단 분류에서 파생되는 공식화: 예를 들어 고객이 다양한 심리 측정 테스트, 360° 피드백 또는 평가 센터를 통해 업무 결정에 영향을 미치는 분류를 코칭하는 경우
2. 코치와 고객이 함께 협력하여 유용하고 정확한 설명에 도달하기 위해 테스트할 수 있는 가설을 확립하는 과학자-실무자 모델scientist-practitioner models[6]에 기초한 공식화
3. 주어진 이론적 입장(단일 또는 통합)에 기반한 공식화로 마주함을 안내

---

6) [역자] scientist-practitioner models: 통상 '과학자-실무자 모델' 그러나 역자는 '전문연구자-실천활동가' 모델로 번역하고 활용한다. 현실 적용에 찬반 양론이 있으나 오랫동안 활용된 모델이라는 점에서 코칭분야 나름의 적용에 대한 검토가 필요하다. 추천할 만한 자료는 안현의. 「과학자-실무자 모델의 국내 적용 가능성에 관한 논의」 한국심리학회지: 상담 및 심리치료 2003. Vol. 15, No. 3, 461-475.

4. 미래 지향성과 사람들이 만남에 가져다 줄 강점을 기반으로 한 전략적 공식화

5. 조직의 권력자가 정의한 행동과 과정에 기초한 사회적 통제 수단으로서의 공식화. 여기에는 주어진 작업 방식이 의무화되고 사전 정의된 목표만 합법적인 것으로 간주되며, 때로는 모든 코치가 특정 방식으로 훈련해야 한다는 요구사항이 포함될 수 있다.[7]

6. 이야기가 전달되는 방식과 이야기에 포함되거나 제외되는 내용을 탐색하는 내러티브 공식화

사례를 검토할 때 절차와 관련하여 고려해야 할 네 영역이 있다.

1. 작업에 주어진 제약 조건에서 목적 달성을 위해 어떤 과정을 사용했는가?
2. 코치와 고객이 작업을 어떻게 구성했는가?
3. 어떤 요인이 선택에 영향을 끼쳤다고 보는가?
4. 작업 과정에서 목적의 정의, 활용한 관점 또는 과정에서 무엇이 변경되었나?

---

[7] [역자] 특정 교수진의 입장으로 인한 교육생들의 단일 방식의 접근, 다국적 기업에서 기업 차원에서 전체 기업을 위한 독자적인 코칭과 훈련 모델을 갖고 활용하는 경우 등을 들 수 있다.

또한, 작업의 목적과 이를 뒷받침하는 관점 간의 일치를 보장하기 위해 사용한 과정의 일관성을 확보하는 데 중점을 둔다. 사례 연구 분석은 [1]마주함에서 목적, 관점, 과정이 어떻게 드러나는지에 대한 알아차림과 [2]참가자들이 수집한 정보를 어떻게 활용하여 작업의 목적에 대한 감각을 키우는지, [3]이슈를 이해하기 위해 고려해야 할 요소와 공통 관심사, 공식화, [4]개입 계획을 수립하는 데 필요한 과정의 기초를 제공한다. 이는 사례 연구 분석의 핵심 고려 사항이다.

사례 연구 읽기: 사례 연구 읽기의 간단한 예시

사례 연구를 읽을 때 이슈에 따라 위의 **목적, 관점, 과정** 세 영역 가운데 하나에 초점을 맞출 수 있다. 예를 들어 한 상급 관리자가 최근 360° 피드백을 통해 해결해야 할 개발 잠재력을 파악하기 위해 중간 관리자를 코칭 대상자로 추천했다. 이때 사례 연구는 코칭 작업의 목적이 누구에 의해, 누구를 위해, 누구의 이익을 정의하는지, 코칭 고객의 견해가 정의 된 목적에 어떻게 통합되는지에 대한 관점에서 읽을 수 있다.

목표는 사례 연구가 다루고자 하는 영역을 파악하고 적절한 질문을 던짐으로써 코칭 당사자들이 작업에 대한 이해를 어떻게 공식화하려 하는지, 어떻게 진행되어야 하는지를 완전히 파악하는 것이다. 공식화는 '의도한 여정에 대한 내러티브'로 볼 수 있다.

사례 연구를 읽기 위한 출발점은 다음과 같이 질문한다.

Q. 내가 읽고 있는 사례 연구의 스토리는 무엇인가?
Q. 무엇이 포함되어 있고, 무엇이 누락되어 있으며, 이것이 사례를 이해하는 데 어떤 결과를 초래하는가?

사례 연구는 본질적으로 이용 가능한 정보 중 일부, 즉 저자가 중요하다고 판단한 부분만을 선별하여 제시하는 요약이다. 사례를 읽다 보면 물어볼 사람이 없음에도 대답할 수 없는 질문이 떠오르게 된다. 하지만 관심 분야를 숙고해 보고 이 사례를 공식화하려면 어떻게 내러티브를 탐색할 수 있을지 생각해 볼 수 있다. 사례 연구와 자신의 '실제real life' 사례를 탐색하면서 목적이 어떻게 개발되었는지, 분명하거나 명확하지 않은 **관점**, 어떤 작업 **과정**을 거쳤는지에 초점을 맞출 수 있다.

이 책의 사례는 단순히 읽는 사람이 고려할 수 있는 질문에 대한 가이드를 제공할 뿐이다. 예시의 이해는 확정적인 것이 아니므로 읽으면서 다른 관점을 취할 수 있고 이는 꼭 필요한 일이다.

사례 예시 A: 4장 사례 연구 7에서 발췌함

이 사례는 수퍼바이저가 360° 및 기타 피드백을 받은 후 관리자가 의뢰한 코칭 사례를 수퍼비전 그룹에 가져온 흥미로운 수퍼비전 사례이다. 이 사례를 읽을 때 작업의 목적이 정의되는 방식이 특히 흥미롭다.

목적과 관련된 위의 질문은 고려해 볼만 하다. 예를 들어, [1]피드백을 통해 해결해야 할 문제, 즉 정확한fixed 해결점이 있어야 함을 나타내는가? [2]수용 가능한 해결 방안이 미리 정의되어 있는가? [3]이 사례의 주요 이해관계자는 누구인가? [4]각 당사자와 기타 주요 이해관계자는 어떤 역할 수행을 원하는가? [5]코치와 고객이 경계에 적합한 공통 관심사를 파악할 수 있었는가? [6]치료적 개입과 코칭 개입 가운데 어느 쪽이 명확하지 않은 경우, 두 사람이 함께 일하는 것이 고객에게 정말 가장 유익이 되는가? 이런 질문은 이 사례를 생각해 볼 때 발생할 수 있는 몇 가지일 뿐이다.

이 같은 **목적** 부분에서 다룬 다른 영역을 검토할 때 [7]코치를 지원하는 수퍼비전 그룹의 일원이었다면 어떤 질문이 떠오르는가? 이 사례 연구를 통해 코치나 수퍼바이저로서 어떻게 대응할지, 어떤 영역을 탐구할지 생각해 보는 아이디어를 시험할 수 있다.

이 사례에서 얻을 수 있는 **주요 교훈**은 스스로를 고객, 코치, 수퍼바이저, 수퍼비전 그룹의 구성원, 관리자 또는 동료의 역할로 설정하고 그 관점에서 무엇을 탐구하고 싶은지, 어떤 역할을 맡았을 때 어떤 기분이 드는지 물어보는 것이다.

사례 예시 B: 7장 사례 연구 22에서 발췌함

이 사례는 주요 조직 변화 프로그램 맥락에서 코칭을 살펴본다. 이 사례는 목적이 어떻게 정의되었는지, 누구에 의해, 누구를 위해, 어떤 유익이 있는지, 조직 내에서 변화가 시작되는 과정 사이의 관계를 검토할 수 있는 흥미로운 예시이다. 여기에는 코칭을 받는 사람, 관리자, 내부 코치, 외부 컨설턴트 사이의 관계와 중추적 인적자원의 지위 사이의 관계가 포함될 수 있다.

위의 **과정** 부분에서는 작업의 목적이 이해되고 영향력 있는 관점을 탐색하는 만남encounter을 시작하면 곧 코치와 고객이 함께 작업하는 **과정**을 결정할 수 있음을 시사한다.

떠오르는 질문: 목적은 어떻게 정의되었으며, 누구에 의해, 어떤 관점(신념, 이론, 세계관)이 결정에 영향을 주었는가? 작업을 수행하기 위한 과정은 어떻게 합의되었으며 이런 요소는 얼마나 일관성이 있는가?

과정 부분에서 핵심 질문에는 사례에서 어떤 요소가 선택을 중재하는 것으로 보였는지를 이해하는 것이 꼭 포함된다. 결과적으로 작업 과정에서 어떤 변화가 있었으며, 이것이 목적의 정의, 사용된 관점 또는 진행된 과정에 어떤 영향을 미쳤는가 하는 점이다.

이 사례의 **주요 학습** 내용에는 작업의 목적에 대해 잠재적으로 상충되는 여러 견해를 어떻게 정의할 것인지, 조직에서 작동하는 다양한 신념과 세계관을 어떻게 이해할 것인지, 일관된 과정을 보장하기 위해 프로젝트를 관리하는데 어떤 접근 방식을 사용하려는지가 포함될 수 있다.

사례 예시 C: 9장 사례 연구 32에서 발췌함.

이 복잡하고 도전적인 사례는 점점 더 격렬한 권력 다툼의 한가운데에 있는 코치와 고객을 모두 시험한다. 이 사례에 대한 성찰의 출발점은 전체적인 내러티브를 고려하는 것이다. 서로 다른 당사자들이 어떤 이야기를 하고 있는가?

과정 부분에서 하나의 내러티브 형식을 확인했다. 이를 통해 이야기가 전달되는 방식과 설명에 포함되거나 제외된 내용을 살펴본다. 사례를 읽을 때 이야기와 이야기 사이의 관계를 파악하면 직면한 도전을 이해하는 데 도움이 될 수 있다. 스타니스랍스키나 드레이크의 접근 방식 또는 위의 코리와 레인이 확인한 내러티브 영역이 사례를 탐색하는 데 사용될 수 있다. 따라서 누구의 스토리가 주도하는가, 스토리의 배경, 주요 등장인물, 전개되는 줄거리, 시작되는 사건, 목표 및 결과 등을 검토할 수 있다.

목적 부분의 핵심 질문에는 사례에 대한 기대가 어떻게 해결되었는지, 각 당사자가 수행하려는 역할은 무엇인지, 개입으로 인해 이익을 얻거나 불안을 느낄 수 있는 다른 이해관계자의 입장을 어떻게 파악하고 이해했는지 등이 포함된다.

관점 부분의 3번과 4번 질문은 누가 결정권을 갖고 있는지, 어떤 정치적 이해관계가 결정을 내리는 데 영향을 미쳤는지 등이 특히 중요한 질문이 된다.

과정 부분에서는 어떤 요인이 선택을 중재한 것으로 보이는지, 그리고 작업 과정에서 어떤 변화가 있었는지에 대한 성찰이 매우 유용하다.

이 사례에서 얻을 수 있는 **주요 교훈**은 내러티브를 구성한 다음에 분석을 통해 환경 안에서 작동하는 담론을 파악하는 데서 찾을 수 있다. 고객과 코치가 선택한 역할과 작업, 동료와 관련하여 그들이 취한 투명하지 못한 입장에 대한 윤리적이고 잠재적으로 문제가 될 수 있는 담론discourses이 존재한다. 이는 동료의 역할에 대한 투명성 부족과 갈등을 반영한다.

결론

코칭 사례를 이해하는 것은 최선의 코칭 실천을 위한 기본이다. 이를 수행하는 방법은 복잡하며 코칭을 바라보는 이론적 틀에 따라 달라진다. 이 책에 제시된 사례에 대한 이해를 발전시키는 방법에는 여러 가지가 있다.

이 장에서는 여러 저자의 방법을 간략하게 소개했다. 이 중 어느 것이든 해석에 도움이 될 것이다. 코칭에서 흔히 볼 수 있는 담론을 살펴보았으며, 이 중 개인적으로 또는 전문적으로 공감이 가는 담론이 무엇인지 생각해 보는 것이 사례를 성찰하는 출발점이 된다. 이를 통해 이런 담론이 프랙티스에 미치는 영향, 무엇을 포함하고 무엇을 제외했는지에 대한 추가 성찰로 이어진다.

사례 개념화case conceptualisation에 어떤 접근 방식을 사용하든, 여러 가지 평가 기준을 통해 공식화의 적절성을 평가할 수 있다.

1. 코치와 코치이 모두가 명확하게 이해할 수 있는 사례 공식화인가?
2. 공식화가 고객에 의해 만들어진 것이 아니라 고객과 협력하여 만들어졌는가?
3. 효과적인 변화의 가능성에 열린 공식화인가?
4. 공식화 과정이 결론을 잠정적으로 보류하는 적극적인 진행 과정인가? 다시 말해, 새로운 정보/확증되지 않은 증거에 따라 공식이 변경될 수 있도록 열려 있는가?
5. 공식화가 고객 안에 또는 고객과 다른 이해관계자가 상호 작

용하는 방식에서 패턴을 구별하는가? 참여자들이 새로운/연관된 이슈의 출현을 이해하는 데 도움이 되는가?

코치가 단독으로, 코칭을 받는 고객과 함께, 또는 수퍼비전을 받으면서 수행한 목적, 관점, 과정에 대한 이론적으로 중립적인 3단계 탐구는 코칭의 탐구 지점에 대한 미묘한 이해를 가져오는데 도움이 된다.

사례 연구와 자기 사례 작업에 대한 자세한 분석은 프랙티스를 향상시킬 수 있는 방법을 제공하고 필요한 영역에 대한 전문성의 지속적 개발continuing professional development(CPD)하는 템플릿을 제공한다. 또한 코치가 서비스를 제공하고자 하는 복잡한 세상에서 고객과 우리 자신을 돌보는 방법과 관련된 질문을 제기할 수 있다.

참고 문헌

- Bachkirova, T., Cox, E., and Clutterbuck, D. (2018). Conclusion. In Cox, E., Tatiana, B., and Clutterbuck, D., *The Complete Handbook of Coaching* (3rd Edition). London: Sage.
- British Psychological Society. (2011). *Good Practice Guidelines on the Use of Psychological Formulation*. Leicester: British Psychological Society.
- Bruch, M. (2015). *Beyond Diagnosis Case Formulation in Cognitive Behavioural Therapy*. Chichester: Wiley Blackwell.
- Bruch, M., and Bond, F. W. (1998). *Beyond Diagnosis: Case Formulation*

Approaches in CBT. Chichester: Wiley.
- Cavanagh, M. (2006). Coaching from a systemic perspective: A complex adaptive conversation. In Stober, D., and Grant, A. M. (eds.), *Evidence Based Coaching Handbook*. New York: Wiley, pp. 313-354.
- Cavanagh, M. J. (2013). The coaching engagement in the twenty-first century: New paradigms for complex times. In David, S., Clutterbuck, D., and Megginson, D. (eds.), *Beyond Goals*. Gower Publishing, Farnham Surrey, UK, pp. 151-183.
- Cavanagh, M., and Lane, D. A. (2012). Coaching psychology coming of age: The challenges we face in the messy world of complexity. *International Coaching Psychology Review*, 7(1), 75-90.
- Cavanagh, M., and Spence, G. (2012). Mindfulness in coaching: Philosophy, psychology or just a useful skill? In Passmore, J., Peterson, D., and Freire, T. (eds.), *The Wiley-Blackwell Handbook of Psychology of Coaching and Mentoring*. London: Wiley Blackwell, pp. 112-134.
- Cavanagh, M., Stern, S., and Lane, D. A. (2016). Supervision in coaching psychology: A systemic developmental psychological perspective. In Lane, D. A., Watts, M., and Corrie, S. (eds.), *Supervision in the Psychological Professions Building Your Own Personalized Model*. London: Open University Press.
- Chapman, L. (2012). *Integrated Experiential Coaching Becoming an Executive Coach*. London: Karnac. more recently (2023).
- Chapman, L. (2023). *The Evidence Based Practitioner Coach Understanding the Integrated Experiential Learning Process*. London: Routledge.
- Corrie, S., and Kovacs, L. C. (2019). The functions of formulation in coaching psychology. *The Coaching Psychologist*, 15(1), 66-75.
- Corrie, S., and Lane, D. A. (2009). The scientist-practitioner model as a framework for coaching psychology. *The Coaching Psychologist*, 5(2), 61-67.
- Corrie, S., and Lane, D. A. (2010). *Constructing Stories Telling Tales A Guide to Formulation in Applied Psychology*. London: Karnac.
- Corrie, S., and Lane, D. A. (2021). *First Steps in Cognitive Behavioural Therapy*. London: Sage.
- Corrie, S., Kovacs, L. C., and Lane, D. A. (2021). Making sense of the client's story: The role of formulation in coaching. In Watts, M., Bor, R., and Florance, I.

- (eds.), *The Trainee Coach Handbook*. London: Sage.
- Cox, E., Tatiana, B., and Clutterbuck, D. (2018). *The Complete Handbook of Coaching* (3rd Edition). London: Sage.
- Crowe, S., Cresswell, K., and Robertson, A. (2011). The case study approach. *BMC Medical Research Methodology*, 11, 100. https://bmcmedresmethodol.biomedcentral.com/articles/10.1186/1471-2288-11-100
- Drake, D. B. (2010). What story are you in? Four elements of a narrative approach to formulation in coaching. In Corrie, S., and Lane, D. A. (eds.), *Constructing Stories Telling Tales A Guide to Formulation in Applied Psychology*. London: Karnac.
- Drake, D. B. (2014). Three windows of development: A post-professional perspective on supervision. *International Coaching Psychology Review*, 9(1), 38–50.
- Grant, A. M. (2011). Developing an agenda for teaching coaching psychology. *International Coaching Psychology Review*, 6(1), 84-99.
- Jarrett, C. (2015). Psychology's 10 greatest case studies. *BPS Updates*. https://www.bps.org.uk/research-digest/psychologys-10-greatest-case-studies-digested Accessed 29.03.2023.
- Lane, D. A. (1975). *Analysis of a Complex Case*. London: Islington Educational Guidance Centre.
- Lane, D. A. (1978). *The Impossible Child*. London: ILEA.
- Lane, D. A. (1990). *The Impossible Child*. Stoke on Trent: Trentham.
- Lane, D. A., and Corrie, S. (2006). *The Modern Scientist-Practitioner a Guide to Practice in Psychology*. Hove: Routledge.
- Lane, D. A., and Corrie, S. (2009). Does coaching psychology need the concept of formulation? *International Coaching Psychology Review*, 4(2), 195–208.
- Lane, D. A., and Corrie, S. (2012). *Making Successful Decisions in Counselling and Psychotherapy A Practical Guide*. Maidenhead: Open University Press.
- Lane, D. A., and Corrie, S. (2023). What might be an evidence base for coaching-Ethical issues. In Smith, W. A., Passmore, J., Turner, E., Lai, Y., and Clutterbuck, D. (eds.), *The Ethical Coaches Handbook A Guide to Developing Ethical Maturity in Practice*. Abingdon: Routledge.
- Lane, D. A., Corrie, S., and Kovacs, L. (2023). *Handbook of Formulation in*

- *Coaching*. (2024).
- Lane, D. A., Kahn, S., and Chapman, L. (2019). Adult learning as an approach to coaching. In Palmer, S., and Whybrow, A. (eds.), *Handbook of Coaching Psychology A Guide for Practitioners*, 2nd Edition. Abingdon: Routledge.
- Lane, D. A., Stelter, R., and Stout-Rostron, S. (2018). The future of coaching as a profession. In Cox, E., Tatiana, B., and Clutterbuck, D. (eds.), *The Complete Handbook of Coaching* (3rd Edition). London: Sage.
- Lane, D. A., Watts, M., and Corrie, S. (2016). *Supervision in the Psychological Professions Building Your Own Personalized Model*. London: Open University Press.
- Nohria, N. (2021). What the case study method really teachers. https://hbr.org/2021/12/what-the-case-study-method-really-teaches. Accessed 29.03.2023.
- Rajan, A., and Lane, D. A. (2000). *Employability: Bridging the Gap Between Rhetoric and Reality*. Tonbridge: Centre for Research in Employment and Technology in Europe.
- Stout Rostron, S. (2019). *Business Coaching International: Transforming Individuals and Organisations*. Abingdon: Routledge.
- Stout Rostron, S. (2021). *Transformational Coaching to Lead Culturally Diverse Teams*. Abingdon: Routledge.
- Watts, M., Bor, R., and Florance, I. (2021). *The Trainee Coach Handbook*. London: Sage.
- Worrell, M. (2010). Existential formulations of therapeutic practice. In Corrie, S., and Lane, D. A. (eds.), *Constructing Stories Telling Tales A Guide to Formulation in Applied Psychology*. London: Karnac.

제2부

사례 연구

3장
일대일 코칭

3장에서는 일대일 코칭을 중심으로 비교적 '단순한 시스템'에서 발생하는 복잡성을 강조한다. 권력, 다양성, 포용, 죽음, 경계, 고객 웰빙 등이 이러한 문제에서 비롯된다.

사례 연구 1
'지옥에서 온 상사' 코칭하기

저자: 문혜선Haesun Moon[1]
번역: 김현주

개요

이 사례 연구는 코치가 고객이 조직의 리더십과 직원을 '고쳐주기'를 기대하는 상황에서 직면하는 어려움을 강조한다. 코칭에 대한 잘못된 정의와 기대, 그리고 고객과 코치 사이의 암묵적인 권력 역동 관계는 기밀성, 투명성, 권력 역동 관계에 대한 윤리적 함의를 만든다.

---

[1] **문혜선**Haesun Moon: 박사. 토론토 대학교, 하버드 의과대학 부설 코칭 연구소, 캐나다 브리프 코칭 센터, 캐나다. 문혜선 박사는 커뮤니케이션 과학자이자 교육자이다. 『코칭 A to Z: 평범한 단어의 특별한 사용Coaching A to Z: The Extraordinary Use of Ordinary Words』과 전문 코치를 위한 짧은 핸드북인 『번영하는 여성, 번영하는 세상, 간략한 코칭의 기초Thriving Women, Thriving World and Foundations of Brief Coaching』를 비롯한 여러 공동 저서의 저자이다. 토론토 대학교에서 성인 교육 및 지역사회 개발로 박사 학위를 받았다. 그녀는 대화가 세상을 바꿀 수 있다고 믿으며, 이 과정을 사람들이 참여하여 자신이 원하는 변화를 상상하고 실행하는 대화적 조건을 마련하는 것으로 정의한다. 토론토 대학교에서 코칭 대화와 교육학에 대한 학문적, 전문적 연구를 통해 간단한 코칭 모델인 대화 오리엔테이션 사분면Dialogic Orientation Quadrant(DOQ)을 개발했다. 현재 토론토 대학교에서 브리프 코칭brief coaching을 가르치고 있으며, 캐나다 브리프 코칭 센터의 전무이사로 재직하고 있다.

코치가 이해관계자들의 이해가 상반되는 코칭 상황을 어떻게 헤쳐나갈 수 있는지, 고객에게 편견을 가지고 있는 상황을 어떻게 처리할 수 있는지, 어느 한쪽 편들기를 원하는 여러 이해관계자에게 어떻게 대응할 수 있는지 등에 대한 성찰적인 질문이 논의 대상이 될 수 있다.

이러한 여러 가지 긴장 상태는 결국 실제 사례에서 유용하고 생산적인 방식으로 해결되었으며, 이 사례 연구에서는 코치가 프로젝트 초기에 경험했던 순간 가운데 하나를 소개한다.

사례 연구

배경

다음은 코치(헬레나 조Helena Cho)가 초빙을 받아 진행한 조직 검토의 일환으로 발생한 사례이다. 문제의 조직은 광범위한 공공 부문에서 중요한 조직이었으며, 공공 정책에 대한 책임으로 인해 정기적으로 공공조사를 받고 있었다. 6개월마다 2만여 명의 전 직원을 대상으로 직원 참여도 조사를 실시하여 각 부서의 결과를 다른 부서 및 조직 전체와 비교했다. 이 특정 부서는 최근 설문조사에 참여했던 법률 자문위원 5팀으로 구성되었다. 몇 주 후 결과를 받은 지점의 경영진은 리더십 코칭, 직원 '펄스 체크'[2], 기타 업무 프로세스 및 문화에 대한 검토를 요청했다. 지점의 차장 중 한 명은 프로젝트의 외부 공급업체 조달을 담당하고 있었는데, 그녀는 근본적인 문제가 지점의 책임자에게 있다고 강하게 느꼈다.

"우리 리더십에 어떤 문제가 있는지 말씀해 주시겠어요?" 절망에 빠진 차장 티나Tina가 헬레나와 통화하면서 던진 첫 마디였다. 반기마다 실시하는 직원 참여도 설문조사에서 조직 전체에서 가장 낮은 만족도를 기록한 경영진을 향해 던진 질문이었다. 특이한 점은 "우리 리더들에게 무엇이 문제인지 찾아주세요."라는 직원들의 요청이었다. 티나는 거의 한숨을 내쉬며 이야기했다. "문제는 상사입니다. 그는 자신이 얼마나 나쁜지 전혀 모르고 있으니 스스로 깨닫도록 코치해 주셔야 합니다."

헬레나는 티나가 전화기를 통해 자신을 볼 수 있다는 듯이 노트에서 고개를 들어 "좋아요, 정리해 보죠." "그러니까 직원들이 리더십 팀을 조직에서 가장 낮은 점수를 줬다는 거군요."라고 말했다. 티나는 재빨리 "리더십 팀 전체가 그런 건 아닙니다. 전부 페드로Pedro 때문이죠." 그녀는 잠시 말을 멈추고 "게다가 이번 월요일에 우리 부서가 신문 1면에 소개되었습니다."라고 덧붙였다.

깜짝 놀란 헬레나는 물었다. "와우, 무엇 때문에요?"

---

2) [역자] 'Pulse check': 조직 구성원들의 의견을 수집하기 위해 짧은 주기로 이루어지는 설문조사

티나는 마치 비밀을 털어놓는 것처럼 목소리를 낮추며 "들어보세요. 헤드라인이 '지옥에서 온 보스'였어요."

"세상에, 하하, 알았어요." 헬레나가 긴장한 듯 웃으며 "배경 자료 좀 보내 주시면 그때부터 시작하죠."라고 말했다. 티나와 헬레나는 재빨리 포커스 그룹, 팀 인터뷰, 지옥에서 온 보스라고 불리는 페드로를 포함한 리더십 팀과의 일대일 코칭을 실시하는 잠정적인 계획을 세웠다.

과제

헬레나는 통화 다음 주에 현장에서 열리는 리더십 회의에 초대받았다. 총 여섯명이 기다리고 있었는데 그 가운데 세 명의 책임자는 행정 관리자 및 지점장인 페드로에 의해 낙하산으로 영입되었다는 소문이 있는 신입 책임자, 운영 책임자, 관리 책임자였다. 헬레나가 회의실에 들어서자 페드로는 실크 포켓스퀘어가 달린 정장 차림으로 자리에서 일어나 그녀를 맞이했다.

"어서 오세요, 조 박사님, 안녕하세요?"

"아, 당신이 페드로군요. 어떻게 지내세요? 헬레나라고 불러주세요."

페드로는 헬레나가 처음 보는 부드러운 말투로 테이블 건너편에 있는 빈 의자로 안내했다. 테이블 위에는 참여도 조사 결과일지도 모르는 차트와 보고서 몇 장이 펼쳐져 있었다.

헬레나가 자리에 앉자 티나는 헬레나를 그룹에 소개했다. "여기 있는 팀들과 경청 회기를 시작하기 전에 헬레나가 직접 와서 우리를 만나자고 제안했습니다." 헬레나가 미소를 지으며 고개를 끄덕였다.

"경청 회기요? 그렇게 부르나요?" 페드로가 만년필을 꺼내 검은색 가죽 제본 공책에 무언가를 쓸 준비를 하면서 물었다. 고개를 끄덕이던 사람들이 멈추고 모두 그를 바라보았다. "이 문제를 해결하기 위한 실질적인 실행 계획이 나오겠죠?" 그는 방을 둘러보면서 차트 중 하나에 펜을 두드리다가 헬레나에게 시선을 고정했다. "6개월 후에 또 다른 참여도 조사가 있는데 이 점수보다 더 좋은 결과가 나와야 합니다."

마치 화난 부모가 꾸짖는 타임아웃 방처럼 느껴졌고, 아무도 입을 열지 않았다. 그래서 헬레나는 "페드로, 다음 설문조사에서 점수가 올라가는 것을 보고 싶군요."라고 말했다.

"물론이죠. 이건 용납할 수 없어요. 이건 부끄러운 일이에요!"

"우리가 그 방향으로 나아가려면 팀원들과 대화하는 등 몇 가지 일을 해야 할 것 같습니다." 헬레나가 계획을 자세히 설명하던 가운데, 그는 "네, 누가 이런 말을 하는지 알아봐 주세요."라고 끼어들었다. 헬레나는 계속해서 "코칭에 참여한다는 의미일 수도 있습니다."라고 말했다. 그는 손가락으로 가슴을 가리키며 눈썹을 치켜 올리며 "저요?"라고 물었다. 헬레나는 고개를 끄덕이며 "네, 팀에 대한 비전을 더 잘 파악하기 위해서요, 괜찮겠죠?"라고 말했다.

놀랐는지 망설였는지 페드로는 재빨리 "물론이죠, 뭐든지요."라고 대답했다.

그렇게 해서 공공 서비스 부문에서 가장 규모가 큰 기관 가운데 하나인 80명의 변호사로 구성된 그룹과 6개월간의 코칭이 시작되었다.

코칭

헬레나는 첫 코칭 회기를 위해 페드로와 만나기 전에 팀원들을 만났다. 그들 가운데 일부는 포커스 그룹에 참석했지만 대부분은 보복이 두려워 비공개로 만나기를 원했다. "리더로서 페드로의 어떤 점을 조금이라도 좋게 생각하나요?"라는 질문에 많은 사람이 침묵으로 일관했다. 어떤 이들은 "적어도 옷은 잘 입는다."라고 농담을 던지기도 했고, 어떤 이들은 그 질문에 눈에 띄게 짜증을 내기도 했다. 헬레나는 "리더가 달라졌으면 하는 점은 무엇인가요?"라고 물었을 때 더 많은 답변을 모을 수 있었다. 그렇지만 거의 모든 사람들이 "내가 말했다고 하지 않을 거죠?"라며 안심시켜 달라고 요청했다.

페드로의 첫 코칭 회기가 있던 날, 그는 아침에 이메일을 보내 자신의 사무실이 아닌 그녀의 사무실에서 만나자고 코칭 시간 변경을 요청했다. 그는 정시에 맞춰 사무실에 들어왔고 헬레나는 그를 코칭실로 안내했다.

"그래서, 우리 팀과 이야기를 나눴나요?" 그가 코트를 벗으며 물었다.

"네." 헬레나는 미소를 지으며 대답했다.

"지금까지 누구와 얘기했나요?" 그가 안락의자에 앉자마자 질문을 했다.

"꽤 많이요." 헬레나가 펜을 꺼내 메모를 시작하자 그가 대답했다. "누가 당신에게 무슨 말을 했는지 이미 알고 있지만, 당신의 의견을 듣고 싶습니다. 제가 알아야 할 내용이 뭔가요?" 분명히 짜증이 난 그는 얼굴을 찡그리며 앞으로 몸을 숙였다.

"글쎄요…." 헬레나는 망설이며 다음 할 말을 찾았다.

핵심 도전 과제

- 코치의 업무가 누군가 또는 무언가를 '고치는 것'이라는 기대
- 코칭이 무엇이며 코치가 하는 일에 대한 정의와 기대가 잘못되어 있다.
- 잠재적으로 불합리한 요구나 의심스러운 요구를 하는 고객과 상호작용하는 코치의 감정적 맥락
- 암묵적인 권력 역동 관계에 대한 교육 및 역할 명확화

- 코칭을 의제 관철을 위한 위장 수단으로 사용하거나 심지어 교정 도구로 사용하는 리더십

> 윤리적 함의
>
> - **기밀 유지에 대한 우려**: 고객이 포커스 그룹과 일대일 회기에서 수집한 정보를 코치에게 공유하도록 요청한다.
> - **권력 역동**: 고객과 코치, 리더십 팀 내, 직원들 사이에 권력 역동(및 압력)이 존재한다.
> - **투명성**: 코칭 프로세스, 코칭의 역할, 코치의 경계가 명확하지 않아 잠재적인 이해 상충이 발생할 수 있다.

> 연구 메모

토론을 위한 성찰 질문

1. 코치는 여러 이해관계자(스폰서, 고객, 기타 이해관계자)의 코칭에 대한 이해가 매우 다르고 심지어 서로 반대되는 상황을 어떻게 헤쳐나갈 수 있는가?
2. 코치가 코칭 고객에 대해 강한 의견이나 편견을 가지고 있을 수 있는 상황을 어떻게 처리할 수 있는가?
3. 코치가 자신의 편을 들거나 설득하기를 원하는 여러 이해관계자에게 어떻게 대응할 수 있는가?

연구 과제

사례 연구 2
코치가 코칭할 수 있다고 해서 코칭을 해야 하는가?

저자: 애널리즈 로취Annalise Roache[1]
번역: 김현주

개요

코칭은 고객의 의제를 중시하고 코치가 고객의 요구와 발전을 지원하는 신뢰의 기반 위에 구축된다. 신뢰의 기반에 추가되는 것은 '고객의 최선의 이익을 위해 행동하는 것… 자신의 역량 한계 내에서 엄격하게 일하고 적절한 훈련이나 경험을 바탕으로 서비스를 제공하는 것'이라는 선의의 원칙principle of beneficence이다(Jarden et al.,

---

[1] 애널리즈 로취Annalise Roache: 뉴질랜드 오클랜드 공과대학교 및 더 코칭 툴박스. 긍정 심리학 실무자이자 공인 코치, 멘토, 교육자, 웰빙 연구자. 그녀는 개인 및 직장 환경에서 떠오르는 리더, 관리자, 사업주, 코치, 개인과 함께 일하고 있다. 코칭 심리학 및 긍정 심리학 분야의 정보를 바탕으로 한 증거 기반의 솔루션 중심 접근 방식을 선호하는 그녀는 심리 교육 단기 코스와 온라인 웰빙 콘텐츠를 개발하여 개인의 변화를 지원하기 위한 지식 공유와 적극적인 실천을 장려한다. 뉴질랜드 긍정 심리학 협회의 공동 회장이며 『긍정 심리학 실천을 위한 윤리적 지침』(2019, 2021)의 저자이다. 이스트 런던 대학교the University of East London에서 이학 석사(MAPPCP, 응용 긍정심리학 및 코칭 심리학)를 취득했다. 애널리즈는 오클랜드 공과대학교에서 박사 과정을 밟고 있다. 그녀의 연구는 웰빙에 대한 일반인의 개념과 이를 학문적 이론 및 모델과 비교하여 격차를 해소하고 효과적인 정책, 프로그램, 개입 설계 및 전달을 보장하는 방법에 중점을 두고 있다.

2021, p.13). 이 사례 연구에서 독자는 신뢰와 선의가 전문적인 지식과 훈련을 넘어 어떻게 개인적인 신념으로 확장되는지 탐구하게 된다. 벤 나우인버그Van Nieuwenburgh(2014)는 모든 참여 과정에서 코치가 직면하는 '윤리적 선택의 순간'(p.172)을 언급한다. 어떤 길을 택할지 결정해야 하는 지점이다.

    이 사례 연구에서는 이러한 선택의 순간을 살펴본다. 코치는 고객의 신념과 일치하지 않는 자신의 개인적 신념에서 벗어날 수 있고, 또 벗어나야 하는가? 코치가 고객의 세계관을 이해하지 못할 때 안전하고 존엄성을 높이는 양질의 서비스를 제공할 수 있는가? 이 문제를 확장하여 제3자 제공업체를 통해 코칭 서비스를 제공할 때의 어려움을 살펴보고, 매칭 과정에서 정확한 정보가 제공될 수 있도록 충분한 조치가 이루어지고 있는지 살펴본다. 코치가 코칭을 할 수 있다고 해서 코칭을 해야 하는가라는 매우 어려운 '윤리적 선택의 순간'에 대해 생각해 보도록 독자들에게 요청할 것이다.

사례 연구

배경

루루 테크Ruru Tech는 최근 디지털 기술 업계에 진출한 신생 기업으로 빠른 속도로 전 세계로 확장하고 있다. 증가하는 운영 수요를 지원하고 우수한 인재를 유치 및 유지하기 위해 루루는 두 가지 주요 사업에 투자하기로 결정했다. 첫째, 포괄적인 이머징 리더십emerging leadership 개발 프로그램과 둘째, 이러한 프로그램을 시행 중인 국가에서 LGBT+[2] 및 레인보우[3] 인증을 추구하는 등 포용과 다양성을 위한 노력이다. 이 사업은 루루의 인재 관리 부서를 통해 실행되고 있으며, 루루는 제3자 교육 및 코칭 제공업체인 플로섬 그룹Flotsam Group의 도움을 받아 글로벌 네트워크 전반에 걸쳐 신흥 리더 프로그램을 제공하고 조정하고 있다.

플로섬 그룹은 교육 설계, 교육 제공 및 코칭 자원을 위해 직원과 계약직 직원이 혼재되어 일하는 국제적인 교육 기관이다.

엘리엇Elliot은 리더십 및 커리어 코치로 10년 동안 개인 컨설팅을 해온 공인 코치이다. 코치가 되기 전에는 글로벌 조직에서 여러 고위 리더십 직책을 맡았다. 그는 평신도 설교자이자 활발한 교인이다. 그의 신앙은 그의 개인적, 직업적 삶에 항상 존재하는 지침이지만, 일반적인 관행이 아니므로 코치 약력이나 웹사이트에는 명시적으로 언급되어 있지 않았다. 그는 플로섬과 오랫동안 함께 일해

---

2) [역자] LGBT+: Lebian(여자 동성애자), Gay(남자 동성애자), Bisexual(양성애자), Transgender(성전환자)를 말하며…(+)는 더 추가될 수 있음을 열어둔다. Q는 Qeer, Qudstioning(성정체성을 명확히 할 수 없는 경우), A는 Asezual(성충동을 못느끼는 무성애자), 이외에도 Intersex, Pansexual Omsisexual(범 성애자), Kink(변태 성애자)로 LGBTQIAPK로 확장된다.
3) [역자] 성소수자 공동체 상징

온 동료이며, 많은 글로벌 프로그램을 지원하기 위해 코칭을 제공했다. 엘리엇은 최근 루루 테크 프로그램의 코칭 패널로 참여하게 되었다. 이 프로젝트는 앞으로 몇 년 동안 여러 이머징 리더[4]들과 함께 일하게 되며, 수익성이 높은 흥미로운 기회이다.

잭스Jax는 루루 테크에서 5년 동안 연구 개발 분야에서 일해 온 야심찬 리더로, 앞으로 몇 달 안에 승진을 앞두고 있다. 잭스는 이머징 리더 프로그램에 선발된 것을 매우 기쁘게 생각하며, 이를 회사 내에서의 미래 기회에 대한 루루의 진정한 약속이라고 생각한다. 잭스는 지역 성소수자 청소년 서비스에서 자원봉사를 하며 업무 외적으로 멘토링을 제공하고 있다. 10년 동안 함께 해온 앤디Andie와 곧 결혼을 앞두고 있다. 잭스가 코칭 프로필을 받아본 결과 엘리엇의 긍정 심리학 교육이 눈에 띄었다. 잭스는 이것이 삶의 모든 부분에 적용할 수 있는 귀중한 도구와 기술을 배울 수 있는 훌륭한 방법이 될 수 있다고 믿었다.

바나비Barnaby는 엘리엇과 수년간 정기적인 수퍼비전 회기를 함께 해온 숙련된 멘토이자 수퍼바이저, 자격을 갖춘 코치이다. 두 사람은 교회에서 처음 만나 전문적인 관계를 맺었다.

---

[4] [역자] 성과와 경력을 인정받아 다른 사람보다 빠르게 리더의 자리에 오르는 사람

과제

플로섬은 1년의 이머징 리더 프로그램 기간 동안 각 참가자에게 일대일 코칭을 제공한다.

    프로그램 시작 전에 참가자에게는 코치의 개요를 제공하고 코치의 전문 경력, 자격, 교육 및 개인적 관심사에 대한 간략한 설명이 담긴 코칭 패널을 검토할 수 있는 플로섬 웹사이트 링크가 전송되었다. 루루와 플로섬은 모든 사람의 웰빙과 발전을 지원하기 위해 최선을 다하고 있다. 따라서 코칭 주제는 직업적 측면과 개인적 측면을 모두 다루며, 코칭 고객은 두 가지 리더십 목표와 한 가지 개인적 목표를 향해 노력할 것이라고 예상했다.

코칭

잭스와 엘리엇은 플로섬의 자동 예약 시스템을 통해 연결하여 초기 전화 통화와 케미 확인을 진행했다. 통화는 엘리엇이 코칭의 진행 방식을 간단하게 설명하는 것을 중심으로 이루어졌다. 두 사람은 코칭이 잭스의 성장progress을 어떻게 지원할지 이해하고, 프로그램 시작 단계에서 성장을 방해할 수 있는 우려 사항이나 망설임이 있는지 강조하면서 프로그램에 대한 잭스의 의도를 탐색했다. 두 사람은 첫 번째 대면 이머징 리더 회기에서 만나 정기적인 코칭 일정을 확정하고 목표 설정에 착수하기로 합의했다.

첫 만남에서 잭스는 엘리엇이 십자가 목걸이를 하고 있는 것을 바로 알아차렸다. 그것은 종교적 견해가 강한 사람들이 모두 레인보우 커뮤니티를 지지하는 것은 아니라는 사실을 알고 있는 잭스에게 경각심을 불러일으켰다. 동시에 엘리엇은 잭스의 이름표를 흘끗 보고 괄호 안의 단어(그들)를 알아챘다. 엘리엇은 방을 둘러보면서 루루 직원들의 모든 명찰에 그 단어가 적혀 있고, 사람들이 일어나서 그룹에 자신을 소개할 때 자신의 이름 뒤에 그/그녀 또는 그들 등을 말하는 것을 확인했다. 이것이 무엇을 의미하는지 확신하지 못한 엘리엇은 어느 정도 불안감이 커지는 것을 느꼈다.

첫 공식 코칭 회기를 갖기 위해 자리에 앉은 엘리엇은 잭스에게 "이름 뒤에 붙은 단어에 대해 물어봐도 될까요?"라고 묻고, 잭스는 "네, 제 대명사이니 사용해 주시면 감사하겠습니다."라고 대답했다. 엘리엇은 누군가가 '그들'이 된다는 것이 무슨 뜻인지 잘 몰라 당황하며 잭스에게 "무슨 뜻이죠?"라고 물었다. "당신은 남자가 아닌가요, 여자가 아닌가요, 그 또는 그녀인가요?"라고 물었다. 잭스는 "저는 어느 쪽도 아니고 비이성애자non-binary[5]입니다."라고 대답했다. 어떻게 반응해야 할지 모르겠다는 생각이 든 엘리엇은 어깨를 으쓱하고 미소를 지으며 잭스에게 첫 코칭 회기를 진행할 것인지 물었

---

[5] [역자] non-binary: 남성과 여성을 이분법으로 뚜렷하게 구분하는 기준에서 벗어난 사람

다. 잭스는 깜짝 놀라 아무 생각 없이 고개를 끄덕이며 동의했다.

첫 번째 회기는 목표 설정에 초점을 맞췄으며, 잭스는 리더십 프로그램 목표, 업무 목표, 결혼식 준비에 따른 스트레스 관리에 초점을 맞춘 개인 목표를 설정했다. 엘리엇과 잭스는 예상되는 목표에 대해 명확히 알고 회기를 떠났다. 그러나 그들이 좋은 코칭 매칭인지에 대한 근본적인 불확실성이 존재했다.

같은 주 후반에 엘리엇은 바나비와 코칭 수퍼비전 회기를 가지면서 이 새로운 코칭 관계에 대한 우려와 특히 결혼에 대해 논의할 때 비이성애자에 대한 망설임에 대해 설명했다. 바나비는 엘리엇에게 "이 계약에 대해 어떻게 생각하세요?"라고 묻고 엘리엇은 "한편으로는 이 고객이 누구인지 이해하지 못하고, 다른 한편으로는 제 개인적인 신념을 제쳐두고 고객의 요구와 의제에 집중하기 위해 훈련을 통해 최선을 다하고 있습니다."라고 대답했다. 바나비는 "이 사례에서 정말 그렇게 할 수 있다고 믿으시나요?"라고 물었다. 엘리엇은 "그렇게 생각하고 싶습니다."라고 대답했다.

핵심 도전 과제

- 코치는 고객을 코칭할 수 있는 기술과 경험을 갖추고 있지만 윤리적인 선택을 해야 한다.

- 코칭 고객은 코치와 함께 일하는 것이 안전하고 적합한지에 대한 윤리적 결정에 직면하게 된다.
- 이 관계에서 수퍼바이저, 코치, 코칭 고객 모두 무의식적인 편견이 작용할 수 있다.
- 코치와 고객은 이것이 윤리적으로 적절한 코칭 매칭인지 궁금해 한다.
- 스폰서 및 교육 제공자는 윤리적 문제를 인식하지 못할 수 있다.
- 윤리적 선택은 개인에게 맡겨져 있다.

참고 문헌

- Jarden, A., Rashid, T., Roache, A., & Lomas, T. (2021). Ethical guidelines for positive psychology practice (version 2.0: English). *International Journal of Wellbeing*, 11(3), 1–38.
- van Nieuwerburgh, C. (2014). *An Introduction to Coaching Skills: A Practical Guide* (1st ed.). Sage Publications Ltd.

윤리적 함의

- **코치의 가치와 신뢰성의 변화**: 코칭 고객은 코치가 자신에게 가장 적합한지 의문을 제기하는 가치와 신념의 차이를 인식하게 된다.
- **개인적인 한계와 잠재적 편견 인식**: 코치는 코칭을 제공할 수 있는 능력을 탐색하기 위해 전문가의 도움을 구했다.
- **공정성과 형평성 및 정의를 유지하여 차별을 방지**: 코치는 서비스 제공에 있어 공정성과 형평성을 유지한다.
- **사람들의 권리와 존엄성 존중**: 코치는 대명사 사용에 대한 질문을 통해 명확성과 지식을 추구한다.
- **책임감 있는 배려**: 코치는 자신의 전문 지식의 한계(지식 부족 포함)를 인식하고 고객의 복지를 보호해야 한다.
- **자율성**: 코치는 서비스 제공과 관련하여 고객의 자치권과 자기 주도권을 존중한다.

연구 메모

토론을 위한 성찰 질문

1. 이 사례 연구에서 어떤 '윤리적 선택의 순간'을 확인할 수 있는가?
2. 원하는 목적을 달성하기 위해 코칭 고객과 코치를 일치시키는 시스템을 어떻게 설정할 수 있는가?
3. 코치가 자신의 개인적인 신념을 업무와 진정으로 분리할 수 있다고 생각하는가? 분리가 가능하다면 그렇게 해야 한다고 생각하는가?

연구 과제

사례 연구 3
부모의 사망, 코칭이 필요한가? 치료가 필요한가?

저자: 야닉 제이콥Yannick Jacob[1]
번역: 김현주

개요

한 코칭 고객이 유해한 업무 환경에서 벗어나는 데 초점을 맞춘 6회 회기 진행을 위해 코치를 찾아왔다. 코칭을 시작하기 2주 전, 코칭 고객은 이메일을 통해 코치에게 어머니가 돌아가셨다는 소식을 알렸다. 코칭 고객은 코칭을 시작하고 싶다는 의지가 확고했고, 코

---

[1] **야닉 제이콥**Yannick Jacob: 캠브리지 대학교 및 국제 코칭 수퍼비전 센터, 독일 긍정 변화 학교. 야닉은 실존코칭과 응용 긍정 심리학 석사 학위를 취득한 코치, 코치 트레이너, 수퍼바이저이다. 캠브리지 대학교와 국제 코칭 수퍼비전 센터의 교수진으로 활동하고 있으며, 세계에서 가장 영향력 있는 코치들이 모인 긍정 변화 학교의 통합 코칭 공인 자격증[bit.ly/CoachingCertificate]의 코스 디렉터이다. 이스트 런던 대학교 코칭 심리학 석사 과정의 프로그램 리더였던 야닉은 현재 국제 콘퍼런스에서 발표를 하고 있으며, 그의 저서 『실존적 코칭 입문』은 Routledge(국내 출판. 『실존주의 코칭 입문』 박신후 옮김. 한국코칭수퍼비전아카데미. 2021)에서 출간되었다.

야닉은 초보 코치와 노련한 코치에게 숙련된 코치들의 실제 코칭을 직접 볼 수 있는 기회를 제공하는 야닉의 코칭 랩의 설립자이자 진행자이며, Animas Center for Coaching의 인기 팟캐스트인 코칭 언케이지드Uncaged와 자신의 팟캐스트인 코칭에 관한 이야기Talking about Coaching와 코칭과 사이키델릭Talking about Coaching and Psychedelics에 관한 이야기의 호스트이기도 하다.

치는 사별이 코칭에 방해가 될 수 있다는 인식을 가지고 있었지만 코칭 고객의 실제 마음 상태에 대한 많은 가정이 있는 상태에서 고객을 계속 만날지, 코칭이 올바른 개입인지, 그 과정에서 떠오르는 윤리적 문제를 어떻게 해결할지 결정해야 했다.

코치의 우려를 인정하고 코치와 코칭 고객이 계속해서 공간을 함께 만들어가도록 하기 위해 신중하게 고려한 이메일 응답을 한 뒤, 코치와 고객이 현재 코칭에 참여할 의지와 능력이 있는지를 확인하기 위해 초기 케미스트리 통화를 진행했다. 이 시나리오에서는 사람들에게 죽음이 어떤 의미인지, 코칭에 참여하는 데 어느 정도 영향을 미칠 수 있는지에 대한 가정을 제외하는 것이 핵심이었다.

사례 연구

배경

시트라Sitra는 친구의 추천을 받아 코치인 '잭Jack'에게 연락했다. 그녀는 자신의 업무 환경이 "유해하다."라고 말하며 '변화를 위해 용기를 내서 직장을 그만두고 다른 분야로 옮겨야 할 때'라고 말했다.

잭의 도움을 받기로 결정한 직후, 시트라는 어머니의 건강이 악화되고 있다는 사실을 알게 되었다. 시트라는 이러한 사건의 시기가 일치하는 것을 보았고, 인생의 짧음을 깊이 인식하면서 하루빨리 변화를 만들어야 한다는 절박감을 느꼈다.

시트라는 죽음을 삶의 불가피한 부분으로 강조하는 실존주의 철학과 긍정심리학에 기초한 잭의 접근 방식에 매력을 느꼈다. 그녀는 어머니의 임종을 둘러싼 몇 가지 큰 질문을 탐구할 수 있을 것이라고 생각했다. 그녀는 긍정 심리학의 관점이 자신의 강점과 자원을 바탕으로 미래를 긍정적으로 바라보는 데 도움이 될 것이라고 생각했다.

안타깝게도 코칭 2주 전에 시트라의 어머니가 돌아가셨다. 시트라는 당시 상황을 설명하는 이메일에서 계획대로 코칭을 진행하고 싶다는 의사를 밝혔다.

잭은 이 엄청난 상실감에 직면해서, 코칭이 이 순간에 적합한지 의문을 가졌다. 시트라가 부모님을 잃은 슬픔을 극복하기 위해 도움을 요청하지는 않았지만, 코칭 대화에서 중요한 역할을 할 수 있을 것 같았다. 잭은 상실과 슬픔이 사람들을 마비시키는 방식으로 영향을 미칠 수 있다는 것을 알고 있었지만, 다른 사람들은 중대한 결말에 직면했을 때 자신의 삶과 커리어를 잘 탐색할 수 있는 충분한 자원을 가지고 있다는 것을 알고 있었다.

잭은 시트라의 이메일에 답장하기 전에 다음과 같은 몇 가지 가정에 주의해야 한다는 사실을 발견했다:

- 시트라와 어머니는 매우 가까운 사이였다.
- 시트라는 '함께' 이 상실을 비교적 잘 극복하고 있는 것처럼 보였다. 그녀는 눈에 띄는 어조 변화 없이 적시에 이메일에 응답하고 있었다. 슬퍼보이기는 했지만, 그녀는 상실을 처리하는 것과 미래에 대해 생각하는 것을 구분할 수 있는 것처럼 보였다.
- 그녀가 언급한 '동시성'은 그녀에게 힘을 주는 정신적 틀을 가리키고 있었다.
- 그런데도 코칭에 참여하기에는 너무 이르다고 생각했다. 치료나 상담 등 다른 형태가 더 적합할 것 같았다.

이에 따라 잭은 다음과 같이 답장을 했다.

> 시트라에게,
> 당신 어머니의 일은 정말 유감입니다. 이런 날이 조만간 올 거라는 걸 알고 계셨겠지만 그래도…
> 당신 말대로 이 모든 것이 정말 새롭고 당신 인생에 큰 변화라는 것을 잘 알고 있습니다. 2023년을 헤쳐나갈 준비가 되었다는 당신의 말을 충분히 이해하지만 코칭이 지금 겪고 있는 상황에 적합한지 확인하기 위해 당신과 연락하고 싶었습니다.
> 코칭에 대한 실존적 접근 방식은 기존의 전통적인 접근 방식보다 결말과 죽음에 대한 대화에 훨씬 더 편안하지만, 상담이나 치료와 같은 애도 중심 서비스를 대체할 수도, 대신 할 수도 없습니다. 코칭을 받는 고객은 합리적

인 자원을 가지고 있고 일반적으로 삶에 잘 대처할 수 있는 경향이 있습니다. 따라서 현재 힘든 상황에 있다면, 일어난 일을 소화하는데 시간이 필요할 수 있습니다. 그런 경우에는 아마도 그것을 단순히 처리할 수 있는 공간을 제공해 주는 누군가와 함께 하는 것이 훨씬 더 나을 것 같습니다. 경력과 변화 지향적인 주제는 나중에 언제든지 다룰 수 있습니다.

저는 가까운 사람을 잃는 것이 사람들에게 미칠 수 있는 영향을 최대한 존중하기 때문에 당신이 실제로 어떻게 지내는지 확인하고 싶습니다.

예정대로 만나서 대화를 나눈 다음 지금 함께 코칭하는 것이 적합한지 결정할 수 있습니다. 어머니가 돌아가셨다는 중대한 변화를 고려할 때, 저는 코칭을 취소하거나 나중으로 미룰 수 있는 선택권을 드리고 싶습니다. 반면에 코칭에 참여하고 미리 생각할 수 있는 충분한 공간이 있다고 느끼신다면 기꺼이 이 공간을 맡아 중요한 한 해를 맞이하는 당신과 함께 여행하고 싶습니다.

당신의 생각을 알려주세요.

사랑과 애도를 담아

잭

며칠 뒤 시트라가 답장을 보냈다.

잭에게,

먼저, 사려 깊고 공감하며 전문적인 피드백을 보내주셔서 감사합니다. 진심으로 감사드립니다.

제가 바로 답장을 보내지 않은 이유는 당신이 쓴 글을 매우 진지하게 받아들이고 성찰할 필요가 있었기 때문입니다.

저는 이 여정을 받아들이기로 결정했고, 당연히 동의하신다면 당신의 수퍼비전하에 코칭에 참여하고 싶습니다. 어머니를 잃은 이후 (업무적으로) 변화의 과정에 들어가고자 하는 강한 열망, 동기 부여, 의지가 더욱 강해진 것 같습니다. 그렇지만 최종 결정은 당신께 맡기겠습니다.

진심으로,

시트라

따라서 잭은 현재 시점에서 코칭 관계를 시작할지 여부를 확인하기 위해 [시트라와] 만나서 대화를 나누기로 했다.

과제

시트라는 다른 직업으로 전환하여 자신의 삶을 다음 단계로 발전시키고 싶다는 깊은 열망을 표명했다. 50대 중반에 접어든 그녀는 '목적과 열정, 우아함을 지닌' 삶을 살고 싶었다.

사전 코칭 케미 회기

사전 코칭 회기는 이 과정에서 핵심적인 역할을 했으며, 시트라가 실제로 많은 자원을 가지고 있고 어머니의 죽음을 건강하게 처리하고 있음을 확인시켜 주었다. 그녀의 가족과 친구들은 그녀를 잘 지지해

주었고, 그녀는 적절한 시간을 내어 애도하고 정신 건강을 돌보았다.

잭은 그녀의 슬픔을 탐색하는 것으로 회기를 시작하지 않고 가능한 한 시트라가 회기를 이끌도록 했다. 시트라가 대화에서 불가피하게 최근의 상실이 가져온 깊은 영향을 인정했을 때 잭은 시트라가 자신의 감정에 대해 이야기하는 방식에 주의를 기울이면서 그녀 자신을 표현하는 방식과 대조되는 신체 언어, 음조 및 기타 의사소통의 다른 징후에 주의를 기울였다.

시트라가 상실의 영향을 받은 것은 분명했다. 하지만 그녀는 자신의 미래에 대한 코칭 대화에 기꺼이 참여할 의지와 능력이 있었을 뿐만 아니라 사건의 동시성을 인식하여 동기를 부여받았다. 그녀의 마음가짐은 긍정적이었고, 그녀는 일이 어떻게 진행되었는지에 대해 '우주에 대한 감사와 친절'을 느꼈다고 설명했다.

잭과 시트라는 코칭이 진행되는 동안 시트라의 마음 상태가 변하거나 잭이 시트라가 다른 상담사에게 더 잘 맞는다는 느낌을 받으면 중단, 일시 중지 또는 의뢰 여부에 대해 솔직하게 이야기하기로 하고 6회기 코칭을 시작하기로 결정했다.

핵심 도전 과제

- 최근에 큰 상실감과 슬픔을 겪고 있는 고객과 코칭을 진행할지 여부

- 어머니가 돌아가신 뒤 코칭 참여 시점에 관한 코치의 우려에 대해 코칭 고객과의 의사소통을 어떻게 처리할지
- 코치는 코칭 고객이 프로세스에 대한 준비 상태의 징후를 모니터링해야 했다.
- 코치는 안전하게 공간을 확보하고 코칭 고객과 함께 일할 수 있는 의지와 능력이 있어야 했다.

> ## 윤리적 함의
>
> - **고객에 대한 책임과 실천**: 슬픔에 빠진 사람을 코칭할 때는 고객의 취약성과 코치의 책임이 커진다는 점을 인식하는 것이 중요하다.
> - **경계 관리**: 코치는 코칭과 치료 사이의 회색 영역에 들어가기 때문에 경계를 인식하고 계약을 맺어야 한다.
> - **주의와 명확성의 의무**: 코치는 고객에게 부적절하거나 해로울 수 있는 공간을 만들지 않기 위해 고객의 글(의사소통 수단으로서 그 범위가 제한되어 있음)을 액면 그대로 받아들이는 데 주의를 기울인다.
> - **편견과 가정 모니터링**: 개인적인 이야기와 경험은 코치와 고객의 관계에 큰 영향을 미칠 수 있다. 예상과 전이는 고객에게 무의식적으로 영향을 미칠 수 있다.

토론을 위한 성찰 질문

1. 코칭 고객과 함께 얼마나 멀리 갈 의향과 능력이 있는가? 코칭 고객과 함께 특정 문을 열 때 들어갈 수 있는 공간을 유지할 수 있는가?
2. 코칭 고객의 주제를 다룰 의지와 능력에 도움이 되는 관련 훈련, 교육, 자격, 개인적인 경험은 어떤 것이 있는가?
3. 코칭 고객의 시나리오와 관련된 개인적인 경험, 관계 또는 전이가 코칭 고객을 위한 공간을 확보하는 능력에 어떤 영향을 미칠 수 있는가?

참고 문헌[2]

『생의 마지막 여정을 돕는 웰다잉 코칭』. 돈 아이젠하워, J. 발헤이스팅스 지음, 정익구 옮김. 한국코칭수퍼비전아카데미. 2023.
『슬픈 나를 위한 코칭』. 돈 아이젠하워, 안병옥, 이민경 옮김. 한국코칭수퍼비전아카데미. 2023.
『고통의 틈에서 아름다움 찾기:슬픔과 미망인의 여정에 대한 회고』. 펠레시아 G.Y. 램 지음, 강준호 옮김. 한구코칭수퍼비전아카데미. 2023.

---

[2] [역자] 저서에는 없지만 죽음을 앞둔 고객, 죽음을 지켜보는 고객을 위한 코칭, 사별 뒤 셀프 코칭을 위한 저서를 소개한다.

연구 메모

연구 과제

사례 연구 4

경계 지키기: 한 명의 코치, 두 명의 고객

저자: 샬린 S. 루소 Charline S. Russo[1]
번역: 김현주

개요

한 조직에서 여러 구성원을 코칭하는 일은 쉽지 않을 수 있다. 코치의 긴장이 고객과 논의하고, 경계를 명확히 하고, 기밀을 유지하고, 신뢰를 유지한다고 해서 항상 완화되는 것은 아니다. 윤리적 딜레마와 상충하는 의제는 여전히 코치와 코칭 프로세스에 어려움을 줄 수 있다. 즉각적인 결정이 요구되는 과제도 순간적으로 발생한다.

---

[1] **샬린 S. 루소** Charline S. Russo: 미국 펜실베니아 대학교 박사, 교육학 박사. 샬린은 펜실베니아 대학교 조직 역동 코칭 및 컨설팅 교수이다. 그녀는 2018년 전문 대학원 프로그램에서 탁월한 강의로 대상상을 수상했다. 그녀는 전 세계적으로 대학원 수준의 코치 교육 및 연구를 강화하고 촉진하는 데 중점을 둔 코칭 교육 대학원 연합(GSAEC)의 이사회 의장 겸 회장이다. 그녀는 제약 및 생명공학 회사에서 R&D를 위한 글로벌 학습 센터를 구축하는 임원직을 역임했다. 샬린은 맞춤형 컨설팅 및 코칭 서비스를 통해 조직 및 리더들과 신뢰와 협력 관계를 구축하여 주요한 변화를 창출, 추진, 유지하는 컨설팅 회사인 CampoMarzio Group을 설립했다. 샬린은 럿거스 대학교에서 역사 및 심리학 학사와 MBA를, 컬럼비아 대학교에서 조직 리더십 석사 및 박사 학위를 받았다. 저서로는 코칭 사례 연구와 성인을 위한 코호트 Cohort 프로그래밍 및 학습이 있다: 성인 학습자를 위한 교육 경험 개선(I.M. Saltiel과 공동 집필)이 있다.

한 임원 코치가 신생 생명공학 회사의 CEO와 CHRO(코치와 조직의 연락 담당자이며 나중에는 코칭 고객이 됨)를 코칭해 달라는 요청을 받았다.

이 사례에서 코치에게 중요한 긴장 포인트는 COO 전환 시기에 CEO와 CHRO 사이의 단절과 이로 인해 회사에 심각한 영향을 미칠 수 있는 중요한 정보를 숨기지 않으면서 경계, 기밀, 신뢰를 유지하는 방법에 관한 코칭 대화이다. 코치가 두 사람을 코칭하지 않았다면 어떤 일이 일어났을지 검토하는 일은 어려운 윤리적 딜레마에 기여하는 많은 '만약의 사태' 가운데 하나이다.

코치와 고객 간의 계약을 위반하지 않으면서 어떻게 코치가 고객을 돌보는 방법을 보여줄 수 있을까?

사례 연구

배경

2년 전 3명의 직원에서 현재 287명의 직원으로 성장한 스타트업 바이오테크 기업 오트리스 파마Othrys Pharma의 최고인사책임자CHRO인 마르타 카스파리Marta Caspari를 스키피오Scipio 컨설팅 그룹SCG이 초청한 회의에서 만났다. 이 회의의 초점은 잠재적인 코칭 및 조직 개발 사업에 대해 논의하는 것이다. SCG의 대표인 앨리슨 탈리아 Allison Thalia 박사와 제이슨 페이터Jason Pater 박사는 마르타를 만나 오트리스 파마에 대해, 그리고 이 시점에서 코칭과 조직 개발의 적절한 방법에 대해 논의했다. 그들은 코칭과 조직 개발에 대한 접근 방식을 공유했다. 또한 팀원들과 그들의 역량, 코칭 및 컨설팅에 대한 이전 업무에 대한 정보도 공유했다.

이 회의가 끝난 직후 마르타는 앨리슨에게 연락해 오트리스 파마가 SCG와 파트너십을 맺고 싶다고 말했다. 마르타 자신이 오트리스 파마의 주요 고객인 연락 담당자가 되기로 합의했다.

과제

앨리슨을 만난 직후 마르타는 오트리스 파마의 창립 멤버이자 CEO인 사이먼 마체렌코Simon Macherenko 박사를 만나 임원 코칭을 받을 수 있는지 물어보았다. 사이먼과 앨리슨은 만나서 코칭과 기밀 유지, 경계 및 표준을 포함한 계약 조건에 대해 논의했다. 이 미팅 후 사이먼은 앨리슨을 자신의 임원 코치로 영입했다.

사이먼과 앨리슨이 두 달가량 코칭을 진행하던 중 마르타와의 회의에서 앨리슨을 [마르타의] 임원 코치로 영입할 가능성을 제기했다. 앨리슨은 SCG의 다른 멤버들도 고려해야 한다는 점을 제기했지만 마르타는 앨리슨과 함께 일하고 싶다고 강조했다. 마르타는 자신과 사이먼이 이 문제를 논의했고, 둘 다 앨리슨이 자신들을 코치할 의향이 있다면 그녀를 신뢰하고 코치로서 편안하게 코칭 받겠다는 데 동의했다고 덧붙였다.

앨리슨은 이에 대해 생각해 보고 동료인 제이슨과 논의했다. 그들은 앨리슨이 사이먼과 마르타와 미팅을 갖고 코칭 계약 조건을 검토하는 데 동의했고 사이먼과 마르타 역시 그 주에 예정된 미팅에 동의했다. 그들은 경계, 기밀 유지, 기준 및 잠재적 갈등 관리 방법에 대한 기대치를 논의하고 자신들의 임원 코치가 될 앨리슨과 두 차례의 임원 코칭 계약을 맺었다. CEO와 CHRO로서의 역할에서 다른 중요한 정보를 공유하는 것처럼 코칭 대화도 공유할 계획이다.

코칭

코칭을 시작한 지 몇 주 뒤, 마르타는 코칭 회기에서 오트리스 제약의 창립 멤버 가운데 한 명인 사장 겸 최고운영책임자COO인 사레나 레디Sarena Reddy와 중요한 미팅을 가졌다는 사실을 공유했다. 사레나는 오트리스에서 매우 영리하고 전략적이며 강력한 마이크로매니저로 알려져 있었다. 그녀는 직속 상사와 동료들에게도 위협적인 존재였다.

사레나와 만난 목적은 다음 달부터 사레나가 최고 전략 책임자라는 새로운 역할로 전환하는 것에 대해 논의하는 것이다. 둘은 사레나가 도전이 예상되는 어려운 회의를 어떻게 진행할 것인지, 그리고 사레나에게 이 새로운 역할을 만들어주고 지원하는 것이 얼마나 중요한지에 대해 이야기했다. 회의는 사레나의 사생활을 보호하고 어려운 소식을 좀 더 편하게 받아들일 수 있게 하려고 사레나의 집에서 열렸다. 코치 앨리슨과 마르타는 몇 가지 시나리오를 리허설했고 마르타는 이 중요한 대화를 할 준비가 되었다고 느꼈다.

이틀 뒤, 코칭 대화 중에 사이먼(CEO)은 사레나(COO)를 관리하면서 겪었던 어려움에 대해 이야기했다. 조직 구조를 무시하고 모든 부서를 직접 운영하려다 보니 경영진의 리더십이 점점 더 어려워지고 있었다. 새로 채용한 임원들은 퇴사를 하겠다고 위협하고 있었고, 확장하는 회사를 위해 임원을 채용하는 일은 점점 더 어려워지고 있었다. 생명공학은 상호 연결되어 있는 작은 세상이다!

사이먼은 오트리스가 9개월 뒤에 처음으로 미국 식품의약국[FDA]에 신청서를 제출하면 사레나의 역할을 최고 전략 책임자로 변경할 계획이라고 말했다. 앨리슨은 그의 말을 들으면서 머릿속에서 경고음이 울렸다. 마르타는 이번 주 후반에 사레나와 만나 다음 달부터 시작되는 새로운 역할 전환에 대해 논의할 예정아닌가! 마르타는 사이먼의 지지가 있다는 것을 알고 있었기에 자신 있게 앞으로 나아가고 있었다. 그런데 사이먼은 방금 앨리슨에게 9개월 뒤에 전환을 계획하고 있다고 말한 것이다.

앨리슨은 기밀과 경계를 유지하는 것이 코칭 관계의 초석 가운데 하나라는 것을 알고 있었다. 그렇지만 사이먼이 9개월 후에 전환transition을 계획하고 있을 때 마르타가 다음 달에 사레나의 전환을 발표하면 오트리스에 대한 잠재적 피해는 치명적일 수 있었다. 앨리슨도 기밀을 위반할 수 없다는 것을 알고 있고, 이 정보가 오트리스 제약의 성공에 미칠 잠재적 영향 때문에 이 정보를 무시할 수 없다는 것도 알고 있었다. 그녀는 또한 두 사람이 코칭 대화를 서로 공유하기로 합의했다는 사실도 기억하고 있었다. 그렇지만 앨리슨은 두 사람이 실제로 코칭 대화를 공유했는지 알지 못한다. [반면에] 그녀는 두 사람의 대화를 공유하는 데 동의하지 않았다.

마르타와 사레나의 미팅 타이밍은 빠른 조치가 필요했다. 앨리슨은 몇 가지 시나리오를 처리하면서 사이먼의 말을 듣고 있었다. 이것이 대화 내용이다.

앨리슨: 사레나의 전환을 어떻게 발표할 계획인가요?

사이먼: 9개월 후에 FDA에 신청서를 제출한 뒤 그녀와 미팅을 갖고 새 직책이 최고 전략 책임자라고 말할 것입니다.

앨리슨: 이 계획에 대해 다른 사람과 논의한 적이 있나요?

사이먼: 네, 사레나가 효과적인 방식으로 전환을 계획할 수 있도록 마르타와 이야기를 나눴습니다.

앨리슨: 마르타와 함께 계획을 세웠나요?

사이먼: 사레나의 새로운 역할의 필요성, 사레나가 합류하는 것이 얼마나 중요한지, 그리고 조직이 준비하는 것이 얼마나 중요한지에 대해

이야기를 나눴지요. FDA에 서류 제출 후 사레나와 이야기를 나눌 예정입니다.

앨리슨: [혹시] 마르타가 이전에 저지른 실수를 공유하신 일이 있었나요. 이 계획에 대해 둘의 의견이 정말로 일치하나요?

사이먼: 잘 모르겠는데요. 오늘 마르타에게 연락해서 계획을 검토해 볼 생각입니다.

앨리슨: 좋은 생각이네요.

핵심 도전

- COO 전환 시점에 대한 CEO와 CHRO 사이의 단절에 관한 코칭 대화
- 회사에 심각한 영향을 미칠 수 있는 중요한 정보를 숨기지 않으면서 경계와 기밀성, 신뢰를 유지하는 방법

윤리적 함의

- **코칭 참여의 경계**: 경계, 기밀 유지 및 신뢰에 대한 '합의'가 있었지만, 코치와 각 고객 및 고객 사이의 일치와 명확성을 결정하기 위해 참여 중에 합의가 확인되지 않았다는 점이 드러났다.
- **조직 고객과의 관계 경계**: 조직 담당자/주 고객 간의 경계가 정기적으로 확인되지 않아 역할과 관계가 혼동될 수 있다 (예: 코치-조직 담당자, 코칭 고객을 만날 때 CHRO는 어떤 역할을 하는가?).
- **기밀 유지**: 코치와 각 고객은 기밀 유지에 대해 논의했다. 특정 문제가 발생했을 때 원래의 이해가 코칭 대화와 여전히 일치하고 일관성이 있는지 확인하지 않았다.

토론을 위한 성찰 질문

1. 코치는 어떤 윤리적 문제에 직면했는가?
2. 코치가 그 문제를 적절하게 처리했는가? 코치가 활용할 수 있는 다른 어떤 전략이 있었는가?
3. 코치는 이러한 코칭 참여에서 향후 발생할 수 있는 문제를 어떻게 처리할 것인가?

연구 메모

연구 과제

사례 연구 5
전인적 인간에 집중하기
: 조직에서 성공적인 코칭 성과 창출하기

저자: 알리사 M. 마놀레스쿠Alissa M. Manolescu[1], 사샤 E. 라딘Sasha E. Radin[2]

번역: 김현주

개요

기업 환경에서 일하는 많은 코치는 조직의 목표에 초점을 맞추고, 때로는 특정 개인의 성과 문제를 해결하도록 안내받게 된다. 코치가 조직의 목표에 부합하는 결과를 계약 당사자(아마도 자금 지원자)에게 제공할 것이라는 기대하는 경우가 많다.

---

1) **알리사 M. 마놀레스쿠**Alissa M. Manolescu: 미국. 이데알리스Idealis, 리더십 평가, 코칭 및 개발 솔루션을 통해 조직과 협력하여 비즈니스 영향력을 창출하는 조직 심리학자이자 임원 코치이다. 이데알리스의 리더십 개발 담당 이사로 다양한 산업과 부문의 고객을 리더, 팀, 조직을 변화시키기 위한 전략의 설계, 개발, 실행을 주도하고 있다. 전국 심리학 콘퍼런스에서 관련 논문을 발표하는 등 STEM 분야의 직장 내 다양성, 형평성, 포용성(DE&I)을 지지한다. 조지아대학교에서 산업-조직 심리학 석사 학위를, 에모리대학교 고이즈에타 비즈니스 스쿨에서 경영 코칭 디플로마를 취득했다.

2) **사샤 E. 라딘**Sasha E. Radin: 박사. 미국 '사샤 라딘 코칭', 심신, 신체, 감성 지능을 활용하는 깊고 직관적이며 통합적인 접근 방식을 사용하여 다양한 분야의 리더를 코칭하는 혁신적 코치이다. 국제 안보 및 인도주의 분야에서 20년 이상의 글로벌 경험을 쌓았다. 미 육군과 해군, 국제적십자위원회, 학술 기관 및 비정부기구와 함께 일하며 전 세계를 누볐다. 현재는 컨설턴트로서 디지털 출판물 제작에 대한 조언을 제공하고 국제법 및 안보 분야의 전문 지식을 활용하고 있다. 멜버른 대학교 로스쿨에서 박사 학위를, 암스테르담 대학교에서 법학 석사 학위를, 하버드 대학교에서 학사 학위를 취득했으며 코칭 협회AC를 통해 공인된 혁신 코치 자격을 보유하고 있다.

이런 경우 코칭을 받는 사람보다는 조직이 인식하는 문제에 초점을 맞추는 편견이 있는 것은 아닌가? 개인에게 온전히whole 주의를 기울이지 않는다면 조직의 목표를 달성할 수 있을까? 코치를 영입한 바로 그 문제에 조직이 부분적으로 책임이 있다면 어떻게 해야 할까?

업계 전문가들은 고객의 내재적 열망이 의미 있는 변화를 유도할 수 있다고 주장한다(Boyatzis et al., 2013). 보니웰Boniwell, 스미스Smith, 그린Green(2021)은 개인의 웰빙에 초점을 맞추는 것이 조직 건강의 기본이라고 주장한다. 동시에 로체Roche와 패스모어Passmore는 코칭은 '문제의 근원인 시스템을 다루어야 한다'라고 강조한다(2021, p.15).

저자들은 사람을 형성하는 시스템을 포함하여 사람에게 온전히 whole 먼저 초점을 맞추면 코칭 고객 내부에서 목표와 욕구를 드러낼 수 있는 공간이 생겨나며, 이를 통해 조직의 중요한 성과를 실현할 수 있다고 제안한다.

사례 연구

배경

질Jill(코칭 고객)은 40대의 아프리카계 미국인 여성으로 입사한지

6개월 정도 되었다. 회사나 그 역할도 과거와는 다른 새로운 경험이다.

안젤라Angela(코치)는 질의 상사인 케빈Kevin이 영입한 외부 코치이다. 케빈Kevin(스폰서)은 50대 백인 남성으로 CEO이다. 그의 말에 따르면 질은 예상과는 달리 기대에 미치지 못하고 있다. 많은 다른 조직과 마찬가지로 이 비즈니스도 큰 변화를 겪고 있다. 케빈은 이전 회사에서 구조조정을 성공적으로 이끈 경력이 있는 질에게 이러한 변화를 이끌도록 했다.

과제

안젤라는 질의 성과 향상을 돕기 위해 영입되었다. CEO인 케빈은 여전히 질의 잠재력을 보고 있으며, 코치가 전략적 계획과 의사 결정 능력을 향상시키는 데 도움을 줄 수 있다고 생각했다. 이는 팀이 변화와 불확실성을 헤쳐 나가는 능력에 대한 자신감을 되찾는 데 핵심적인 기술이라는 생각에서다. 또한 임원으로 존재감을 향상하면 팀에 더 효과적으로 영향을 미칠 수 있는 능력도 향상될 것이라고 믿었다. 코칭 계약의 일환으로 안젤라는 질을 위한 360도 평가를 실시해 그녀의 발전에 도움이 되는 피드백을 얻기로 계약했다.

안젤라는 이미 케빈과 만나 코칭 기간 동안 그가 원하는 것이 무엇인지 명확히 파악했고 그의 역할에 대해 논의하였다. 그녀는 케빈과의 대화에서 여러 차례 3자 대화를 할 것을 제안했고, 자신과 질 사이에 최대한의 투명성transparency을 유지할 것을 강조했다. 물론 안젤라와 질 사이에 오간 대화 내용은 비밀로 유지된다. 또한 안젤라는 케빈에게 질의 360도 결과물은 질만을 위한 것이지만 질이 케빈과 편한 만큼 공유해도 좋다고 허락했다는 점도 상기시켰고, 케빈도 이에 동의했다.

코칭

안젤라는 첫 만남에서 회기의 대부분을 새 조직에서 질이 집중했던 지난 6개월 동안 어떤 일이 있었는지 이야기를 듣는 데 할애했다. 그녀는 질이 조직에서 시간을 보내며 가장 중요하게 생각하는 것이 무엇인지 물었다. 이어서 케빈이 제기한 코칭 의제에 대해 질이 어떻게 생각하는지도 논의했다.

> 질: 이곳에서 인맥을 쌓는 것이 어려웠고, 다시 시작하는 것이 얼마나 어려운지 과소평가했었죠. 변명하는 것은 아니지만, 내가 회의실에 들어가기도 전에 이미 논의가 이루어지고 합의가 되었다는 점에서 나는 확실히 외부인처럼 느껴졌습니다. 팀에 영향을 미칠 수 있는 능력을 키워야겠어요.

안젤라는 질에게 영향력을 키우는 데 케빈에게 어떻게 지원 받고 있는지 물었다. 질은 "케빈이 임원으로서 영향력을 키우라고 제안했어요. 영향력을 가지려면 사람들이 자신을 리더로 인식해야 한다며…."라고 말했다.

질은 리더십 팀 회의에서 자신의 발언에 대한 팀원들의 반응으로 인해 자신이 '클럽의 일원이 아닌 것 같다'라고 느꼈던 이야기를 들려줬다.

질: 나는 우리가 고려하지 못한 리스크가 많고 앞으로 나갈 준비가 되지 않았다고 생각한다고 말했지요… 불편한 침묵 끝에 그들은 내가 신입이고 여기서 어떻게 일을 하는지 이해하지 못한다는 점을 분명하게 말했지요. 결국 나는 더 나은 판단을 내리지 못하고 그들의 권고에 동의할 수 밖에 없었습니다. 이런 나 자신에게 너무 화가 났지요.

안젤라가 "그 상황에서의 불편함이 당신 행동에 어떤 영향을 미쳤나요?"라고 물었다. 질은 눈에 띄게 화를 드러냈다. "그 상황뿐만 아니라 나 자신을 더 많이 의심하게 되었어요. 외부인처럼 느껴지는 그 순간에는 '저 사람들이 더 잘 알고 있겠지'라고 생각할 수 밖에 없었고…."

안젤라가 숨을 고르고 나서, "그 말이 정말 당신의 마음을 아프게 하는 것 같군요. … 지금은 무슨 일이 일어나고 있나요?"

질: 리더가 하는 일과 정반대로 나 자신을 작게 만들고 있다는 것을 깨달았습니다. 그것을 보기가 어렵습니다.

안젤라는 잠시 멈추고 다시 숨을 들이마시며 "고통스럽네요."라고 말했다. 그녀는 다시 멈추었다. "그 반대는 당신에게 어떤 모습일까요?"

질: 나는 다른 사람들의 반발에 상관없이 내 자신에 대해 자신감을 가질 것입니다. 정말 제 자신감이 중요하죠, 그렇지 않나요?

안젤라는 해결해야 할 실마리가 두 가지 있다고 생각했다. (1) 자기 의심과 자신감에 대한 질 자신의 내적 작업, (2) 자신을 외부인으로 보는 기업 문화를 헤쳐나가는 방법. 질은 미소를 지으며 동의했다.

이어서 안젤라는 케빈이 제기한 의견을 검토할 것을 제안하고 질에게 어떻게 생각하는지 물어보았다.

질: 처음 시작할 때 그런 질문을 했다면 저는 정말 방어적인 태도를 보였을 거예요. 나는 내가 전략적인 사고를 잘하고 어려운 결정을 내릴 수 있는 사람이라는 것을 잘 알고 있습니다. 지금도 여전히 [수용보다는] 조금은 반응reactive하게 되네요. 그렇지만 자신감과 자기 의심을 극복하는 것이 나와 회사 모두에게 도움이 될 수 있다는 것도 알게 되었다고 할까요.

안젤라는 질의 이런 반응에 대해 조금 호기심을 표했다. 질은 자신의 발전을 위한 기회라는 점을 인정하면서도 리더십을 가진 몇 안 되는 여성 가운데 한 명이자 유일한 유색인종 여성으로서 조직 내 문화적 장벽에 부딪히고 있다고 솔직히 말했다.

질: 성공적인 결과를 얻으려면 내가 변화하는 것만으로는 부족할 것 같아요.
안젤라: 네, 당신 이야기를 잘 들었습니다. 케빈과의 미팅에서도 이 이야기를 포인트로 꺼낼 수 있을까요?

질은 망설이지만 시도해 보겠다고 했다. 두 사람은 질이 케빈에게 어떤 말을 어떻게 할 것인지에 대해 논의했다.

후속 회기

몇 주 뒤, 안젤라는 케빈, 질과 함께 앉아 질이 받은 360도 평가의 피드백에 대해 논의했다.

안젤라는 질이 동료들로부터 받은 피드백을 요약하는 동안 정작 질 자신은 자기 관점이나 초기 대화에서 언급했던 경험에 대해 언급하지 않은 것을 발견했다.

안젤라는 질에게 말을 건넸다. "첫 만남에서 나와 공유한 내용을 케빈과 공유해 주실 수 있는지 궁금하네요. … 어떤 환경을 마주하는지, 팀에서 동료와 어떤 경험을 하고 있나요? 또 그것이 당신에게 어떤 영향을 미치는지…?"

질은 어깨를 조금 으쓱했다. "아, 제가 팀의 일원이 아닌 것 같다는 말씀이군요. 사적인 대화가 오가고, 비즈니스 의사 결정에 필요한 맥락과 중요한 정보를 놓치고 있다는 말씀이시군요."

안젤라: 제게 궁금한 점이 있는데요, 당신은 클럽의 일원이 아니라고 하셨어요. … 팀의 일원으로서 소속감을 느끼지 못한다고 해도 무방할까요?

질이 고개를 끄덕였다.

안젤라: 질!, 케빈이 그걸 알고 있다고 생각하나요? 그가 당신이 이곳에 속해 있다고 느끼게 하나요?

질이 고개를 돌려 아래를 내려봤다. 그녀는 10초 정도 침묵을 지켰다. 그녀는 정신을 가다듬고 똑바로 앉는 듯했다. "가끔은 그래요. … 어떨 때는 그렇지 않아요…."
케빈은 침묵을 지키며 얼굴에 충격을 받은 듯한 표정을 지었다.

안젤라: 어려운 이야기인데 솔직히 말씀해 주셔서 감사하네요. 직원들이 소속감을 느끼지 못하면 업무 성과가 떨어진다는 연구 결과도 있어요, 당신의 성과에도 영향을 미칠 수 있다는 것은 당연한 일이죠.

그날 오후 늦게 케빈이 안젤라에게 직접 전화를 걸었다.

케빈: 오늘 보고에 대해 하루 종일 생각했습니다. 처음에는 방어적이고 화가 났지만 내게도 책임이 있다는 것을 깨달았지요. 무슨 일이 일어나고 있는지 전혀 몰랐지만 미리 알았어야 했는데 놓친 나 자신에게 화가 났어요. 내가 어떻게 하면 달라질 수 있을까요?

핵심 도전 과제

- 안젤라는 질이 자신을 신뢰하고 자유롭게 말할 수 있을 만큼 편안함을 느낄 수 있도록 만들어야 한다. 이는 다른 이해관계자(조직)가 고용한 코치에게는 특히 어려운 과제이다.
- 안젤라는 케빈의 의제를 해결하면서 질이 진정으로 무엇을 해결해야 하는지 파악할 수 있는 공간을 만드는 방법을 찾아야 한다.
- 안젤라는 질이 통제할 수 있는 영역(예: 그녀의 행동)과 제시한 문제에 영향을 미치는 더 넓은 사회문화적 요인과 조직 환경 사이의 긴장을 헤쳐 나가야 한다.

윤리적 함의

- **코치/코칭 고객 관계의 기밀 유지**: 코치는 처음부터 스폰서와 기밀 유지 경계를 설정한다.
- **안전과 코칭 프레즌스 키우기** cultivating: 코치는 코칭 고객의 인식과 경험을 유효한 것으로 인정한다 acknowledge.
- **코칭 고객의 비전과 목표에 집중**: 코치는 스폰서의 구체적 목표로 대화를 제한하지 않고 고객에게 떠오르는 것 emerging 을 함께한다.
- **더 넓은 맥락과 시스템 다루기**: 코치는 코칭 참여에서 인종, 성별, 권력 역동 문제를 다룬다.
- **계약(또는 기타 공식적인 합의)**: 코치는 코칭을 시작할 때 모든 이해관계자와 협력하여 명확한 기대치와 역할을 설정하고 이해관계자의 이해가 상충될 가능성을 해결한다.

연구 메모

> **토론을 위한 성찰 질문**
>
> 1. 코치가 조직 코칭의 우선순위를 지키면서 코칭 고객의 웰빙과 요구 사항을 가장 잘 파악하려면 어떻게 해야 하는가?
> 2. 코칭 고객의 목표에서 시작하여 새롭게 등장하는 것에 대한 공간을 남겨두면 실제로 조직에 더 나은 결과를 가져올 수 있는가?
> 3. 조직의 코치로서 우리는 공식적인 계약을 맺지 않았더라도 스폰서나 조직의 자문 역할을 하는 경우가 많다. 코칭 고객에게 영향을 미칠 수 있는 시스템 수준(사회문화적, 조직적 등)의 요인에 대해 다루는 것과 코칭 고객 개인에게만 초점을 맞추는 것 사이의 윤리적 함의는 무엇인가?

참고 문헌

- Boniwell, I., Smith, W. A., & Green, S. (2021). PPC in the workplace: The business case. In Smith, W. A., Boniwell, I., & Green, S. (eds.), *Positive Psychology Coaching in the Workplace*. Cham: Springer. https://doi.org/10.1007/978-3-030-79952-6_1
- Boyatzis, R. E., Smith, M. L., & Beveridge, A. J. (2013). Coaching with compassion. *The Journal of Applied Behavioral Science*, 49(2), 153-178.
- Roche, C., & Passmore, J. (2021). *Racial Justice, Equity and Belonging in Coaching*. Henley-on-Thames: Henley Business School.

연구 과제

4장
수퍼비전

전문적 성장과 윤리적 실천의 기반인 수퍼비전은 수퍼바이저와 수퍼비전 안에서 모두 나름의 도전 과제를 안고 있다. 4장에서는 정신 건강, 역할, 사별, 교육자와 수퍼바이저, 가치관과 같은 복잡한 시나리오에 대해 자세히 살펴본다.

사례 연구 6
코칭수퍼비전으로 가져온 담합

저자: 이브 터너 Eve Turner[1]
번역: 김현주

개요

코치는 새로운 외부 과제에 대한 우려를 갖고 수퍼비전에 온다. 여기에는 경계 관리, 계약 문제, 결과의 명확성, 기밀 유지 위험, 괴롭힘 및 인종 차별이 포함되고 후자의 두 가지는 코치의 '핫스팟hot spots'에 속한다.

---

[1] **이브 터너**Eve Turner: 사우샘프턴 대학교University of Southampton 연구원, 영국 전문성 개발 재단Professional Development Foundation 글로벌 교수진 자문위원. 코치이자 수퍼바이저, 연구자, 작가로 전 세계를 무대로 활동하고 있다. 주요 관심 분야는 윤리, 계약, 코칭/감독, 사회 문제, 특히 기후 및 생태 변화이다. 윤리 코치 핸드북을 비롯한 여러 권의 책, 챕터, 기사를 저술하거나 공동 집필했다. 『The Ethical Coaches' Handbook: A Guide to Developing Ethical Maturity in Practice』(2023, 번역판: 『코칭 윤리 연구와 실천 핸드북: 윤리적 성장과 성숙을 위한 실천가이드』 김상복 옮김. 코칭북스. 2024)『생태 및 기후를 고려한 코칭: 진화하는 코칭 실천을 위한 동반자 가이드Ecological and Climate-Conscious Coaching: A Companion Guide to Evolving Coaching Practice』(2023), 『시스템 코칭Systemic Coaching』(2020), 『코칭 수퍼비전의 핵심: 성찰과 자기 관리를 통한 작업Working with Reflection and Self-Care』(2019) 등이 있다.

전문 임원 코칭 및 수퍼비전 협회APECS의 이전 회장. 여러 전문 단체를 포함하여 광범위하게 자원봉사를 하고 있다. 현재 전 세계 2,300여 명의 회원을 보유한 기후 코칭 연합Climate Coaching Alliance CCA을 공동 설립했으며, 2016년에 최초의 '글로벌 수퍼바이저 네트워크'를 설립했다. 이전 직책으로는 BBC 방송과 음악 분야에서 고위직을 역임한 바 있다.

팀의 부진한 성과를 개선하려는 팀 리더인 코칭 고객은 표면적으로는 팀원들을 괴롭혔다는 비난을 받고 있었다. 그녀는 자신이 오히려 팀원들로부터 왕따를 당하고 인종차별을 당하고 있으며 조직으로부터 지지를 받지 못하고 있다고 느끼고 있었다. 조직의 성과는 코칭 고객이 팀에 대한 접근 방식을 바꾸는 것과 관련이 있지만, 코치의 관심사는 고객의 웰빙과 정신 건강이었다.

코치는 고객의 경력에 영향을 미칠 수 있는 조직 정보를 갖고 있었다. 코치는 이 정보와 이것이 미래에 미칠 수 있는 영향에 대해 고객이 알지 못한다고 생각했다. 코치는 자신이 고객의 관점에서 상황을 보는 데 끌려가고 있으며, 집단적인 그림을 그리지 못하고 공모의 위험에 처해 있다고 성찰했다. 코치는 또한 신뢰가 위험에 처할 수 있다는 우려를 하며 고객에게 부정적인 영향을 미칠 수 있는 '비밀' 정보를 갖고 있다는 사실에 불편함을 느꼈다. 또한 고객의 직속 상사와 장기적인 전문적 관계를 위태롭게 할 수 있다는 두려움도 있었다.

사례 연구

배경

라즈Raj는 중앙 및 지방 정부 부서, 대학, 기타 고등 교육 기관, 의료 서비스 등 여러 국가의 공공 부문 조직과 협력하는 코치이다. 라즈는 자신이 맡고 있는 과제에 대해 고민하고 있다. 현재 코칭을 받고 있는 고객인 이마니Imani는 부서의 팀 리더이다. 그녀는 성과 향상을 위해 일부 팀원들에게 건설적인 피드백을 제공하려는 자신의 시도가 괴롭힘이라는 비난에 직면하고 있다고 느낀다. 반면에 흑인인 이마니는 오히려 자신이 같은 팀원들로부터 괴롭힘과 인종차별을 당하고 있다고 믿고 있다. 코치 라지는 그녀의 웰빙과 자기 관리에 대해 우려하고 있다.

코칭의 스폰서인 진Jean은 초기 3자 회의에 참여했다. 직속 상사이기도 한 진은 이후에도 라즈와 '비공식' 대화를 나누며 추가 정보를 제공하려고 노력했고, 때로는 이마니가 알지 못하는 정보를 제공하기도 했다.

이마니는 자신에 대한 의혹이 해고 가능성이 있는 자신을 성과가 떨어지는 길로 내모는 과정의 일부로 활용되는 무언의 기준일 수 있다고 생각했다. 특히 조만간 직원 감축이 발표될 것이라는 소문이 돌고 있어 더욱 취약한 상태였다. 라즈는 열악하고 지원도 없고 무능한 경영진에 맞서고 있는 이마니의 편에 서고 싶은 충동을 느꼈다.

진은 최근 몇 년 동안 수십 건의 코칭 과제를 수행하면서 라즈를 더 큰 조직으로 끌어들인 장본인이기도 하다. 진은 라즈와의 첫 과제 일대일 브리핑에서 이마니가 포함될 수 있는 정리해고 가능성에 대해 언급했지만, 이후 3자 회의에서는 이러한 내용을 언급하지 않앉다. 이로 인해 이마니는 소문을 듣고 두려움을 느끼지만 라즈는 이마니가 알지 못하는 정보를 알려줄 수 없게 되었다.

라즈는 오랫동안 애쉬Ash에게 수퍼비전을 받아 왔다. 두 사람은 서로를 신뢰하고 지지하는 관계로 서로 도전해도 안전했다. 라즈는 평소 자의식이 강하고 최고의 윤리적 기준에 따라 일하고자 하는 열정을 가지고 있다. 당연히 자신이 괴롭힘과 인종차별을 포함한 '핫스팟'을 지니고 있다는 것을 잘 알고 있다.

과제

코칭의 주요 조직 목표는 다음과 같다.

1. 이마니는 부서 내에서 거칠게 행동하는 것을 줄이고 일부 팀원에 대한 직설적인 접근 방식을 좀더 부드러운 접근으로 개발해야 한다.
2. 더 많은 뉘앙스를 담아 더 잘 소통하고 더 많이 경청하도록 권장한다.
3. 이마니는 보다 '마음 챙김'의 자세로 다양한 상황에 대처하는 방법을 개발하고, 팀 리더로서 적응력을 키우고 다양한 접근 방식을 활용해야 한다는 권유를 받고 있다.

코칭 수퍼비전 회기

코치로서 라즈는 다소 떨리는 마음으로 자신이 진행했던 '코칭의 의도'를 밝혔다. 코칭 맥락이 명확하고 투명하지 않아 스스로 비윤리적이라고 생각했기 때문이다. 이마니가 완전히 알지 못하는 조직의 그림이 있었다. 라즈는 조직이 자신에게 '기밀' 정보를 제공함으로써 자신을 '내 편'으로 만들려고 한다고 느꼈다. 라즈는 애쉬에게 "매우 걱정스럽습니다. 직속 상사는 최근 이마니와 대화를 나눈 적이 없고, 이마니가 알지 못하는 의제를 갖고 있습니다."라고 말했다.

라즈는 이마니와의 대화를 통해 그녀가 '악의적인 주장'이라 묘사한 내용을 다루면서 그녀의 정신 건강과 웰빙이 위태로워졌다고 생각했다. 어느 순간 라즈는 "이마니가 멘붕에 빠진 건 아닐까?"라는 의문이 들었다. 그래서 그는 이마니가 변화해야 한다는 압박을 주는 과제에 동의했지만, 이제는 그녀의 개인적인 상태를 더 걱정하게 되었다. 그는 "이마니가 자기 자원을 활용해 더 지혜로워지도록 돕고 싶지만 어떻게 해야 조직 성과를 달성할 수 있을지 잘 모르겠어요."라고 말했다.

라즈는 또한 자신의 우려를 조직에 어떻게 알릴지 고민하고 있었다. 이는 초기 3자 대화에서 스폰서를 통한 피드백 제공이나 조직의 지속적인 개입이 논의되지 않았고, 따라서 어떤 접근 방식도 합의되지 않았기 때문이다. 상황이 더 복잡해졌을 때 조직을 개입시킬 수 있는 합의된 경로(라즈, 이마니, 진)가 없었다. 또한 이마니와 쌓아온 신뢰를 깨뜨릴 수 있다는 우려도 있었다.

이마니가 코칭에서 기대하는 의도는 조직이 자신을 지지하지 않고 무관심하다고 느낄 때 자신의 편이 되어줄 누군가의 지지를 얻는 것이었다. 3자 대화에서 합의된 결과는 이마니의 눈에는 부차적인 것이었다. 이마니는 그에게 말했다,

> 난 당신을 믿어요, 라즈. 당신은 내 편에 있는 유일한 사람이에요. 팀의 부진한 성과를 해결하려는 저의 의도가 제가 팀원들을 괴롭힌다는 거짓 비난에 부딪혔다는 것을 알고 있어요. 그들은 제 배경 때문에 제 리더십 스타일이 자신들과 다르다는 것을 인정하지 않고, 제가 자신들이 '옳다는 것'에 순응하기를 원해요.

라즈는 그 배경에 자신의 코칭 포트폴리오의 상당 부분이 진과 쌓아온 돈독한 관계에 의존하고 있다는 알아차림이 있었다. 한편 초기 브리핑에서 언급된 진의 의도는 라즈가 이마니에게 사람들과 대화하는 방식이 중요하다는 것을 깨닫게 해주면 좋겠다는 것이었다. "이마니는 사람들과 말하면서 그들을 혼내고 있습니다."

수퍼바이저로서 애쉬의 의도는 라즈가 전체 시스템을 볼 수 있도록 지원하여 이마니와 진 역시 시스템을 더 잘 볼 수 있도록 돕는 것이었다. 애쉬는 라즈가 한 발 물러서서 모든 당사자의 관점으로

봄으로써 상황에 대한 '하나의 진실'이 있을지도 모른다는 믿음에 빠지지 않도록 도와주었다.

라즈도 이마니와 마찬가지로 상황에 압도되었고 자신의 자원을 재발견하고 이전에 사용했던 많은 성공적인 접근 방식을 떠올리며 무엇을 활용할지 결정할 수 있게 되었다.

핵심 도전 과제

- 경계 관리 부분에서 결과와 이슈에 대한 명확성이 부족했다.
- 라즈는 고객의 세계에 '빨려 들어가stucked in to' 관점을 잃고 '전체 시스템'을 보지 못했다. 각 당사자는 자신이 윤리적으로 행동하고 있다고 생각할 수 있지만 라즈는 집단적인 윤리적 관점을 만들기 위해 시스템에서 무엇이 바뀔 수 있는지 검토하지 않았다.
- 인종 차별과 왕따라는 라즈 자신의 두 가지 경험이 그에게 '핫스팟'이 되었다.
- 코치는 자신의 행동으로 이마니와 진과의 관계가 모두 손상될 수 있다고 느꼈다.
- 이마니는 조직을 '적'으로 간주하여 결과에 관여하지 않았다.
- 조직은 [코칭이] 진전이 없다고 믿고 있다.

윤리적 함의

- **코칭 참여의 경계**: 경계가 명확하지 않았으며, 코칭 과제를 수행하는 동안 정기적으로 이를 재검토하는 프로세스가 합의되지 않았다.
- **기밀 유지**: 모든 당사자 간의 정보 공유에 대한 합의가 불분명했다.
- **투명성 부족**: 이마니는 과제와 관련하여 다른 사람들이 알고 있는 정보/지식을 갖지 못했다.
- **신뢰**: 라즈는 이마니의 한 가지 관점을 진실로 받아들이도록 이끌고 있다. 이는 [이마니의] 조직과의 관계와 신뢰를 위험에 빠뜨렸다.
- **다양한 관계**: 라즈는 이 과제의 직속 상사 및 스폰서와 서로 다른 관계의 '모자'를 쓰고 있었다.

연구 메모

토론을 위한 성찰 질문

1. 코치가 조직에서 외부 코치로 일할 때 여러 모자를 쓰는 것을 어떻게 처리할 수 있는가?
2. 인종 차별에 대한 비난이 제기될 때 코치에게 어떤 윤리적 문제가 제기되는가?
3. 각 당사자는 자신은 윤리적으로 행동하고 상대방은 비윤리적으로 행동한다고 생각할 수 있다. 집단적으로 윤리적 관점을 만들기 위해 시스템에서 무엇을 바꿀 수 있는가?

연구 과제

사례 연구 7

전문가들의 그룹 수퍼비전에서 정신 건강이 드러나는 경우: 다양한 관점에 귀 기울이기

저자: 앤 칼레야Anne Calleja[1], 캐롤 휘태커Carol Whitaker[2]

번역: 김현주

개요

이 사례는 4명의 코치와 2명의 치유 접근 코치therapeutic coach로 구성

---

1) **앤 칼레야**Anne Calleja: 영국. 더 리딩 비즈니스 유한회사, 임원 코치 및 마스터 코치 수퍼바이저로 25년 이상 경력을 쌓은 더 리딩 비즈니스의 전무 이사이다. 코칭 협회AC의 인증코치. APECS의 명예 회원. 공인 및 등록(BACP UKCP) 심리치료사, 임상 수퍼바이저로서 여러 직업을 넘나들며 수퍼비전을 하고 있다. 앤은 AC를 위한 코칭 수퍼비전 전략에 관심이 있는 사람들의 참여와 개발에 적극적으로 참여한다. 그녀는 입증된 비즈니스 통찰력과 심리치료 접근법을 결합하여 경영진 코칭, 개인 코칭, 시니어 팀 개발, 변화 관리 및 높은 수준의 전략적 방향에 대한 독특한 접근 방식을 제공한다. 경영학 석사를 취득하고 심리치료 학위를 취득했으며, 초기 경력은 심리학, 경영 개발 및 학습 분야이다.

2) **캐롤 휘태커**Carol Whitaker: 영국. 휘태커 컨설팅, AC 공인 마스터 코치 수퍼바이저로 15년 이상 1:1 코칭과 그룹 코칭, 옥스포드 브룩스 대학생 코칭 및 멘토링 실무 석사, ILM7 Executive Coaching PG 자격증, 사내 코칭 프로그램 등을 수퍼비전한 경력이 있다. 포트폴리오는 코칭, 팀/그룹 코칭, 코치 수퍼비전, 멘토링 및 퍼실리테이션을 포함한다. 초기 경력은 인사 부서에서 시작했으며 이사회 임원, 다양한 NED 역할, MBA 취득. 그녀는 별점 5점짜리 책 두 권을 공동 집필. 『Coaching Supervision: A Practical Guide for Supervisees』(2016)[『코칭수퍼비전 가이드』. 김상복 옮김. 2025]와 『Peer Supervision in Coaching & Mentoring: A Versatile Guide for Reflective Practice』(2018)[『동료 수퍼비전』. 김현주 외 옮김. 2024]을 공동 집필했으며 두 권 모두 Routledge에서 출간했다. 또한 『Peer Supervision chapter in Coaching & Mentoring Supervision: Theory and Practice 2nd Edition』(2021)에도 동료 수퍼비전 챕터를 발표했다.

된 전문가 교차 수퍼비전cross-professional supervision 그룹으로, 한 명은 경영 코치이자 수퍼바이저, 다른 한 명은 임상 심리치료사, 수퍼바이저 및 리더십 코치인 두 명의 공인된 수퍼바이저가 공동 수퍼비전co-supervision을 진행했다. 공동 수퍼비전은 수퍼바이저가 서로의 스타일을 보완하고, 서로 다른 사람들과 함께 작업하며 탐구하고 배움을 통해, 취약성vulnerability과 신뢰를 롤모델로 삼을 수 있는 기회를 제공한다(Whitaker & Lucas, 2012). 수퍼바이저들은 서로 다른 관점과 배경으로 일하는 가치를 롤모델로 삼고 함께 노력했다.

이 사례 연구는 '전문가 교차 수퍼비전'이 어떻게 가치를 더하고, 코치가 [다른 분야] 전문가를 만나 정신 건강 문제를 가진 코칭 고객을 지원하는 데 도움이 되는 방법을 보여준다. 사례는 코치의 역량competence과 실천능력capability을 넘어서는 것이 아니라 한 인간을 안전한 공간에서 '담아내는contain' 법과 응답에 대한 탐구이다. 코치와 코칭 고객, 코치와 수퍼바이저, 코치와 조직 사이의 복잡한 관계에 대한 다양하고 폭넓은 시스템적 관점과 계약이 고려된다.

사례 연구

배경

이 그룹 수퍼비전 방법에서는 코치 가운데 한 명이 공동 수퍼바이저 중 한 명에게 사례를 발표하고 동료들이 이를 듣고 관찰했다. 이 야기가 끝나면 다른 공동 수퍼바이저가 원래 수퍼바이저와 합류하여 함께 사례에 대해 토론하고 성찰했다. 이들은 발표하는 코치와 동료 코치 모두와 눈을 마주치지 않도록 '피쉬 보울gold-fish bowl'로 위치를 잡고 코치와 동료 모두 대화를 소화하고 자신의 학습을 성찰할 수 있도록 했다.

이 연구에서 임상 수퍼바이저는 매기Maggie, 코치 수퍼바이저는 팸Pam, 5명의 동료 코치가 참석했으며, 자기 이야기를 공유하는 코치는 클레어Clare였다.

과제

목표는 코치를 지원하고, 옵션을 제공하며, 코치의 알아차림과 자신감을 높이고, 지식, 경험 및 다양한 관점을 교환하는 것이었다.

또 다른 목표는 코치에게 발전적인 피드백을 제공하고 전체 그룹과 학습 내용을 공유하는 것이다.

코칭 수퍼비전

클레어가 고객 사례를 그룹에 가져왔다. 매기(수석 수퍼바이저)는 클레어에게 고객이 어떻게 자신을 표현하는지 설명하는 상황을 설정하면서 "고객을 '방 안으로' 데려오세요."라고 요청했다. 클레어는 "라티샤Latisha는 50대 여성으로 재무 책임자이며 신뢰받는 직원이고 성취도가 높은 사람이지요. 옷을 잘 입고 있습니다." 그녀는 눈을 마주치지 않고 '안절부절 못하는' 모습으로 발표했다.

360도 피드백 평가에 따르면 라티샤는 기술적으로는 능숙하지만 직원들은 그녀와 함께 일하기 어렵다고 평가했다. 피드백에는 그녀가 장시간 일하고, 기대치가 높으며, 경청하지 않거나, 위임, 연결, 팀워크에 어려움을 느낀다는 사실이 포함되어 있었다.

라티샤의 고용주는 라티샤를 매우 지지하며 클레어에게 라티샤가 대인관계를 발전시키고 팀에 위임할 수 있는 신뢰를 쌓도록 코칭해달라고 요청했다.

첫 미팅에서 라티샤는 360도 피드백에 대해 매우 화가 났다고 말하며 신뢰 관계를 쌓는 데 도와달라고 요청했다. 라티샤는 자기 나름의 기준에 따라 일을 수행하는 다른 사람들에게 신뢰가 부족하며, '사무적인 말투'와 '세부 사항에 대한 높은 집중력'을 갖고 있다는 점을 알고 있었다. 그녀는 판단을 받거나 '틀렸다'는 평가를 받을까 봐 말하기 전에 모든 것을 꼼꼼히 점검했다. 또 "한 번에 여러 가지 일을 처리하는 데 어려움이 있으며, 개방형 사무실의 소음으로 인해 주의 집중과 사고에 방해를 받아 헤드폰을 착용하면 집중하는 데 도움이 된다."라고 말했다. 특히 회계 월말과 같이 압박감을 느낄 때 직원들이 자신을 냉담하게 대하는 것을 알아차렸다. 라티샤는 "두 번의 결혼 생활이 이혼으로 끝났고, 통제적인 아버지가 있었으며, 아무도 자신을 이해하지 못하는 것 같다고 느끼는 등 개인적인 관계에서 실패했다고 느꼈다."라고 털어놓기도 했다. 라티샤는 남아공에서 태어나 가족과 딸, 손주들이 여전히 그곳에 살고 있다. 그녀는 외로움을 많이 느꼈고, '아침에 일어나게' 하는 것은 직장에 가서 성취감을 느끼는 것이었다. 360도 피드백은 그녀에게 고립감과 절망감을 남겼다. 어떻게 하면 의미 있는 관계를 맺을 수 있을지 절실히 찾고 싶었다. 라티샤는 온라인에서 ADHD에 대해 조사한 결과 많은 증상을 확인했다. 그녀는 코치에게 ADHD 진단을 받아야 하는지 물어보았다.

클레어는 막막하고, 자신이 할 수 있는 일이 없고, 좌절감을 느낀다고 말했다. 매기가 클레어에게 물었다. "라티샤의 태도와 그것이 당신에게 미친 영향, 즉 무엇을 보고, 느끼고, 생각했는지 설명해 주세요." 클레어는 이렇게 말했다. "라티샤는 상당히 '공격적으로' 다가왔습니다." 클레어는 라티샤가 '쉬지 않고' 이야기하고 자기 역량이 도전받고 있다는 사실에 좌절감을 느꼈다고 했다. 라티샤는 '웃음'을 터뜨리며 아버지가 매우 엄격했기 때문에, 그녀는 완벽해야만 했고, 그렇지 않으면 [아버지에게] 큰 꾸중을 들었다고 했다. 라티샤가 클레어에게 말했다. "전 못 하겠어요." 그리고 "어떻게 생각하세요?", "이런 압박감에 코치로서 어떻게 해 줄 수 있나요?"라고 물었다. 라타샤가 클레어에게 이슈를 해결해 주기를 기대하는 것으로 보였다. 클레어는 자신이 압박감을 느끼고 있으며 라티샤가 자신의 지원 능력에 의구심을 품고 있다고 말했다.

매기는 클레어를 반영한다.

매우 어렵고 복잡해 보이는 사례를 공유해 주셔서 감사합니다. 이 일로 인해 자신의 역량에 의문을 품게 된 것 같네요. 원하는 방식으로 기여하지 못하는 것에 대한 좌절감, 고용주의 기대에 부응해야 하는 내적 갈등, 라티샤의 감정, 그리고 상황을 해결해 주기를 바라는 라티샤와 당신의 마음이 느껴집니다.

그런 다음 매기가 클레어에게 "숨을 깊이 들이쉬세요."라고 말했다. 잠시 멈췄다. "저 안을 체크해 봅시다. 자, 이제 뭐가 눈에 띄나요? [다시] 보이는 걸 주목해 보세요." 잠시 멈추고 있는 중에 침묵이 흘렀다.

매기는 클레어에게 "수퍼바이저와 동료 그룹이 어떤 피드백을 주면 좋을까요?"라고 물었다.

클레어는 자신의 내면에서 일어나는 일을 처리할 시간이 필요하다며 그룹이 이전에 사용했던 '피쉬 보울' 접근을 사용하자고 제안했다.

두 수퍼바이저가 '피쉬 보울' 진행방법을 소개했다. 그들은 그룹에게 사건을 경험하면서 내면에서 일어나는 일을 듣고, 관찰하고, 알아차려 달라고 요청했다.

그룹과 클레어 앞에 있는 수퍼바이저는 자신이 들은 내용을 토론했다. 그러자 클레어는 [자기 이야기에 대한 토론 내용을 들으며] 자기 성찰과 경청의 시간을 갖고, 대화에 기여해야 한다는 압박감을 느끼지 않았다.

팸Pam(두 번째 수퍼바이저)은 "라티샤의 책임감/완벽함에 대한 욕구가 어떤 영향을 미쳤는지 궁금합니다. 이것이 클레어에게 어떤 영향을 미쳤나요? 어떤 변화가 있었나요?"

매기는 "라티샤의 '완벽해야 한다'는 욕구, 묘사된 목소리 톤이 클레어에게 강한 반응을 일으킨 것 같지 않나요? 클레어는 이 점을 고려하고 나중에 그룹과 자신의 성찰과 배움을 공유할 수 있지 않을까요?"라고 답했다.

팸이 매기에게 "심리 치료사로서 ADHD에 대해 제기된 질문에 대해 어떻게 생각하십니까?"라고 물었다.

매기는 "이 복잡한 사례에서는 핵심 문제를 인식하는 것이 중요합니다. 라티샤의 정서적 반응, ADHD를 제기한 이유, 코치의 역할, 코칭의 초점 등 핵심적인 문제를 인식하는 것이지요."라고 답했다.

팸이 말했다.

조직의 관점에서 고용주가 360도 피드백을 제공한 맥락을 알고 있나요? 라티샤, 직속 상사, 클레어 사이에 3자 회의가 있었나요? 라티샤는 360도 피드백에 매우 당황하고 놀란 것 같습니다.

팸이 관찰한 것을 말했다.

라티샤는 클레어에게 도움을 요청하는 등 구체적이고 실용적인 것 같습니다. 360도 피드백을 기반으로 목표를 합의하고, 라티샤가 자신감을 갖고 360도 피드백을 팀과 공유하고, 팀원들의 지지를 얻고, 개발 계획을 전달하는 방법에 대해 논의하는 데 초점을 맞출 수 있습니다.

매기가 말했다.

이렇게 하면 라티샤와 함께 성찰함으로써 클레어가 자신의 코칭 능력에 의구심을 갖기보다는 자신의 강점을 더욱 강화하는 데 도움이 될 것입니다. 이를 통해 라티샤의 감정적 반응을 확인하고 팀 관계를 인식하며 코치로서 클레어의 역할을 명확히 할 수 있습니다. 이를 통해 우선순위, 코치가 할 수 있는 일과 할 수 없는 일을 파악하고, ADHD 의뢰 옵션과 고용주의 기대치를 논의할 수 있습니다.

토론이 끝날 무렵, 매기와 팸은 클레어에게 "지금 무엇을 깨닫고 있나요? 성찰을 공유할 수 있을까요?"라고 물었다.

클레어가 말했다.

네. 관찰하고 경청하는 것이 매우 유용했고 그 순간에 대응할 필요가 없었습니다. 제가 취할 수 있는 몇 가지 행동에 대해 생각해 볼 시간을 가졌어요. 또한 라티샤와의 다음 코칭 회기에 대한 옵션을 고려하면서 이러한 맥락에서 코치로서 제 역할과 주의를 집중해야 할 부분을 명확히 하는 데 도움이 되었습니다. 이제 저는 더 안정적이고 자신감이 생겼습니다.

그런 다음 수퍼바이저는 그룹 구성원들에게 클레어에게 감사의 말 한 마디와 자신의 통찰력 한 가지를 말해달라고 요청했다.

핵심 도전 과제

- 고객의 대화 흐름 때문에 코치가 대화를 담아내고, 관찰한 내용에 대해 피드백을 주고, 질문을 하는 것이 어려웠다. 이로 인해 코치는 자신의 역량을 의심하게 되었다.
- 고객은 ADHD가 팀 피드백의 원인인지에 의문을 품고 코치의 ADHD 진단 능력을 의심했다. 그녀는 발전적인 대화가 아닌 답을 찾고 있었다.
- 고객의 감정적 반응을 억제하는 것과 360도 피드백을 탐색할 수 있는 공간을 제공하는 것 사이에는 긴장이 있었다.
- 코치는 고객에게 필요한 해결책을 제공해야 한다고 생각했다.

참고 문헌

- Whitaker, C., & Lucas, M. (2012). Collaboration in practice with co-facilitated Group Coaching Supervision: What could you learn from hearing our story? *International Journal of Mentoring and Coaching*, X(1), 111-120.
- 『ADHD 코칭: 정신건강 전문가와 코치를 위한 안내서』 프란시스 프레벳, 아비가일 레브리나 지음. 문은영, 박한나, 기요한 옮김. 한국코칭수퍼비전아카데미. 2021.

윤리적 함의

- 코칭에서 정신 건강 문제가 발생했을 때 코치의 **역량**
- 코칭과 상담, 특히 정신 건강 문제를 진단하거나 치료/상담하는 것 사이의 **경계**
- **계약**, 기밀 유지 및 재계약
- **주의 의무**: 코치의 자기 관리와 고객에 대한 주의 의무 및 모든 보호 정책. 코칭 고객의 정신 건강과 웰빙에 대한 책임은 어디에 있나요?

연구 메모

토론을 위한 성찰 질문

1. 코치가 자신의 역량 내에서 회기를 진행하도록 하려면 어떻게 해야 하는가?
2. 코치는 어떻게 스스로를 자원화하고 순간순간 성찰적으로 행동하는가?
3. 코치가 고객의 잠재적인 정신 건강 문제를 수퍼비전 공간에 가져올 때 수퍼바이저로서 어떻게 대응하거나 인식하는가?

연구 과제

사례 연구 8
모자가 몇 개나 되나요?

저자: 에바 허쉬 폰테스Eva Hirsch Pontes[1]
번역: 김현주

개요

이 사례 연구는 그룹 코칭 수퍼비전 회기에서 코치 가운데 한 명이 다가오는 코칭 고객 및 스폰서와의 조정 회의를 준비하기 위해 그룹에 지원을 요청하며 논의된 내용이다. 코치는 작업 관계에서 암묵적, 명시적 계약이 여러 개 있다는 사실을 인지하지 못하는 듯 보였고, 스폰서와의 대화에서 역할 혼란이 발생하여 명확한 경계를 설정하는 데 어려움을 겪고 있었다. 이에 따라 코치는 그룹에 대한 도전을 갈등 중재자라는 모자를 쓰고 개입하기로 했다. 그룹은 초기 대화부터 드러나는 이슈를 해결하지 못했다. 코치는 시스템에서 역할 혼란뿐 아니라 기대, 역할, 책임에 대해 솔직하고 명확한 대화를 거부하는 경향을 반영하는 것으로 보이는 병렬적/평행적인 프로세스가 자신과 모든 그룹 구성원에게 미치는 영향을 발견했다.

---

[1] **에바 허쉬 폰테스**Eva Hirsch Pontes: 본 저서의 편집자. 편집자 소개 참조

사례 연구

배경

이 사례는 8년 전에 코치가 된 전직 인사HR 전문가인 마크Mark가 그룹 수퍼비전 회기에 가져온 사례이다. 그는 최근에 조직 구성과 갈등 조정에 대한 자격증을 취득했다.

마크는 국가와 민간 부문에서 일부분 자금을 지원받아 공익 콘텐츠를 제작하고 전달하는 기관에 고용되었다. 이 기관의 직원은 1,000명에 가까웠다. 이런 조직이 소재한 국가에서는 비슷한 종류의 연고주의 사례가 흔히 발생한다.

마크는 이전에 적극적으로 [코칭] 작업했던 코칭 고객에게 조직의 인사 담당 이사인 조이스Joyce를 소개받았다. 두 사람은 첫 만남에서 조직에서 코칭 계약을 후원하는 것은 이번이 처음이며, 마크가 세 명의 관리자를 대상으로 동시에 코칭을 시작하길 원한다는 사실을 알게 되었다. 그는 다른 코치들도 이 프로젝트에 참여시키겠다고 제안했지만 조이스는 마크와 단독으로 일하고 싶다고 했다.

그 뒤 마크는 이사회 멤버의 조카 잭Jack, 인사팀에서 일하던 조이스의 대녀goddaughter 메리Mary, 지원 부서를 관리하며 기관 내 가족 관계가 없는 임원 존John 등 세 명의 관리자를 코칭하도록 임명되었다.

마크는 정신 건강 전문가에게 의뢰해야 했던 잭과는 코칭을 보류했다.

이 사례는 마크와 그룹이 해결할 과제에 잠재적이지만 좋지 못한 윤리적 영향ethical repercussion을 미칠 수 있는 역동 관계를 인식할 수 있게 해준 토론을 간략하게 설명한다.

과제

이 회기는 3년 이상 같은 수퍼비전 그룹에서 함께 일해 온 경험이 풍부한 코치들과 함께, 어떠한 민감한 주제를 가져와도 전혀 비판받지 않을 것이라는 확신이 있는 신뢰 조건에서 진행되었다.

마크는 자기 사례를 발표하면서 그룹에게 이렇게 말했다. "고객, 상사, HR 책임자와의 다가오는 조정 회의를 어떻게 하면 더 잘 준비할 수 있을지 생각해 보고 싶은데 여러분의 도움이 필요합니다. 조정 회의에서 내가 '갈등 중재자' 역할을 해야 한다는 것을 알고 있습니다."

코칭 수퍼비전 회기

마크는 사례를 발표하면서 자기하고만 일하기로 한 인사 책임자의 결정을 언급하면서 인사 업무에 대한 자신의 이전 경험과 전문성으로 조이스도 자신을 잠재적인 멘토로 생각할 수 있다고 그룹과 공유했다.

그런 다음 마크는 메리, 존과 최근 진행한 코칭 계약에 대한 후속 미팅을 조이스에게 보고했으며, 코칭 과정과 직접적 관련이 없는 다른 HR 팀원들도 그 자리에 참석하여 다음과 같은 조이스의 이야기를 함께 들었다고 했다.

"메리는 코칭 진행 속도가 마음에 들지 않아서 더 짧은 간격으로 진행해야 한다고 생각하고 있고, 이점에 나도 동의합니다."

"존의 행동과 사람들을 대하는 기술 부족에 대한 불만이 몇 가지 있는데, 마크, 코치인 당신이 이 문제를 해결해야 합니다."

마크는 조이스의 말에 자기 반응을 그룹과 공유했다.

"메리의 경우, 나는 메리가 이 문제를 저에게 직접 말하지 못한 이유가 무엇인지 이해하지 못했습니다."

마크는 또한 이렇게 말했다.

"저는 또한 조이스가 인사 책임자라기보다는 대모로서 더 많이 개입하고 있다고 느꼈습니다. 그래서 나의 초기 반응은 상당히 방어적이었고 - 저도 알아요 - 메리가 반복해서 그 과정에 대해 만족감을 표현했다고 대답했습니다."

마크가 덧붙였다.

존의 경우, 저는 조이스에게 존의 상사나 4자 간 조정 회의에 참석한 HR 비즈니스 파트너가 존의 관계 기술 개선 필요성에 대해서는 언급하지 않았고 오히려 그가 더 잘 수행해야 하는 프로세스에 초점을 맞추었다고 말했습니다. 그 조정 회의에서 저는 코칭 참여의 성공적인 결과를 위해 존에게 어떤 행동에 집중해야 하는지 명확히 하기 위해 참가자들에게 몇 번이나 물었지만 아무 소용이 없었습니다.

마크는 수퍼비전 그룹에서 상황을 '해결'해야 한다는 압박감을 느꼈다고 말했고, 코칭 계약에 스폰서의 기대치가 정확하게 반영될 수 있도록 적절한 회의에서 조이스, 존, 그리고 존의 상사와의 새로운 조정 회의를 주선하여 조이스에 대한 기대치를 공식화하겠다고 말했다.

사례의 세부 사항을 발표한 후 마크는 다음과 같이 말했다.

"존의 상사와 조이스 사이에는 분명히 의견 일치가 부족합니다. 그렇기 때문에 다음 회의에서 발생할 수 있는 갈등을 중재해야 한다는 것을 알고 있습니다."

그룹의 코치들은 스폰서와 개별 고객과의 코칭 계약이 갖는 다양한 측면에서 마크의 정서와 반응을 탐색하는 것까지 다양한 질문을 했다. 그룹은 이 사례의 여러 계약에서 파생되는 의미에 대해 민감함을 충분히 보이지 않았다.

수퍼바이저가 개입하여 이런 요인들에 관심을 갖도록 했다. "마크가 여러 개의 모자를 쓰고 있는 것처럼 보이는데, 각 모자는 구체적인 경계, 역할, 책임을 내포하고 있습니다. 몇 개의 모자를 확인할 수 있을까요?"

그룹은 눈에 보이는 다양한 역할을 범주화하기 시작했다. 그 가운데 일부는 마크가 예상한 역할인 코치, 회계 관리자, 프로젝트 매니저와 같이 가시적으로 양립할 수 있는 것이다. 다른 모자는 마크 자신의 기대와 경험에서 비롯된 것일 수 있고 마크와 조이스 사이에 맺어진 무언의 심리적 계약, 즉 인사 전문가, 멘토, 갈등 중재자, 구조자('이 문제를 해결해야 해')에서 비롯된 것일 수 있다. 그룹은 계속해서 마크의 역할 혼동과 그로 인한 이해 상충을 살펴보았다. 마크와 수퍼비전 그룹은 시스템의 얽히고설킨 관계를 고려하면서 몇 가지 병렬/평행 과정을 탐색했다. 마크는 혼자서는 알지 못했던 것을 깨닫게 해준 그룹에 감사를 표하며, 다가오는 조정 회의를 '올바른 모자[역할]'를 쓰고 진행할 수 있는 명확성과 자신감을 얻었다고 말했다.

핵심 도전 과제

- 수퍼바이저의 주요 과제는 그룹이 작업 관계에 명시적, 암묵적 계약이 여러 개 존재해서 발생하는 윤리적 함의 ethical implications를 이해하고 탐구하도록 돕는 것이다. 또 다른 과제는 마크가 이 계

약에서 자신과 모든 당사자를 위해 명확하게 그려야 할 공식적인 역할, 책임 및 경계를 분석하는 것이다.
- 수퍼바이저의 또 다른 과제는 시스템적인 역할 혼란뿐만 아니라 기대치, 역할, 책임에 대해 솔직하고 명확한 대화를 거부하는 경향을 반영하는 것처럼 보이는 병렬/평행 과정 조사하기 위해 '올바른 모자'를 선택하게 하는 것이다.

윤리적 함의

- **이해관계의 충돌**: 여러 계약(및 모자)으로 인해 역할에 혼란이 생긴다.
- **경계**: 스폰서/HR과 업무 관계의 경계가 명확하지 않았다.
- **신뢰**: 민감한 사안이 다른 HR 팀원들 앞에서 논의되어 코치와 고객 사이의 신뢰에 부정적인 영향을 미칠 수 있었다.

연구 메모

토론을 위한 성찰 질문

1. 경계를 넘은 적이 있는가? 그렇다면 어떤 경계였는가? 누가 언제 경계를 넘었는가?
2. 이 사례의 윤리적 영향을 검토하기 위해 수퍼바이저가 할 수 있는 일은 무엇인가?
3. 코치나 수퍼바이저로서 무의식적으로 어떤 역할의 모자를 선택하는 경향이 있는가? 한 역할에서 다른 역할로 전환하는 것을 어떻게 안전하게 보호할 수 있는가?

연구 과제

사례 연구 9
사별에 대한 상호교차성과 수퍼비전

저자: 몬게지 C. 마칼리마 Mongezi C. Makhalima[1]
번역: 김현주

개요

코로나19 봉쇄 기간 중 그 어느 때보다 슬픔, 사별, 상실 문제가 지속적으로 수퍼비전에 등장했다. 이에 따라 개인, 직업, 성gender, 역할, 문화와 관련된 '경계 관리' 이슈가 교차적으로 제기되었다. 이 사례 연구는 이런 요인이 코칭수퍼비전 공간에 복잡성을 제시하고, 특히 수퍼비전 회기 내에서 작업과 역할 경계로 슬픔grief과 사별bereavement의 이슈를 강조한다.

---

[1] **몬게지 C. 마칼리마** Mongezi C. Makhalima: 남아프리카공화국. 아프리카 작업 기반 학습 센터, 조직 개발 과 학습 전문가, 작가, TEDx 연사, 경영 코치로 30년 동안 기업과 NGO에서 조직 및 리더십과 함께 일한 경력을 갖고 있다. 최근에는 50대 글로벌 리더십 코치와 40대 글로벌 문화 변화 챔피언으로 선정되기도 했다. 현재 아프리카 코칭, 컨설팅 및 코칭 심리학 위원회Africa Board for Coaching, Consulting and Coaching Psychology(ABCCCP)의 의장이며, NGO, 영화, 음악 분야의 여러 이사회에서 비상임 이사로 활동하고 있다. 위트워터스랜드 Witwatersrand 대학교의 상업, 법률 및 경영학부와 위츠Wits 비즈니스 스쿨에서 교수로 재직하며 리더십 및 코칭 석사 및 고급 프로그램을 가르치고 있다. 코칭, 멘토링, 리더십에 관한 광범위한 주제를 발표하고 저술했으며 전 세계 및 지역 고객들과 함께 일하고 있다.

사례 연구

배경

전 세계는 코로나19 기간 중 정서적으로 힘든 시기를 겪었다. 이 기간에 경험이 풍부한 수퍼바이저 코치인 코피Kofi는 코치와 컨설턴트에게 수퍼비전을 제공하는 데 많은 시간을 보냈다. 코피는 또 다른 코치와 코칭을 하기도 했다.

한 수퍼비전 회기에서 코피는 10명의 코치와 컨설턴트로 이루어진 '인원이 꽉 찬full house' 그룹과 회기를 가졌다. 코피는 지난 몇 주 동안 수퍼비전 회기인 화상 공간에서 25명 이상의 참여자로 혼잡한 느낌이 들었으므로 이 회기에는 명확한 제한을 두었다. [참여 인원이 많아] 혼잡한 상황은 개인의 요구에 깊게 대응하고 학습과 자원을 공유하기 위한 넓은 공간을 만드는 것을 어렵게 만들었다.

수퍼비전 그룹에 속한 두 명의 코치가 프랙티스 관련 이슈practice-related issues를 발표했다. 한 명은 신입 코치로 느끼는 무능력감incompetence에 대해, 다른 한 명은 주어진 상황에 따른 비즈니스를 차별화해 성장하고자 하는 내용이다. 코치 가운데 한 명이 프랙티스와 관련 없는 오빠의 죽음과 그에 대해 자신이 어떻게 느꼈는지 사례를 발표하기 시작했다. 코피는 코칭이 아닌 개인적인 경험을 이야기하는 것에 놀랐지만, 이 이슈가 어디로 튈지 모른다는 생각에 조금은 여지를 두었다.

이 이슈가 그룹에서 너무 쉽게 받아들여진 것은 시기와 관련이 있었을 수 있다. 또한 참가자가 모두 여성이었기 때문일 수도 있지만, 그룹의 반응은 엄밀히 말해 수퍼비전이 아니라 잘 진행된 '그룹 치료 회기'가 되었다.

참가자들은 한 명씩 자신의 슬픔과 죽음에 대한 경험을 공유하기 시작했다. 가상 공간virtual room에는 눈물을 흘리는 참가자가 많았지만, 각자의 슬픔과 상실의 경험을 공유할 수 있는 시간을 갖게 되어 안도하는 듯 미소도 보였다. 코피는 표면적으로 상황에 쉽게 대처하는 것처럼 보였지만, 처음에는 약간 당황했다. 그렇지만 코피의 경험이 발휘되어 코치 수퍼바이저를 대신해 자리를 지키며 서로를 지지하고 연결해 주는 모습이 도움이 되는 듯했다.

코피는 제3자의 입장에서 자신과 그룹의 상황을 관찰하기 위해 그 상황에서 떨어져서 회기에서 무슨 일이 벌어지고 있는지에 대한 관찰을 공유했다. 그는 여성 고객 그룹에서 자신이 유일한 남성이었다고 말했다. 그는 방에 있는 모든 사람이 아프리카계라는 것을 알았다(그의 수퍼비전 그룹에 백인 고객이 몇 명 있긴 했지만, 이는 그의 그룹에서 그리 특이한 일이 아니었다). 또한 그는 모두가 울고 있는 동안 가상 공간에서 자신만 유일하게 울고 있지 않았다는 것을 관찰했는데, 이는 공감 능력이 부족해서가 아니라 의도적으로 [그 상황에 영향을 주지 않기 위해] 심리적 구획을 나누고 시스템의 관찰자이자 참여자가 되어 그 경계를 관리한 결과였다. 그런 공유가 끝날 무렵 코피는 자신의 발언 순서를 기다리던 사람들이 결국 자기 이야기를 공유하지 않는 것을 알았고 회기는 그렇게 끝났다.

2020년 마지막 4/4분기 동안 코피는 이것이 앞으로 닥칠 일에 대한 준비 과정이었다는 사실을 거의 알지 못했다. 첫째, 코피는 2021년 초에 중증 코로나19 증상으로 입원하여 2주간 중환자실에서 '숨을 쉬기 위해 신과 협상하는' 시간을 보냈다. 몇 주 뒤 수퍼비전 작업을 재개했는데, 그 당시에는 죽음과 슬픔에 대한 경험이 주를 이루었다. 코치가 고객을 죽음으로 잃은 경우, 부모나 다른 가족, 친구를 잃은 경우, 고객이 코치를 잃는 경우도 있었다. 2021년은 모든 수퍼비전 회기에서 죽음과 애도에 관한 이야기가 나오는 해가 되었다. 수퍼바이저 코치인 코피는 사별과 슬픔을 겪는 많은 고객을 지원해야 했고, 2주 동안 중환자실에 있었던 경험을 통해 상실과 슬픔, 사별을 이해하기 위해 일부 고객과 자기 경험을 공유하는 것이 도움이 될 때도 있었다(나중에 성찰하며 말한 것처럼 '솔직하게 코피 자신에게도').

핵심 도전 과제

이 사례에서 제시된 주요 과제는 특히 경계가 모호해지는 위기 상황에서 코치 수퍼바이저의 기능의 교차적 특성과 관련이 있다.

- 치료와 수퍼비전 사이의 고전적인 과제 경계 문제
- 수퍼바이저의 역할은 회기에 있는 사람 가운데 한 사람이면서 동시에 고객을 대신하여 여러 역할을 넘나드는 과정을 멀리서 지켜보는 관찰자이기도 하다.
- 회기에서 무의식적 또는 의식적인 성 역할에 대한 고객의 반응에 대한 질문(수퍼바이저가 여성이고 참가자가 모두 남성이었다면 어떻게 달라졌을까?)
- 수퍼바이저 코치에게 슬픔, 사별, 상실의 문화적 의미. 예를 들어 일부 아프리카 커뮤니티에는 공개적으로 애도하는 문화가 있다. 다른 문화권이었다면 이러한 문화가 달랐겠는가?

참고 문헌[2]

- 『생의 마지막 여정을 돕는 웰다잉 코칭』. 돈 아이젠하워, J. 발헤이스팅스 지음, 정익구 옮김. 한국코칭수퍼비전아카데미. 2023.
- 『슬픈 나를 위한 코칭』. 돈 아이젠하워, 안병옥, 이민경 옮김. 한국코칭수퍼비전아카데미. 2023.
- 『고통의 틈에서 아름다움 찾기:슬픔과 미망인의 여정에 대한 회고』. 펠레시아 G.Y. 램 지음, 강준호 옮김. 한구코칭수퍼비전아카데미. 2023.

---

2) [역자] 저서에는 없지만 죽음을 앞둔 고객, 죽음을 지켜보는 고객을 위한 코칭, 사별 후 셀프 코칭을 위한 저서를 소개한다.

윤리적 함의

- 수퍼비전과 치료의 경계를 넘나들며 새로운 이슈를 만들어 내거나 고객을 담아내지 못하는 경우
- 또한 고객의 개인적인 영역이 아닌 전문적인 영역에서 고객과 함께 작업하는 등 작업 경계가 모호해질 가능성도 있다.
- 자신의 문화적 맥락에서 현상을 해석하여 수행해야 할 작업의 핵심을 놓치거나(작업 외), 잠재적으로 관계를 손상시킬 수 있다.
- 성별이 다른 고객이 함께 일하고 있고 고객이 취약한 상태(눈물, 슬픔 등)인 경우, 적절한 물리적/개인적 공간 경계를 넘을 수 있는 가능성이 있다.

연구 메모

토론을 위한 성찰 질문

1. 수퍼비전과 치료의 주요 차이점은 무엇인가? 어떤 면에서 비슷한가?
2. 수퍼바이저 코치가 다문화, 다인종, 교차 성cross-gender 환경에서 일하는 것과 관련된 상호교차성intersectionality을 다루기 위해 무엇을 준비할 수 있는가?
3. 당신이 코칭이나 수퍼비전 회기에서 슬픔, 사별, 상실을 다룬 경험은 어떤 것인가? 어떤 방식으로 접근했는가? 당신의 접근 방식은 일반 수퍼비전과 얼마나 달랐는가?

연구 과제

사례 연구 10
이중 역할: 수퍼바이저 역할을 하는 코치 교육자

저자: 캐리 아놀드Carrie Arnold[1]
번역: 김현주

개요

코치 교육 프로그램에 코칭수퍼비전이 등장하기 시작했다. 평가자와 수퍼바이저 코치를 겸하는 강사의 이중 역할dual role에 대한 윤리적 검토는 아직 연구되지 않았다. 에스피날Espinal과 로드리게스Rodriguez(2023)가 스페인, 멕시코, 아르헨티나, 라틴 아메리카 일부 지역의 고급 마스터링 코칭 기술 과정 학생들을 대상으로 진행한 시범 프로젝트의 비교 연구에 따르면 '수퍼비전을 받은 참가

---

[1] 캐리 아놀드Carrie Arnold: 미국. 필딩 대학원 대학교Fielding Graduate University 교수, MCC, 박사, 교육자, 연사, 개인 코치, 컨설턴트, 진행자, 작가로 활동. 저서로는 『침묵과 소외: 여성 리더가 자신의 목소리를 찾고 장벽을 허무는 방법Silenced and Sidelined: How Women Leaders Find Their Voices and Break Barriers』. 박사 후 과정에서도 목소리와 침묵, 여성이 목소리 억압에서 회복하는 방법이 연구 주제이다. 2011년부터 자신의 컨설팅 비즈니스인 윌로우 그룹Willow Group을 운영. 조지타운 대학교에서 코치 교육, 코칭 수퍼비전 아카데미에서 수퍼비전 교육을 받았다. 국제 코칭 연맹 마스터 인증 코치로 주로 연방 정부, 의료 및 교육 고객과 함께 일하고 있다. 심리학 학사, 조직 관리 석사, 인간 발달 분야의 박사 학위를 취득했다.

자의 100%가 교육 프로그램에 수퍼비전을 포함시킬 것을 추천했다'(p.306)라고 밝혔다. 각 참가자는 이미 어떤 형태로든 어느 정도 수용력capacity을 지닌 코치로 활동하고 있었다. 시범 프로젝트를 통해 100%의 수퍼바이지가 코치로서 '하는 일'과 비교하여 코치로서의 존재 방식에 영향을 미친다는 것을 인식하게 되었다.

이러한 '존재'에 대한 인식은 성찰적 프랙티스, 정체성, 코칭 마인드가 모두 과정을 통해 심화 되었음을 시사한다. 또한 자신감과 알아차림이 높아져 코칭 역량도 향상 되었다. 이런 결과는 코치 교육 프로그램이 교육 모델을 지속적으로 업데이트하고 핵심 커리큘럼을 결정할 때 고려해야 할 중요한 사항이다. 수퍼바이저 코치는 코칭 고객이 자기 작업에 대해 성찰할 수 있는 안전한 심리적 공간을 만들어야 한다. 그러나 수퍼바이저가 학생의 역량을 평가하는 교육자 역할도 겸하는 경우 역할의 이중성duality으로 인해 윤리적 딜레마가 발생할 수 있다.

사례 연구

배경

클라리스Clarice는 주로 IT 업계에서 일하는 중견 컨설턴트이다. 25

년 이상 조직의 기술 문제 해결, 소프트웨어 구현, 시스템 전환 완료를 지원한 경력이 있다. 새로운 도전을 찾고 있던 그녀는 변화에 대한 인간의 반응을 탐색하고 고객에게 더 나은 서비스를 제공할 수 있는 코치가 되어 보라는 동료의 제안을 받았다. 클라리스는 컨설팅 회사의 지원을 받아 대학원 수준의 코치 교육 프로그램에 등록하고 과정을 시작했다. 그렇지만 프로그램을 시작한 지 몇 주가 지날 때까지 코칭과 컨설팅의 차이점을 명확하게 이해하지 못했다.

클라리스는 코치가 조언을 자제해야 한다는 전제에 대해 내면에서 의문을 가졌다. 그녀는 고객이 변화 관리에 대한 사고 파트너 thought partner를 원하기보다 문제 해결과 기술적 질문에 대한 답을 훨씬 더 기대한다고 생각했기에 이 개념과 코칭을 컨설턴트 업무에 통합하는 방법에 대해 고민했다.

클라리스는 실시간 수업에서 동기들과 두 명의 교수에게 자신의 고민과 개인적인 경험을 공유했다. 교수 가운데 한 명인 얀센 Jansen 박사는 많은 코치 신입생들이 이 개념에 어려움을 겪는다며 클라리스의 고민을 일반화normalised했다. 정답에 대한 집착을 버리고 불확실성의 공간에 있는 것은 어려운 일이다. 얀센 박사는 클라리스에게 코칭 프랙티스에서 고객과 함께 일할 때 문제를 해결하고자 하는 본성을 내려놓으라고 권유하고 전적으로 코칭 '마인드 셋/마음가짐'에 머물도록 독려했다. 두 강사는 대화를 함께 진행하며 코치가 된다는 것은 프로세스를 신뢰하는 것을 의미한다는 점도 공유했다. 컨설턴트로서의 역할과 코치로서의 새로운 역할 및 정체성의 통합 또는 분리는 프로그램을 진행하며 더욱 분명해졌다.

클라리스는 수업 시간에 문제 해결에 대한 전문 지식을 한쪽으로 치워놓기 위해 열심히 노력했다. 그러나 관찰한 처음 두번의 코칭 회기는 그녀의 지시, 멘토링, 문제 해결이 혼합된 형태였다. 그녀는 고객이 생각하고, 느끼고, 성찰할 수 있도록 충분히 느린 속도로 명확하고 직접적이며 개방적인 질문을 하지 않았다. 또한 클라리스는 고객과 파트너가 되어 진행하는 실습 회기에서 어떤 일이 일어날지 고객이 선택하도록 하는 데 어려움을 겪었다. 그녀의 멘토 역할을 맡은 얀센 박사는 이러한 피드백을 서면으로 제공하고 코치로서 성공하는 데 필요한 역량과 '마음가짐'을 충분히 갖추도록 계속 멘토링하기로 합의했다.

교육 프로그램 6개월째에 얀센 박사는 클라리스의 코칭이 크게 개선된 것을 확인했다. 다섯 번째와 여섯 번째 동료 학생들과의 코칭 회기에서 상당한 진전을 보였고, 얀센 박사는 클라리스가 최종 코칭 평가를 통과할 수 있다고 확신했다.

과제

훈련된 수퍼바이저이기도 한 얀센 박사는 코치 교육 프로그램의 마지막 달에, 다른 교수진 수퍼바이저 가운데 한 명이 가족에게 긴급 상황이 발생하여 수퍼비전 회기를 맡아달라는 요청을 받았다. 얀센 박사는 흔쾌히 수락했다. 온라인 수업에 참여하니 6명의 학생이 있었고 그 가운데 2명이 그녀의 멘티였고, 한 명은 클라리스였다.

코칭 수퍼비전

얀센 박사는 참석자들의 시연 프랙티스로 그룹 수퍼비전을 시작했다. 비밀 유지와 심리적 안전에 대해 논의하고 수퍼바이지들에게 고객 사례를 생각해 보도록 초대했다. 그룹 수퍼비전의 초기 안건은 모든 사람이 고객과 함께 겪고 있는 문제를 간략하게 말하도록 하는 것이었다. 그런 뒤 그룹은 어떤 사례를 먼저 다룰지 결정했다. 클라리스는 자신의 코칭에 잘 반응하지 않는 고객이 있는데, 고객의 알아차림, 성장, 책임감을 촉진하는 방법에 대한 제안을 찾고 있다고 말했다. 6명의 수퍼바이지가 각자의 어려움을 간략하게 공유한 후, 클라리스의 사례가 첫 번째 다룰 사례로 선정되었다.

얀센 박사는 클라리스에게 5분 더 자세한 내용을 논의하고 가지고 있던 의문 하나를 공유해 달라고 요청했다. 클라리스는 사례를 발표하면서 다음과 같이 언급했다.

- "저는 그에게 그 길을 선택하면 프로젝트가 실패할 것이라고 말했습니다."

- "시스템 요구 사항을 우회할 수 있는 몇 가지 방법을 예시로 제시했습니다."
- "과제로 고객에게 다른 소프트웨어 솔루션을 살펴봐야 한다고 말했습니다."

클라리스는 "잘못된 선택을 하고 있다고 생각되는 사람을 어떻게 도울 수 있을까?"라는 의문이 가장 컸다고 말했다.

얀센 박사는 그룹 참가자들이 클라리스의 사례에서 무엇이 떠오르는지 스스로 성찰할 수 있도록 했다. 또한 참가자들에게 한두 가지 질문을 말하게 한 다음, 모두가 공유한 뒤 클라리스에게 가장 공감이 가는 질문에 대해 답변하도록 했다.

수퍼비전에서 제시된 성찰적인 질문에는 다음과 같은 것들이 있었다.

- 이 고객과의 코칭에서 가장 필요한 코칭 역량은 무엇인가요?
- 어떤 병렬/평행 과정이 일어나고 있을 수 있나요?
- 이 선택이 잘못된 선택일 수 있다는 현상을 몸의 어느 부분에서 경험하고 있나요?
- 이 고객에게 아무 변화가 없다면 그것은 당신에게 어떤 의미가 있나요?
- 이 고객과의 관계를 어떻게 설명하시겠습니까?

- 이 고객이 조언을 원하지 않거나 필요로 하지 않는다면 어떻게 해야 하나요?

클라리스는 이 질문에 이렇게 대답했다.
"이 고객에게 아무 변화가 없다면 그것은 당신에게 어떤 의미가 있나요?" 클라리스는 고객이 최신 정보, 최신 기술 연구, 코치의 전문 지식에 접근할 수 있는 것이 얼마나 중요한지 공유하면서 대답했다. 얀센 박사는 참가자의 질문을 바탕으로 다음과 같이 질문했다.

- "이 고객에게 아무런 변화가 없다면 컨설턴트인 클라리스는 어떻게 하고 싶나요?"
- "이 고객에게 아무런 변화가 없다면 코치인 클라리스는 어떻게 하고 싶나요?"

클라리스는 질문에 따라 대답하기 힘들어하며 어떻게 해야 할지 모르는 고객과 함께 일할 때는 전문 지식을 공유하는 것이 중요하다는 자신의 가치관을 계속 강조했다.

얀센 박사는 클라리스에게 이런 실제practice 고객과 함께 일할 때는 코치 역할만 하라는 제안으로 고객 사례 토론을 마무리했다. 이어서 고객과 협력하는 방법에 대한 제안을 통해 클라리스를 수퍼비전했다. 또 각 회기가 시작될 때 코칭마인드로 돌아가는 방법에 대한 멘토링도 제공했다. 클라리스는 "고객의 프로젝트가 실패하는 것을 지켜보는 것만으로도 힘들다."라고 인정하면서 피드백을 받아들였다.

수퍼비전 회기가 끝난 뒤, 얀센 박사는 수퍼비전에 참석했던 동료 참가자으로부터 클라리스가 고객을 코칭하는 것이 아니라 코칭 고객과 컨설팅 업무를 연장하고 이를 코칭 시간으로 주장하고 있다는 우려의 전화를 받았다. 얀센 박사는 이 정보를 검토한 후 프로그램 책임자에게 전화를 걸어 클라리스와의 프로그램 진행 상황에 대해 논의했다. 얀센 박사는 보고 들은 내용을 바탕으로 해당 클라리스의 졸업에 대해 우려를 표명했다.

핵심 도전 과제

- 코칭 수퍼비전은 미주 지역에서는 아직 생소하며 코칭 수퍼비전을 통합한 코칭 프로그램도 거의 없다. 수퍼바이저 자격을 갖춘 코치 교육자도 거의 없다. 수퍼바이저와 강사의 이중 역할을 수행하는 사람들은 학생들이 수퍼비전이 멘토링과 어떻게 다른지 이해하도록 해야 한다. 또한 학생이 코치 교육 프로그램이 요구하는 자격 수준에 어긋나거나 이수를 지연시킬 수 있는 고객 사례를 수퍼비전에 가져올 때 수퍼바이저가 어떻게 대응해야 하는지에 대한 문제도 있다.

윤리적 함의

- **역할 혼동**: 성찰적 수퍼비전 회기에서 얻은 정보가 코칭 교육 프로그램에서 평가 역할을 맡고 있는 교수진에게 알려졌다.
- **수퍼비전과 교육 사이의 경계**: 교수진은 수퍼비전 내에서 그리고 다른 학생을 통해 학생의 잘못된 코칭 프랙티스를 알게 되었다.
- **수퍼비전 시기**: 코칭 교육 프로그램 내내 학생이 수퍼비전과 멘토링에 대한 이해가 명확하게 형성되지 않았다.
- **역량 대 기밀유지**: 교수진은 코칭 역량과 관련하여 성찰적 수퍼비전에 내재되어 있는 기밀을 관리하지 못했다.

토론을 위한 성찰 질문

1. 얀센 박사는 수퍼비전 회기 전, 도중, 후에 어떤 조치를 취했어야 했는가?
2. 프로그램 책임자는 어떤 조치를 취해야 했는가?
3. 학생(A)이 다른 학생(B)에 대해 비윤리적이라고 생각되는 것을 알게 된 경우 그들(학생과 교수진)은 어떤 책임을 져야 하는가?

참고 문헌

- Espinal, E., & Rodriguez, A. (2023). Introducing supervision into training programs for professional coaches. In F. Campone, J. A. Digirolamo, D. Goldvarg, & L. Seto (Eds.), *Coaching Supervision: Voices from the Americas* (pp. 288-309). Taylor & Francis.

연구 메모

연구 과제

5장
팀 코칭

팀 코칭의 복잡성에 초점을 맞춘다. 계약 불이행, 리더십의 유산, 코치 역량, 기밀 유지의 어려움으로 인해 발생하는 도전과제를 살펴본다.

사례 연구 11
윤리 또는 가치의 문제인가?

저자: 잉엘라 캄바 러들로 Ingela Camba Ludlow[1]
번역: 김상복

개요

코치 교육과 자격증을 통해 훈련생들은 고객과 가치 충돌을 다루고 지원할 수 있는 역량을 갖춘다. 그러나 실제로 고객과 가치 충돌을 겪을 준비가 되어 있는 코치는 그리 많지 않다. 가치는 단순히 좋아하는 것이나 취향의 문제를 넘어 고객과 두 사람의 정체성에 중요한 축이다. 이런 순간이 오면 코치는 불행한 사건, 운이 좋지 못한 날 또는 그런 고객은 '코칭하기 힘든 고객이다'라는 잘못된 판단

---

1) **잉엘라 캄바 러들로**Ingela Camba Ludlow: 멕시코의 독립 코치. 잉겔라는 마음과 인간관계를 자신의 인생 프로젝트로 삼고 있다. 코칭수퍼바이저, 체계적 팀 코치, 임원 코치이며 2020년부터는 세계 최대 규모의 화상 시스템 팀 코칭 교육 프로그램인 WBECS의 교수진으로 활동. 현재 신경정신분석을 전공으로 현대 정신분석학 박사 과정 중이다. 최근 연구 대상은 팬데믹과 감금이 주는 사회적 영향이다. 『정신분석과 코칭 수퍼비전의 유머Humor in Psychoanalysis and Coaching Supervision: 삶에서 개입까지From life to Intervention』(2022, Routledge)의 저자이다. 전문가와 일반 대중이 유머를 통해 세상과 관계를 맺고 삶의 역경에 맞설 수 있는 방법을 찾게 돕는 것을 목표로 한다. 멕시코에 거주하며 전국 신문에 정기적으로 글을 기고하고 있고 라디오와 TV에도 출연한다.

으로 기울게 된다. 이런 순간을 겪을 때 코치는 처음에는 주로 경험 부족으로 자신이 부적절하다고 느끼기도 한다.

이 사례는 렌즈를 통해 두 가지 상황을 검토한다. 프랙티셔너들은 자기 관점에서 검토할 수 있는 지침을 갖게 될 것이다.

팀 코칭할 때는 목격자가 없는 일대일 코칭과 비교해 **팀원들이 청중**이 되기 때문에 긴장감이 더 높아진다. 따라서 코치의 개입은 한 개인이 아닌 팀 전체의 유익을 위해 '본보기'여야 하며, 코치 역시 타이밍이 본질이기에 **정확한 순간**에 이를 코칭할 수 있는 충분한 용기가 필요하다.

사례 연구

배경

자동차 산업의 선도적인 회사는 고객과의 관계 개선이 필요하다는 점을 파악했다. 이 회사는 재무, 운영, 영업, 고객 서비스 등 여러 팀으로 구성되어 있었지만 이 팀들에게 새롭게 한 방향으로 이끌어 줄 리더십 팀을 구성하지 못했다.

과제

12개월에 걸친 장기 코칭이 진행 중이다. 코칭 계약coaching contract에는 팀 관리자와 팀장 대상 개인 코칭과 함께 팀 코칭도 같이 진행하기로 했다. 목표는 고객과의 여정에서 만족도 점수를 높여 비즈니스 결과에 긍정적 영향을 미치는 것이다. 이 사례는 장기 코칭 계약에서 발생한 두 가지 상황 시나리오이다.

팀 코칭: 상황 1

팀원들과의 개별 인터뷰에 앞서 팀 리더들이 모였고 관리자는 코치를 팀에 다음과 같이 소개했다. "여러분 모두 자기 분야에서 수년 동안 훈련했음에도 각 팀에는 바보들로 가득 차 있어 우리를 도와줄 전문가가 왔다!" 이는 코치로서는 리더가 협력해야 할 동료들에게 이런 식으로 말할 것이라는 힌트가 없었기에 전혀 예상치 못한 일이었다. 관리자가 이 말을 하는 순간에는 급하게 지나갔지만 코치가 잠시 멈춰달라고 요청하자 매우 긴장된 순간이 되었다. 코치는 이런 식으로 말하는 방식에 의문을 제기했다.

팀 코칭: 상황 2

이 프로젝트에서는 일대일 회기에서 많은 개인이 코치에게 비밀을 털어 놓았다. 또 전체 시스템에 심각한 해를 끼치는 것이 무엇인지 공개적으로 공유하기도 했다. 그렇지만 이런 내용은 팀의 심리적 안전감psychological safety 부족 때문에 팀 코칭 회기 중에는 표면화할 수 없었다. 팀과 코치가 팀으로서 그들의 주요 과제가 무엇인지 파악하려고 노력하자 긴장은 최고조에 달했다. 침묵만이 응답이었다.

핵심 도전 과제

- 보기에 따라서는 모욕을 주고 존중이 부족하다는 점을 알고 있으면서도 동시에 팀 관리자와의 [작업] 동맹을 유지하고 그의 권위를 위협하지 않는 방법으로 팀을 성찰로 이끄는 방법은 무엇인가?
- 팀 관리자가 구축한 문화적 환경의 일부로 이미 두려움이 심어진 환경이다.
  - 이를 해결하는 방법은 무엇인가? 이 개입은 개인이 코치에 대한 신뢰를 방해하는 어떤 기밀도 위반하지 않고 수행해야 한다.
- 개인적 상호 작용에서 전환해 팀 대화가 시작하도록 한다.
  - 문화적으로 용인된 습관을 활용하여 고객과 자신을 위해 만들고 싶은 문화를 성찰할 수 있는 방법으로 코칭 대화가 이뤄지도

록 팀을 초대한다.
- 현재 가치와 원하는 가치를 성찰한다.
  - 이는 조직에서 기대되는 가치와 조직 내에서 실현되는 가치와 관련이 있다.
- 작업 동맹working alliance 또는 황금 행동 규칙golden rules의 중요성을 지렛대로 활용한다.
  - 이에 대해 코치가 사전에 가질 수 있는 작업가설이 있다면 정리해 보자.

연구 메모

윤리적 함의

- **가치 충돌**conflicts of value: 개인의 가치는 토론에서 자주 등장하고 합의에 도달하는 과정에서 사람들 사이에 충돌을 야기할 수 있다. 충돌하는 가치를 파악하면 논쟁을 해결하는 데 도움이 된다.
- **경계 설정**setting boundaries: 작업동맹 또는 황금률은 관계와 토론이 이루어지는 틀을 제시하며, 상호 존중을 갖게 한다. 그러나 일부 팀은 역동적 분위기에 익숙해져 기본 규칙의 일부를 간과할 수 있다. 코치는 명예를 존중하면서도 훈계하지 않고 친절하고 솔직한 호기심을 자극하는 방식으로 개입해야 한다.
- **도덕성 경쟁에 주의**: 가치의 대립에 휘말리면 누가 옳다고 말하고 상대방이 틀렸다고 암시함으로써 단순한 대화로 미끄러지기 쉽고 결국에는 도덕성 경쟁으로 느껴질 있다.
- **책임 있는 행동**: 코치는 경멸적 언어 사용으로 인식된 팀 관리자가 자신의 행동에 책임을 질 수 있도록 건설적으로 이의를 제기할 방법을 찾아야 한다.

토론을 위한 성찰 질문

1. 두려움에 대한 알아차림을 어떻게 활용하여 두려움과 신뢰 부족을 방지할 수 있는가?
2. 발생한 이슈를 해결하기 위해 사전에 계약 체결을 어떻게 할 수 있는가?
3. 가치의 차이를 파악하는 것이 이 상황을 더 공감적으로 해결할 수 있는가?

연구 과제

사례 연구 12
팀 코칭 계약에서 주목할 점

저자: 데이비드 매튜 프라이어David Matthew Prior[1]
번역: 김상복

개요

이 사례는 일대일 코칭의 폭넓은 훈련과 실천을 거치고 베테랑 기업 트레이너 경험도 풍부한 임원 코치의 경험이다. 팀과 계약을 맺고 넓은 조직 시스템 안에서 코칭으로 전환할 때 팀 코칭에서 발생할 수 있는 위험peril과 가능성 모두를 보여주는 사례이다. 딜레마는 팀과 팀 리더와의 초기 계약 단계에서 발생한 일과 복잡한 조직 그

---

[1] **데이비드 매튜 프라이어**David Matthew Prior: 미국 MCC, BCC, ACTC, Getacoach.com, 금융 서비스, 보험, 통신, 공공, 홍보, 음악, 패션, 소비재 등 홍보, 음악, 소비재, 기술, 컨설팅 회사, 광업, 생명공학, 해운, 의료, 국제기구 등 다양한 산업 분야에서 20년 이상 글로벌 임원 및 고위급 리더와 함께 일한 조직 코칭 경험을 갖고 있다. 리더십 개발을 위한 접근 방식은 비즈니스, 조직, 팀, 리더십이 일과 삶에서 진정성 있는 공적 및 사적 입장을 동시에 견지할 수 있도록 성과와 통합성/일치성에 초점을 맞춘다. 이 두 가지가 만나는 곳이 바로 통합적 리더integral leader가 사는 곳이다. 리더와 팀원들이 거주하는 이 공간은 진실성, 안전, 구조, 커뮤니케이션 숙달이 요구되는 공간이라는 관점에서 리더십 개발에 접근한다.
컬럼비아 대학교에서 조직 코칭을 강의한다. 대학의 코칭 프로그램에서 30개국 이상에서 1,000명 이상의 고위급 리더를 지도하고 코칭했고, 5,000명 이상의 임원 코치를 양성하고 100개 이상의 조직에서 성과를 창출한 경력을 갖고 있다.

물망 안에서 잠재적 이해관계자의 다양한 의제가 어떻게 빠르게 얽히게 되었는지가 초점이다.

이 사례는 적절한 팀 진단과 개입을 위해 코치의 신중하고 집중적인 **윤리적 구분**ethical sorting이 필요함을 보여준다.

사례 연구

배경

리처드Richard는 10년 동안 공인된 임원과 조직 코치로 풍부한 경험을 쌓았다. 최근 2년의 고객 구성은 소매 조직retail organization 임원급 리더의 코칭이다. 코칭 파트너였던 임원은 물론 인적자원 비즈니스 파트너HR Business Partner(HRBP)인 엘렌Ellen에게도 극찬을 받았다. 엘렌은 리처드에게 마케팅 팀코치가 되어 달라고 요청했다. 회사의 글로벌 비즈니스에 속도를 내야 할 상황에서 어려움을 겪고 있기 때문이다. 오프라인 매장에서 디지털 중심의 전자상거래로의 전환이 주요한 과제이다.

리처드는 이 제안이 매우 기쁘고 의욕이 넘쳤다. 이유는 자신의 활동 분야를 팀 코칭 작업으로 확대를 서두르고 싶었기 때문이다. 리처드는 재빨리 6개월 기간의 팀 코칭 제안서를 작성하여, 회사와 임원 코칭을 계약하는 컨설팅 회사에 제출했다. 며칠 뒤 컨설팅 회사는 리처드에게 이메일을 보내 고객 조직에서 제안서를 승인했으며, 6개월간의 팀 코칭 계약 전체에 대한 청구서를 요청했다. 리처드는 팀과 작업 전에 전체 비용을 즉시 송금받았다.

과제

리처드는 엘렌과 첫 미팅을 가졌다. 엘렌 역시 리처드의 합류를 환영했다. 그는 마케팅 팀으로부터 과중한 업무, 자원 부족, 스트레스, 팀 내 갈등 관리 요구 등 많은 불만을 처리하고 있었기 때문이다. HRBP로서 엘렌은 리처드에게 자신이 팀과 팀 리더와 매우 긴밀히 협력하고 있지만 자신은 팀의 공식적인 구성원은 아니라고 안심시켰다. 엘렌은 리처드에게 팀원의 성격과 행동 프로필, 개인 생활에 대한 세부 정보를 제공했다. 조금 불편함을 느끼기 시작한 리처드는 전일 프로그램retreat 전에 팀 리더와 일대일 미팅이 필요하다고 요청했다. 엘렌은 팀장의 일정표에서 두 사람이 만날 수 있는 시간을 30~45분 정도 찾아보겠지만 팀장도 상당히 빡빡한 일정이고 매우 피곤할 것이라고 말했다.

리처드는 별도 장소offsite에서 팀원들과 정성적 인터뷰를 시작하고 온라인 **팀 효과성 진단**을 했다. 리처드는 전체 모임 열흘 전, 팀장 카린Karyn과 45분간 대면 인터뷰를 진행하며 그녀가 리더십에 부과되는 조직과 비즈니스 요구로 상당한 스트레스를 받고 있다는 사실을 알게 되었다. 카린은 스트레스가 많은 직장 환경을 고려할 때 자신의 팀이 시장 경쟁자에게 패배할 수도 있다는 잠재적 위험으로 불안감을 드러냈지만, 필요한 경우 팀원 각자에게 개인 코치가 배치되어 있다는 사실에 위안을 받는 듯했다. 팀장 입장에서 그녀는 이번 전일 프로그램을 통해 업무량에 대한 불안감을 줄이고 팀원 사이의 골치 아픈 대인관계 갈등을 해소할 수 있을 것이라는 기대가 컸다. 불안한 마음으로 회의를 마치고 나오던 리처드는 복도에서 엘렌과 마주쳤다. 그녀는 카린과의 회의 내용을 자세히 알고 싶어 하며, 다가오는 전일 프로그램 참석에 대한 열의와 설렘을 표현했다.

이후 리처드는 프로그램 일정을 위해 엘렌과 후속 미팅을 가진 후, 프로그램 이틀 전에 엘렌의 전화를 받았다. 카린이 개인 사정으로 전일 프로그램에 참석할 수 없다는 사실을 알려 주며 리더가 전체 모임을 그대로 진행해도 괜찮다는 의사를 전했기에 일정대로 추진한다는 내용이다. 리처드는 준비에 투자한 시간, 장소 예약에 소요된 비용, 모든 팀원의 일정을 조율하고 조정하는 데 필요한 집단적 노력을 고려할 때 이렇게 늦은 시점에 일정을 취소하는 것은 시스템에 영향을 미칠 수 있어 팀 코칭에 조직적 압박감을 느꼈다. 이런 상황에서 갈등과 시간 압박에도 프로그램을 진행하려는 고객의 열망이 높았고, 고객의 의제에 집중하면 성공적인 팀 코칭 참여가 이루어질 것이라는 믿음을 스스로에게 다짐했다.

코칭 진행

리처드는 프로그램 당일 아침 일찍 도착했다. 엘렌은 뜻밖에도 동행한 주니어 인사 담당 비서인 제니Jenny를 소개했다. 제니는 프로그램 진행 중 조용히 관찰자로 참여한다는 사실을 알려 주었다. 리처드는 전일 프로그램 회기the retreat session에서 공유된 정보의 기밀 유지를 포함한 기본 규칙을 수립한 후 은유 관련 활동activity과 함께 팀 진단 평가 보고를 진행했다. 오전은 팀원들의 '심리적 안정'과 '투명한 나눔'에 집중하며 순조롭게 진행했다.

점심 식사 후 리처드는 업무 흐름 프로세스 관련 활동workflow process activity을 시작하며 팀이 3일간의 집중적인 업무 관련 전략 매핑을 마치고 오늘 바로 이곳에 도착했다는 사실을 알게 되었다. 오전보다는 팀의 긍정적인 감정 에너지가 약해지는 듯했다. 리처드는 화이트보드에 업무 흐름 프로세스 활동을 설명하던 중, 팀원들이 눈을 동그랗게 뜨고 있는 엘렌과 주니어 인사 담당자를 힐끗 쳐다보며 참여하고 있다는 사실을 발견했다. 오후 커피 타임에 엘렌과 제니는 팀원들과 개인적으로 대화를 나눈 뒤, 리처드에게 분위기가 내리막길을 가듯 너무 빠르게 진행되고 있어 팀원들이 불만족스러워하고 있음을 알려 주었다. 리처드는 오후의 남은 활동을 팀 학습을 위한 그룹 토론으로 전환하고 각 팀원으로부터 개별적인 실천 약속을 받아내며 하루 일정을 한 시간 일찍 마무리했다.

다음 날 리처드는 카린에게 전화로 어제 프로그램에 대한 디브리프를 요청했고, 통화 도중 엘렌이 이미 오늘 아침 일찍 카린과 전화 회의conference call를 소집했고, 팀원들의 기밀 사항을 공유하며 프로그램이 팀 사기에 부정적인 영향을 끼쳤다고 보고했다는 사실도 알게 되었다. 카린은 다음 주에 리처드에게 다시 연락하겠다고 말했다.

월요일 아침 리처드는 작업 파트너인 카린과 엘렌이 주말에 비공개 회의를 한후 컨설팅사에 전화했고, 컨설팅사 수석 파트너의 긴급한 전화를 받았다. 그는 아무런 추가 질문 없이 팀 코칭 계약을 즉시 종료해야겠다고 통보했다. 리처드는 모든 팀원은 물론 HRBP와의 연락도 중단하라는 지시를 받았다. 컨설팅 회사 파트너는 리처드에게 선불로 지불한 코칭 계약금의 50%를 반환할 것을 요청하면서도 조직에서는 여전히 리처드를 조직의 다른 리더들과 일대일 코칭을 계속할 수 있는 임원 코치로서 높이 평가하고 있다고 안심시켰다.

핵심 도전과제

- 윤리적 주춧돌ethical cornerstones을 확인한다.
  목적에 적합하다는 것은 팀코치가 팀 코칭에 대한 명확한 정의와 철학적 방향을 갖고 있고, 다양한 상황과 복잡한 조직, 비즈니스 맥락에 가장 적절한 개입에 대한 증거 기반 근거를 제공할 수 있는 능력을 갖추고 있다는 의미이다.

- 암묵적 의제를 세부적으로 열거한다.

복잡한 사회 시스템에서 작업하는 경우 외부 코치는 다양한 구성원(예: 팀원, 팀장, 팀, HR 비즈니스 파트너, 조직 변화, 비즈니스 필수 사항, 내부 및 외부 이해관계자)이 보유한 여러 코칭 의제를 매핑하고, 주요 고객 의제 보유자로서 팀 안에서 표면화되고 종합적으로 통합할 수 있게 하는 것이 당연한 의무이다.

- 정서적 불안/거북함uneasiness을 처리하고 조정해낸다reconile.

팀 코치로서 고객과의 관계에서 무엇이 '올바른right' 행동인지, 고객의 요구를 충족시키기 위한 윤리적 의사결정이 무엇인지 자기 의심과 불확실성이 증가되는 다양한 정서를 경험하게 될 것이다. 팀 코치는 전문적 지원과 파트너를 통해 공감적 검증, 공정한 관점, 전략적 공명판sounding board, 자문적 전문 지식consultative expertise을 얻을 수 있다.

윤리적 함의

- **목적 적합성**fit for purpose: 팀코치가 팀 코칭과 관련된 모든 이해관계자(예: 팀 코치, 팀 리더, 팀원, 팀 스폰서, 팀 컨설턴트)가 당면한 작업에 참여할 수 있는 준비성/준비되어 있음readiness과 각오가 된 상태preparedness를 갖추었는지 확인한다.
- **권력**power**와 권위**authority: 팀 코칭 파트너십 내에서 팀 참여 설계, 시작, 참여, 평가 및 종료와 관련된 주요 결정을 누가 내리는지 권한 부여 환경을 명확히 한다.
- **도구로서의 팀 코치**: 인지적, 정서적, 사회적, 신체적 능력somatic capabilities의 레퍼토리를 활용하여 긴급한 상황 이벤트를 인식, 보고하고, 대응하는 팀 코치의 수행 능력performative ability을 미세 조정한다.

연구 메모

토론을 위한 성찰 질문

1. 이 사례에서 리처드에게 보다 나은 윤리적 분별력ethical discernment과 의사결정을 개선하기 위한 성찰 시간을 제공해 주는 조기 경고 신호에는 어떤 것이 있는가?
2. 인적자원 비즈니스 파트너와 같은 비 구성원이 팀 코칭에 참여하며 해야 하는 적절한 역할은 무엇인가?
3. 리처드는 향후 팀 코칭 실천을 안내할 윤리적 나침판ethical compass/[에움길, 둘러서 돌아가는 길]을 만들기 위해 지금 구체적으로 무엇을 해야 하는가?

연구 과제

사례 연구 13
예측할 수 없는 팀 리더십 유산 탐색

저자: 두미사니 마가드렐라Dumisani Magadlela[1]
번역: 김상복

개요

팀 코칭은 멘토링이나 치료와 같은 다른 인간 개발 방식modialities에 비해 비교적 새로운 개념이다. 코칭이 개인과 조직 시스템에 미치는 영향에 관한 연구에 따르면 코칭은 코칭을 받을 준비가 된 개인과 조직이 수행할 수 있는 가장 강력한 혁신적 개발 개입 중 하나라는 사실이 일관되게 밝혀졌다. 반면에 팀을 이해하고 팀이 무엇인지 그 정의는 여전히 논쟁의 여지가 있는 주제이다.

팀에 대한 일반적인 정의 가운데 하나는 팀이 "상호 보완적인 기술을 가진 소수의 사람들이 공동의 목적, 성과 목표 및 접근 방식에 전념하고 상호 책임을 지는 것"이다(John Katzenbach, 1994, Clutterbuck, 2020. p.28). 팀 코칭은 팀 전체와 협력하여 팀의 목적을 달성하고 조직과 이해관계자에게 최선을 다해 서비스하기 위

---

[1] **두미사니 마가드렐라**Dumisani Magadlela: 본 저서의 편집자. 편집자 소개 참조

해 팀의 강점을 활용하도록 하는 것이 포함되어 있다.

이 사례 연구는 팀, 팀 리더, 팀 코치가 직면한 팀 코칭 시나리오를 소개한다. 이 사례는 전환기에 있는 팀에서 많은 사랑을 받던 팀 리더를 대체하는 새로운 팀 리더의 인식과 어려운 관계 역동을 살펴본다.

사례 연구

배경

사례 연구는 아프리카 전역의 여러 국가에서 운영되는 한 국제적 통신 기술 회사에서 실제 팀 코칭을 진행하며 도출된 것이다.

고객사는 여러 국가에 지사(팀원들도 지사라고 부른다)를 두고 있다. 이 기업은 아프리카 25개국 이상에서 사업을 운영하며, 향후 더 많은 국가에 지사를 설립할 계획이다.

이 사례 연구는 코칭을 받고 있는 여러 팀 중 한 팀과의 팀 코칭 계약에 초점을 맞춘다. 이 팀은 6개국에 흩어져 있는 8명으로 구성된 영업팀이며 팀원들은 정기적으로 화상으로 만나는 팀virtual team이다. 팀 리더인 요한Johan은 아프리카 대륙에 기반을 두고 있지 않고 서유럽 본사에 근무하고 있다. 요한은 1년 전 아프리카 현지 사업장의 카리스마 넘치는 리더였던 문투Muntu가 심장마비로 사망하면서 팀을 물려받았다. 요한은 유럽 출신의 백인 남성이었고 문투는 아프리카 국가 출신의 흑인 남성이었다.

이 사례 연구의 초점은 유동적이고 끊임없는 변화하는 관계의 특성에 있다. 모든 당사자 사이의 관계, 특히 팀과 요한, 팀과 팀 코치인 템바Themba 사이의 관계이다.

과제

코칭 개입coaching engagement의 목표는 조직 전체의 공동 목표이다. 각 팀의 관리자나 리더는 비즈니스 전체를 지원하기 위해 배정된 팀 코치 패널 중에서 자기 팀의 팀 코치를 선택해야 했다.

조직에서 팀 코칭에서 중점을 두는 분야 가운데 하나는 팀이 더 강한 결속력을 구축하고 지역 전체에서 브랜드를 성장시키기 위해 팀원들이 각자가 중요한 역할을 인식하도록 지원하는 것이다. 이것이 이 팀의 목표였다. 팀 코칭 참여는 한 고위 팀원의 말에 따르면 '팀원 전체가 존중하고 사랑하고 존경하는' 문투가 세상을 떠난 후 도입되었다.

코칭 진행

조직 전체를 보고 작업하는 외부 팀 코치들은 모든 가상 팀 코칭 회기 전에 팀 리더와 정기적으로 만나야 했다. 회기 전 팀장과의 만남은 각 팀 코칭 회기 직전에 조직과 팀의 에너지와 역동을 '감지'하기 위한 시스템 점검이나 감을 잡기 위한 것이다.

요한은 아프리카 대륙 전역에서 비즈니스 개발을 주도하고, 새로운 혁신 솔루션을 개발하고자 젊은 아프리카 비즈니스 리더들로 구성된 역동적인 팀과 함께 일하게 되어 기대가 크다고 말했다. 그는 사랑을 받았던 고인이 된 전임 팀장 문투를 여전히 팀원들 내에서 언급되는 점에도 불만이 컸다. 팀장 브리핑에서 여러 차례 "유령과 경쟁하는 것은 불가능하다."라는 농담을 던지며 웃음을 터뜨렸다. 템바Temba는 문투를 만난 적이 없었다. 그는 팀을 물려받은 새 팀장으로부터 '훌륭하고 영감을 주는' 리더였던 문투에 대해 들었을 뿐이다.

팀 코칭 회기를 시작하기 전, 모든 팀원들이 팀 진단 설문지를 작성해야 했다. 설문조사는 팀 코칭 참여를 지원하기 위한 조직 및 팀 데이터와 정보 수집에 목적이 있다. 팀 진단 설문조사의 결과는 대체로 긍정적이었으며 팀 코칭 회기에서 함께 일할 수 있는 기회에 대해 환영하는 분위기였지만, 팀원들은 '계속되는 비즈니스 회의가 지루하고 고된 일'에 대해 불만을 토로한 것과는 대조적이었다. 이들은 비즈니스 회의 이외의 시간에는 서로 교류할 수 있는 기회를 갖기를 원했다. 나머지 결과는 팀과 팀원들의 역동에 대해 분명 긍정적이었지만, 요한이 걱정했던 것은 설문조사 결과의 일화逸話, 특히 내러티브적인 측면이었다.

진단 결과를 제출하고 요한과 내용을 처음 공유한 후, 그는 팀원들의 관계에 대해 일부 팀원들이 표현한 정서에 대해 불편한 감정을 드러냈다. 요한은 팀 코칭 회기가 '새로운 팀 리더이자 외부 팀장'인 자신에 대한 불만을 불러일으키거나 자신에 대한 담합을 조장할 수 있다는 점을 반복해서 밝혔다. 그러나 그는 아직까지 팀 내에서 담합의 징후를 경험하거나 느끼지 못했다고 인정했다. 그는 지역 외부에 기반을 둔 리더로서 팀에 불이익을 끼치기 전에 예상하고 이에 대비해야 한다고 말했다.

다음 세 번째 팀 코칭 회기는 일정이 몇 차례 지연된 후 진행되었다. 요한은 템바에게 미팅을 요청했다. 미팅에서 요한은 팀이 나아갈 방향이 명확해질 때까지 팀 코칭 회기를 일시 중지하고 싶다고 말했다. 몇몇 팀원들은 팀 코칭 회기를 계속 진행하는 것에 대해 문의하기 위해 별도로 템바에게 개별적으로 연락을 취했다.

핵심 도전 과제

- 팀 코치의 역할은 새로운 팀 리더와 팀이 공통점을 찾을 수 있도

록 지원하는 것이다.
- 팀 코치는 팀 리더가 팀 코칭 회기를 일시 중지한 후에도 팀 코칭 회기를 계속해 달라는 팀원들의 요청에 직접 대응해야 했다.

윤리적 함의

- **의식적 무의식적 편견**: 팀 리더를 지원하는 코치의 역할
- **시스템적, 지위적 권위**: 팀 내에서 자신의 영향력에 대한 팀 리더의 인식perception 관리
- **신뢰와 기밀유지**: 의식적으로 신뢰 관계를 강화하는 것. 팀 코칭 참여 시작부터 모든 당사자에게 기밀 유지를 보장한다.

연구 메모

토론을 위한 성찰 질문

1. 이 상황을 해결하기 위해 팀 코치는 무엇을 할 수 있는가?
2. 전문적인 관점에서 볼 때 이 상황에서 팀 코치가 선택할 수 있는 옵션은 무엇인가?
3. 팀 코치는 팀원들이 팀 코치와 직접적 및/또는 비공개적으로 대화하려는 것을 어떻게 처리할 수 있는가?

참고 문헌

- Clutterbuck, David. 2020. *Coaching the Team at Work. The Definitive Guide to Team Coaching*. London: Nicholas Brealey Publishing. 『팀코치 되기: 팀 코칭 가이드』 동국대학교 동국상담코칭연구소. 한국코칭수퍼비전아카데미. 2024.

연구 과제

사례 연구 14
알지 못하는 영역에 대한 코치 역량

저자: 에바 허쉬 폰테스Eva Hirsch Pontes[1], 데이비드 클러터벅David Clutterbuck[2]

번역: 김상복

개요

한 코치가 글로벌 기업 자회사에서 팀 코칭을 시작하려고 한다. 리더십 팀이 더 효과적으로 협업해야 한다고 생각한 현지 사장의 요청이다. 코치는 시작 전에 팀원 전원과 일대일 면담을 진행했다. 한 이사와 대화를 나누던 중 그의 단어 선택과 예시를 보고 자폐 스펙트럼을 의심하게 되었다. 그는 팀이 극복해야 할 특정 과제에 대한 동료들의 견해를 공유하면서 팀 코칭이 팀과 상호 작용할 때 겪는 개인적인 어려움을 해결하는 데 도움이 될 것 같다고 언급했다.

코치는 자신이 과거 코치했던 여러 팀에 자폐인autistic people이 있었던 적이 없었다. 이 과제에 대한 접근 방식을 어떻게 조정해야 할지 고민이다. 그녀는 이 사례를 그룹 수퍼비전에 가져갔다. 수퍼비

---

1) **에바 허쉬 폰테스**Eva Hirsch Pontes: 본 저서의 편집자. 편집자 소개 참조
2) **데이비드 클러터벅**David Clutterbuck: 본 저서의 편집자. 편집자 소개 참조

전에서는 그 이사에게 공식적인 진단을 받도록 권유하고 격려할 수 있기 위해 제안했다.

이 사례 연구는 코치가 주어진 과제를 처리할 준비가 되어 있는지 의문을 지닌 채 팀원에게 진단 프로세스를 제안한 것이 적절한지 코치가 직면하는 딜레마를 분석한다.

사례 연구

배경

스테글리츠Steglitz는 글로벌 식품 제조 회사이다. 팬데믹 기간 동안 스테글리츠-브라질은 수출에서 증가하는 내수 시장 수요를 충족하는 데 초점을 맞춰 전략을 조정해야 했다.

다니엘Daniel은 유럽 시장에서 경영진으로 일하다 돌아와 자신과 6명의 이사로 구성된 리더십 팀의 의장을 맡게 되었다. 이사 중 4명은 5년 이상 근무 중이었고, 다른 2명은 전임자가 최근에 승진했다. 다니엘은 전임 사장에게 이런 말을 들었다. "드림팀이 준비되었습니다. 모두 뛰어난 자격을 갖추고 있고 헌신적입니다."

부임 6개월 뒤, 다니엘은 팀이 협업하는 법을 배워야 한다고 느꼈다. 개인적으로는 기술이 뛰어나지만, 응집력이 부족하다는 것을 알았다. 다니엘은 다른 업계의 동료 몇 명과 이야기를 나누며 자신의 고민을 해결할 수 있는 아이디어를 구했다. 자문받은 두 명의 임원으로부터 팀 코칭 진행을 위해 소피아Sophia를 추천받았다.

과제

다니엘은 인사 담당 이사HRD와 상의하지 않고 소피아와 면담하고 자기 문제를 설명하고 팀 코칭을 제안했다. 특히 코칭 과정에 많은 질문을 했다. 내용은 주로 팀 코칭이 무엇인지, 역할과 책임, 기밀 유지, 기타 참여와 관련해 방향을 명확히 했다.

소피아는 제안서를 제출하기 전에 다니엘과 이사 전원과 심층적인 일대일 인터뷰를 통해 그들의 인식을 더 잘 이해하고 팀 코칭에 대한 개방성을 평가하고 싶다고 설명했다. 다니엘은 이에 동의하고 소피아를 팀에 공식적으로 소개하고 개별 면담이 진행되었다.

코칭 내용

모든 인터뷰에는 공통된 주제가 있었다. 팀원들은 만장일치로 팀 코칭에 대한 아이디어를 환영했다. 또 더는 자신들의 전략에 부합하지 않는 사일로 문화silos culture에 익숙해졌다는 사실을 전임 사장의 리더십 스타일 탓으로 돌렸다.

인터뷰 중 소피아는 팀원들이 특별한 도전이 필요할 때 대화의 효과에 대해 어떻게 인식하고 있는지 조사했다. 그녀는 팀원들의 의사소통에서 피상적이고 표면적인 조화만을 이루는 패턴을 개발했다는 인상을 받았다. 마지막 인터뷰 대상자는 최근 승진한 이사 중 한 명인 톰Tom이다. 그는 41살로 팀에서 가장 젊은 나이였다. 대화 초반에 톰이 공유한 내용은 대부분 다른 이사들이 언급한 내용을 반복하는 것이었다. 그러던 중 톰이 자신은 힘들다고 말하며 "제가 사람들을 위협할 수 있다는 것을 알고 있습니다."라고 덧붙여 놀라움을 자아냈다. 위협적으로 보일 수 있는 행동이 무엇이냐는 질문에 그는 재빨리 대답했다.

이전 직장에서의 피드백을 통해 제가 거만해 보일 수 있고 사람들이 저에게 질문하는 것을 두려워한다는 것을 알고 있습니다. 그 이유는 제가 유난히 재빠르게 생각하기fast thinking/합리화하기 기술rational skills을 갖고 있고, 데이터와 모순되는 다른 사람의 의견에 귀를 기울이기 어렵기 때문입니다. 저는 의견이 아니라 데이터를 신뢰합니다!

톰은 계속했다.

저는 제 자신을 취약한 사람으로 보이려고 노력해 보았지만 효과가 없었습니다. 저는 사회적 신호를 잘 읽지 못하기 때문에 '나의 자폐적인 방식my autistic way'으로 부적절한 행동을 하게 됩니다. 또 나의 높은 에너지를

'밀어붙이고' 잘못된 언어나 타이밍을 선택합니다.

톰은 '특히 그룹 환경에서 상당히 대립적인 태도를 보인다'라는 한 예를 들며 '내 자폐적 방식대로'라는 표현을 반복했다. 소피아는 톰의 단어 선택을 눈치채고 조금 머뭇거렸다. 톰의 언급에는 20년 전 소피아가 임상 심리학 학위를 받았을 때 '고기능 아스퍼거high-functioning Asperger's'라고 불렸던 것과 일치하는 요소가 포함되어 있었다. 물론 이 용어는 더는 사용되지 않으며 불쾌감을 줄 수 있다.

결국 소피아는 톰에게 자신이 관찰한 내용을 공유해도 되는지 허락을 구하고, 대화를 시작할 때 두 사람이 합의한 내용, 즉 비밀을 지키고 인터뷰에서 나올 수 있는 내용을 판단하지 않고 투명하게 공유하기로 한 내용을 언급했다. 여전히 망설이는 톰에게 소피아가 물었다.

당신은 '나의 자폐적인 방식'이라고 몇 번 언급하셨는데, 당신의 단어 선택이 궁금합니다. 이 주제가 우리 대화와 관련이 있다고 생각되면 편하게 공유할 수 있는 다른 내용이 있는지 궁금합니다.

톰이 말했다. "공식적으로 진단을 받은 적은 없지만 제가 아스퍼거 증후군인 것 같아요. 아스퍼거 증후군에 관한 책을 많이 읽었지만 진단으로 낙인이 찍힐까 봐 두려워 진단받지는 않았습니다."

소피아는 아무도 톰에 대해 언급하지 않았다는 사실에 의아해했다. 그는 "자신이 어려움을 겪고 있다고는 하지만 아무도 알아채지 못하는 것 같다."라고 생각했다.

미팅이 끝나고 톰은 팀 코칭 이니셔티브를 환영한다고 밝히고 '다른 사람들에게 더 많은 존경을 받기 위해' 실천할 수 있는 구체적인 행동 목록을 만드는 데 도움을 줄 수 있는지 물어보았다. 이어서 그는 학교와 대학에서 상과 메달을 수상하며 반에서 1등을 하는 데 익숙하다고 덧붙였다. "성인이 된 지금도 저는 끊임없이 인정받고 싶어 합니다. 존중을 받는다는 것은 제게는 어른이 받는 트로피와 같은 것입니다."

소피아는 인터뷰 후 자기 성찰에 몰두하며 자신이 리더십 팀의 코치로서 필요한 역량을 갖추고 있는지 고민하게 되었다. 그녀는 자폐 스펙트럼을 가진 고객과 함께 일해 본 적이 없었고, 팀 코칭 접근법을 적용하기 위해 무엇을 알고, 배우고, 주의해야 하는지 궁금해졌다. 또 '해를 끼치지 않는다do no harm'는 원칙에 대해서도 염려가 되었다.

소피아는 이 사례를 다음 그룹 수퍼비전 세션에 가져갔다. 수퍼비전 그룹 가운데 적어도 한 명은 개인적으로 자폐 환자에 대한 경험이 많다는 것을 알고 있었기 때문이다. 그룹 수퍼비전에서 동료의 권고 사항 가운데 하나는 소피아가 톰과 함께 적절한 진단 과정을 거쳐 자기 알아차림과 진정성을 보여줄 수 있는 능력을 키우는 일의 가치에 대해 논의하라는 것이다. 이를 통해 톰이 동료들로부터 진정으로 존중받을 수 있는 기회를 늘리는 것이다.

이제 소피아는 제안서를 발표해야 했다. 그녀는 톰에게 공식적인 진단 프로세스를 제안해야 할지, 어떻게 제안해야 할지 고민했다. 만약 그녀가 톰의 어려움을 무시하기로 결정한다면 이는 팀의 행동에 동조하는 유사한 행동paralleling은 아닐까?

핵심 도전 과제

- 신경다양성neurodiversity은 장애의 한 형태 또는 인지적 차이의 가치 있는 한 형태로 자리매김할 수 있다. 코치와 톰은 신경다양성을 다른 강점이 아닌 문제problem로 간주하는 동일한 함정에 빠졌다. 팀원들 모두 같은 가정하에 명백한 차이에 대처하는 방법으로 부정denial을 선택한 것으로 보인다. 인식을 바꾼다는 것은 한 개인이 아닌 전체 시스템을 다루는 것을 의미한다.
- 신경다양성을 가진 사람들은 '가면 쓰기masking', 즉 자신의 진정한 자기authentic selves 모습이 되기보다는 학습된 행동을 취함으로써 신경일률적/일반적 세계neurotypical world에 대처하는 법을 배운다. 팀원들 역시 톰과 마찬가지로 표면적인 조화를 이루기 위해 '가면 쓰기'로 유사 행동을 하고 있을 수 있다.

윤리적 함의

- **고객에 대한 책임과 프랙티스**: 코치는 신경다양성에 대한 자신의 제한된 이해를 인식하고 지원을 위한 도움을 요청해야 한다.
- **안전한 환경 조성**: 톰이 자신의 역량을 최대한 발휘할 수 있으려면 무엇보다 그의 사고 방식과 삶의 방식에 맞는 환경이 조성되어야 한다. - 예를 들어 자폐 스펙트럼에 속하는 많은 사람들은 배경 소음과 다른 형태의 감각 과부하에 대처하는 데 어려움을 겪는다.
- **공개**: 이 문제를 공론화하는 것은 누구의 책임이며, 어떻게 해야 하는가?

연구 메모

토론을 위한 성찰 질문

1. 코치는 팀이 톰의 신경다양성이 가져다주는 차이를 소중히 여기도록 어떻게 도울 수 있는가?
2. 이 시나리오에서 톰과 팀 모두에게 어떤 기회가 있는가?
3. 코치는 어떻게 자신의 편견을 드러내고 해결할 수 있는가?

연구 과제

사례 연구 15
팀 코칭 참여와 기밀 유지

저자: 콜름 머피Colm Murphy[1]
번역: 김상복

개요

팀 코칭은 팀이 공동으로 팀 과제 달성에 중점을 둔다. 개인과 집단의 성찰과 자기 알아차림 수준을 높이고, 지속 가능한 해결책과 프랙티스를 개발하며 일련의 지속적인 대화를 통해 팀 과제와 팀워크를 공동으로 달성하도록 돕는다. 팀 코칭은 솔루션과 프랙티스의 지속적 개발로 팀의 사고와 행동에 도전한다. 팀 코칭의 다중 관계 측면은 계약 과정이 비즈니스 코칭보다 더 복잡하다는 것을 의미한다 (Turner & Hawkins, 2019). 특히 '기밀 유지에 대한 곤란한 문제 knotty question'(Leary-Joyce & Lines, 2018, p.41)는 더욱 복잡하다.

---

[1] **콜름 머피**Colm Murphy: 아일랜드의 프레스타 아일랜드Praeslta Ireland 임원. 공공 및 민간 부문에서 전 세계 청중을 대상으로 코칭 및 리더십 개발 프로그램을 설계 및 제공에 20년 이상의 경험을 보유한 최고 공인 임원이자 팀 코치.『The Team Coaching Casebook』(Open University Press)의 공동 편집자.(『팀 코칭 사례연구』 박순천, 박정화, 우성희, 윤선동 옮김. 코칭북스. 2024) '팀 효율성에 대한 팀 코칭의 기여'로 박사 과정 연구를 마침. 글로벌 팀 코칭 연구소 Global Team Coaching Institute, 더블린Dublin 대학 경영진 개발 교수.

리어-조이스Leary-Joyce와 라인즈Lines는 기밀유지에 두 가지 접근 방식을 강조한다. 우선 팀코치는 모든 일대일 대화를 익명으로 기밀로 유지하기로 약속하지만, 수집한 데이터에서 팀과 주제를 공유하는 데 동의하는 경우, 또는 팀코치가 모든 데이터와 관점을 공유하므로 팀 내에서 팀 코치가 공개할 수 있다는 데 동의하는 경우이다(Leary-Joyce & Lines, 2018).

이 사례 연구는 진단 데이터 수집 단계에서 남성 팀장의 행동에 대한 일부 여성 팀원들이 인식하게 된 생각이 밝혀졌을 때 팀 코치 두 명(여성 1명, 남성 1명)이 팀과 무엇을 공유할지 고민하는 과정에서 위 두 가지 가운데 후자의 접근 방식과 그에 따른 팀 리더의 딜레마에 관한 것이다.

사례 연구

배경

이 사례는 글로벌 금융 서비스 조직 내 한 팀과 6개월간 진행한 팀 코칭을 근거로 한다. 팀은 남성 팀장 폴Paul과 여성 팀원 7명을 포함한 10명의 팀원으로 구성되었다. 모든 팀원은 같은 사무실에서 근무한다. 이 팀은 금융 거래를 소극적으로 하는 고객을 지원하는 데

주력하고 있다. 팀의 이해관계자들은 팀에 대한 기대치를 묻는 질문에 서비스 수준 약정Service Level Agreements(SLAs) 충족의 중요성과 정확성, 불만 최소화의 필요성 또는 '처음부터 올바르게, 신속하게'(이해관계자 의견) 처리해야 한다고 답했다.

과제

팀 코칭의 목적은 팀원들이 자기 역할과 업무에만 집중하는 것이 아니라 하나의 팀으로서 더 잘 일할 수 있도록 돕는 것이었다. 다음 목표는 팀 분위기를 더욱 지원적이고 조화로운 환경으로 조성하는 것이다. 이해관계자의 압력으로 인해 팀원들이 누가 열심히 일하는지, 누가 오류를 범해 다른 팀원들의 업무량에 영향을 미치는지에 집중하는 경우가 많았기 때문이다.

팀 코칭 과정

두 명의 팀 코치 스티븐Stephen과 샘Sam, 조직 스폰서 알렉스Alex, 팀장 폴Paul, 팀장을 포함한 전체 팀원과 별도의 계약 회의가 열렸다. 팀원 및 일부 팀 이해관계자와의 일대일 인터뷰를 통한 진단과 진단 보고서 및 실행 계획으로 구성된 일일 세션을 시작하고 2시간에서 하루 종일까지 매월 일련의 팀 코칭 세션으로 구성된 6개월 계약을 합의했다.

팀과 팀장 폴과의 계약 회의에서 두 명의 팀코치는 코치가 팀 내 또는 팀 외부에서 다른 사람들이 제기하기 꺼리는 불만을 전달하는 통로가 되지 않기 위해 일대일 면담과 그 이후에 모든 의견을 팀에서 공유한다고 설명했다. 이 과정에서 모든 의견은 익명으로 처리되나 기밀은 보장되지 않는다고 언급했다.

팀 코치는 모든 팀원이 다른 팀원들과 열린 마음으로 대화할 수 있도록 지원한다. 계약 회의에서 팀원들은 팀 코칭 과정 전반에 걸친 주요 규범key norms 또는 기본 규칙ground rules을 열린 마음, 긍정적 태도, 변화의 의지, 인내심, 침착함으로 정하기로 합의했다.

팀 코칭 과정 중 진단 단계에서는 팀 코칭 여정을 공동 설계하기 위해 팀과 이해관계자로부터 충분한 데이터를 수집하여 팀 내부와 외부에서 팀에 대한 현재 인식을 파악하는 것을 목표로 했다. 팀원들과 팀 코치 가운데 한 명과의 일대일 인터뷰에서 여성 팀원 가운데 4명은 폴이 실수나 오류에 대해 남성 동료보다 더 엄격하거나 비판적이라는 인식을 공유했다. 10건의 팀 일대일 인터뷰와 4건의 이해관계자 일대일 인터뷰를 분석하면서 팀 코치들은 다음과 같은 딜레마에 직면했다.

팀 전체에 대한 디브리핑의 일부로 팀장이 여성 팀원에게 더 엄격하다는 주제를 포함하면 잠재적으로 폴이 수치심을 느끼고 위축될 수 있으며, 폴이 팀 코칭을 계속하지 않기로 결정하면 팀 코칭이 갑자기 중단될 수 있다. 이 주제를 디브리핑에서 제외하면 인식을 공유한 네 명의 팀원이 자신의 목소리가 편집된 것으로 느껴질 수 있고 팀 코치가 자신과 팀이 계약 회의에서 합의한 내용과 상반되는 내용을 선별적으로 공유한다고 느낄 위험이 있다. 또한 이를 공유하지 않는다는 것은 폴이 자신의 행동이 일부 팀원에게 미치는 영향을 알지 못할 수도 있다는 의미이다.

샘은 디브리핑 세션 며칠 전에 폴에게 일반적인 주제에 대한 개요 제공의 일환으로 이 특정 주제에 대해 일대일 대화를 나눴다. 이 대화에 두 명의 코치가 모두 참석하는 것은 팀 리더에게 다소 부담을 줄 수 있다는 생각이 들었다. 샘은 팀장의 행동에 대한 구체적인 주제를 공유하면서 샘은 당일에 팀장을 지원하고 싶다는 점과 주제를 공유하는 것이 팀에게 코칭이 공개적이고 도전적인 점을 보여주는 것이 중요할 것이라고 강조했다.

팀 전체가 모인 디브리핑 당일, 폴은 도전적 피드백을 받고 작업하는 롤 모델이 되었다. 폴이 여성 팀원들에게 너무 엄격하다는 인식에 대한 주제가 공유되었을 때, 피드백의 특성 상 또한 팀 전체가 아닌 개인을 대상으로 한 유일한 주제였기 때문에 회의실에는 불편한 기운이 감돌았다. 일대일 대화에서 이런 인식을 공유한 몇몇 사람을 포함하여 사람들이 리더의 행동에 대한 피드백에 놀랐다는 짧은 소감을 제시했다. 이때 폴이 나서서 다음과 같이 말했다.

일대일 인터뷰에서 많은 사람이 공유한 인식은 인정하는 것이 중요하며, 팀 전체가 팀원 및 이해관계자의 다른 피드백을 받아들이는 것이 중요하듯이 리더가 받아들여야 할 중요한 피드백이다.

팀 코칭뿐 아니라 팀 내 개방성을 위해서도 중요한 순간이었다. 디브리핑 및 실행 계획action planning 회기가 끝나고 팀원들은 전체 회기에서 일어난 일과 그 영향에 대해 성찰 내용을 적도록 요청받았다. 성찰문에는 '불편한 대화'와 '꼭 해야 할 말' 등이 언급되었다. 젊은 여성 멤버 가운데 한 명은 "(피드백을 받을 때) 어제는 모두에게 충격이었다. 이름을 밝히지 말아야 한다고 생각하지만… 이슈가 드러난 것은 좋았다."라고 언급했다. 같은 팀원은 자신과 팀이 "서로에게 더 솔직하고 개방적이어야 하며, 일을 곪게 두는 것보다 소통하는 것이 더 낫다는 것을 깨달았다."라고 말했다.

스테판과 샘은 팀과 영향을 받은 팀원, 팀 리더를 위해 최선을 다했다고 생각했다.

핵심 도전 과제

- 팀장이 남성 팀원들에게 더 부드럽고 덜 비판적인 경향이 있다는 일부 여성 팀원들의 인식에 대한 비밀스러운 피드백을 공유할지 여부와 방법 선택

- 모든 팀원들이 용기를 내어 솔직하게 소통할 수 있는 팀의 개방성을 지원하는 공간을 마련하는 것

윤리적 함의

- **기밀 유지와 신뢰**: 팀코치는 전체 팀에 도움이 되고 팀 코칭 과정에서 신뢰에 대한 인식을 높이기 위해 가능한 최선의 방법으로 팀 리더와 기밀 정보를 공유하는 방법을 찾아야 했다.
- **포용성과 투명성**: 관점 공유에 영향이 미칠 수 있는 경우 팀 구성원의 목소리를 충분히 존중하며, 팀 코칭의 핵심은 대화를 종료하거나 중단하는 것이 아니라 대화를 열어두는 것이다.
- **존중과 중립성**: 비판적이지 않고 편견 없이 폴을 성인으로 대하는 태도를 유지함으로써 폴은 일부 어려운 피드백을 듣고 처리할 수 있었으며 피드백을 소유하고 이를 주도할 수 있는 방법을 찾을 수 있었다.
- **정직성/일치성**integrity: 순조로울 때는 가치를 갖는 일은 쉽다. 어려운 딜레마가 있을 때 우리는 우리가 추구하는 바를 시험하고 성장하는 기회이다.

> **토론을 위한 성찰 질문**
>
> 1. 위와 같은 상황에 직면했다면 어떻게 했겠는가?
> 2. 팀 코치가 팀 리더와 팀원들이 디브리핑 세션에서 공개할 수 있도록 준비시키기 위해 무엇을 할 수 있었는가?
> 3. 팀 코치가 개별 팀원 및/또는 팀 리더와 일대일 코칭을 했다면 어떤 선택지와 시사점이 있었는가?

참고 문헌

- Leary-Joyce, J., & Lines, H. (2018). *Systemic Team Coaching*. St. Albans: Academy of Executive Coaching Ltd.
- Turner, E., & Hawkins, P. (2019). Mastering contracting. In J. Passmore, B. Underhill, & M. Goldsmith (Eds.), *Mastering Executive Coaching* (pp. 10-25). New York: Routledge.

연구 메모

연구 과제

6장
외부 코칭

많은 코치가 컨설팅 회사와 계약을 맺고 여러 조직에 코칭을 제공하는 외부 코치로 활동하고 있다. 이에 따라 발생될 수 있는 문제는 코칭 고객이 코칭을 받을 수 있는지 여부, 우선 순위의 긴장, 신뢰와 기밀 유지, 과제 적합성, 시스템 계약 및 조정 등이 있으며, 이 장에서는 이러한 문제에 대해 탐색한다.

사례 연구 **16**

코칭할 것인가, 하지 않을 것인가
: 자원이 거의 없는 고객

저자: 에바 허쉬 폰테스Eva Hirsch Pontes[1]
번역: 김현주

개요

이 사례 연구는 무료로 진행된 코칭 프로젝트에서 외부 코치로 활동한 한 코치 그룹의 수퍼비전에 대한 성찰을 살펴본 것이다. 이 프로젝트의 후원자는 비정부기구NGO였으며, 이 기관의 리더(코칭 고객)들은 코치들이 기업 고객을 코칭했던 경험과 일치하지 않았다. 이 사례의 코치들은 협력적인 성찰과 토론을 통해 자신들이 고객을 '타자화othering'하고 있다는 사실을 깨달았다.

---

[1] 에바 허쉬 폰테스Eva Hirsch Pontes: 본 저서의 편집자. 편집자 소개 참조

사례 연구

배경

한 코칭 기관이 NGO와 파트너십을 맺고 [NGO 소속의] 리더들을 지원하기 위해 무료 코칭을 제공했다. 이 NGO는 라틴 아메리카의 한 국가에 있는 수천 개의 판자촌을 하나로 모아 빈곤층이 스스로 변화의 주체가 될 수 있도록 힘을 실어주는 데 전념하고 있었다.

NGO의 구조는 각 주에서 온 27명의 지역 리더들로 구성되어 있었다. 이 리더들은 판자촌의 주민이면서 자원봉사자들이다.

NGO와 코칭 기관은 지역 리더들에게 코칭을 제공하여 관리 기술을 향상하고, 그들[지역 리더]의 책임하에 프로젝트를 더욱 효과적으로 조정할 수 있도록 지원하기로 합의했다. 이들은 교육, 환경, 예술, 스포츠 분야의 프로그램을 통해 지역사회의 복지를 증진하고 청소년들에게 생활 및 전문 기술을 가르쳐 범죄에서 벗어날 수 있는 개인적, 직업적 기회를 제공하는 것을 목표로 하고 있다.

이들 리더 가운데 일부는 대학원 학위를 가지고 있었고 일부는 중등 교육을 마치지 못했다. 이들은 일반 기업에서 흔히 볼 수 있는 직업과는 달리 트럭 운전사나 예술가 등 자신의 직업과 NGO 봉사 활동을 병행하고 있었다.

과제

코칭 기관은 자격을 갖춘 코치들을 초대하여 각 고객에게 8회의 무료 코칭 회기를 제공했다. 수퍼바이저가 자원하여 코치들에게 그룹 수퍼비전(선택 사항)을 제안했다. 이 사례는 지역 리더들을 코칭한 에이미Amy, 클레오Cleo, 로리Lory, 노라Nora, 수잔Susan, 테일러Taylor를 지원할 수 있도록 5개월에 걸쳐 진행된 그룹 수퍼비전 회기에 참여하는 과정에서 일어난 성찰과 토론에서 영감을 얻었다.

코칭 회기

수퍼바이저는 모든 코치가 두 번째 수퍼비전 회기에 등록한 뒤, 코칭 사례나 그룹의 도움을 받고 싶은 질문을 공유하도록 제안했다.
　노라가 자신의 고민을 말하고 싶어 먼저 이야기했다.

"제 고객은 자원이 충분하지 않아요. 그는 나에게 도구와 모델을 제공해 달라고 요청해요. 저는 자원과 교육에 대한 특혜privilege가 훨씬 더 많은 기업에 속한 코칭 고객에게 일반적으로 제공하는 것보다 [지역 리더인 코칭 고객에게] 더 많은 것을 제공하고 있는 제 자신을 발견해요. 때때로 제가 '가르치는 방식'으로 들어가는 느낌을 받아요. 어떻게 해야 할까요?"

클레오는 특혜라는 주제를 언급하며 다음과 같이 말했다.

"고객의 생활 형편을 알게 되자마자 죄책감이 들었어요. 그들에게 더 많은 것을 해주고 싶은 나의 충동을 이해할 수 있었어요."

수잔은 덧붙였다.

"제 고객은 인터넷 접속이 제한되어 있고, 회기에 항상 늦게 오기 때문에 짜증이 나기도 해요. 그리고 이 프로젝트의 많은 고객이 정규 근무 시간 이후에 집에서 전화 코칭을 하는데, 사생활을 보호할 수 있는 방이 없다는 점을 기억해야 해요. 같은 방에 다른 사람들이 있으면 진정한 코칭 회기를 진행하기가 어려워요."

로리가 이어서 말했다.

"코칭이 모든 사람에게 적합한지 궁금해요. 매슬로우의 욕구 단계 hierarchy of needs가 생각나요. 우리가 함께 작업하고 있는 많은 코칭 고객의 경우 기본적인 욕구가 충족되지 않았는데 코칭만으로 이들을 지원할 수 있을까요? 코칭에 가져올 만한 주제가 없는 것 같아요. 그리고 제 고객은 회기에 나타나지 않아요. 이 프로젝트의 동기와 유용성에 대해 의구심이 들어요."

테일러는 매슬로우에 대한 언급을 반복하면서 로리의 의견에 동의한다고 말했다. 그녀는 물었다.

"그들은 우리가 제공하는 것에 감사하지 않는 것 같아요. 어떻게 하면 그들에게 가까이 갈 수 있을까요?"

에이미가 그룹에게 질문을 던졌다.

"그들의 현실에서 좋은 리더 또는 관리자가 된다는 것은 무엇을 의미할까요? 고객에게 이 질문을 던졌지만 고객은 답을 줄 수 있는 어휘력이 없는 것으로 보였어요. 고객이 훈련할 필요가 있는 기술을 정의할 수 없다면 어떻게 그들을 지원할 수 있을까요?"

수퍼바이저는 그룹에게 그들의 내러티브를 연결하는 것으로 보이는 근본적인 패턴에 대해 생각해 보도록 초대했다. 그룹은 '타자화'가 반복되는 것 같다는 것을 깨달았다. 즉, 외부코치로서 다른 조직에서의 기대와 경험에 대한 불일치로 인해 [지역 리더인] 코칭 고객이 코칭에 부적합하다고 여겨지거나 [코칭이] 가치가 없다고 여겨지는 것으로 간주하고 있었다.

이 그룹은 작업할 특정 사례를 선택하는 대신 공통된 패턴에 대해 공동으로 성찰하는 방식을 선택했다. 이들의 주요 알아차림은 다음과 같다.

- [지역 리더] 고객을 동등하게 여기지 않을 때, 우리는 코칭 고객이 삶에서 직면하는 동일한 반응을 재연(병렬/평행parallel 과정)하고 있는 것 같다. 우리가 [지역 리더] 고객을 코칭하는 것이 어렵다는 것은 당연하다!
- 우리 자신의 기준에서 고객에게 접근하려고 하는 대신, 고객의 현실에서 코치로서 고객을 가장 잘 도울 수 있는 방법을 함께 배울 수 있도록 자신을 개방하는 것은 우리에게 달려 있다.
- '그들'에 관한 것이 아니다! 우리는 그들의 맥락에서 지역 리더들의 상황에 맞춰 봉사할 수 있는 어휘vocabulary, 주제repertoire, 자원resources이 부족한 사람들이다.

그룹은 계속해서 이러한 통찰을 탐구하고 다음에 고객을 만날 때를 대비한 대안적인 접근 방식과 행동을 만들어 냈다.

이후 그룹 회기에서 마지막으로 제기된 한 가지 요점은 코칭 기관이 코칭의 성격, 관련된 모든 당사자의 역할, 책임, 권리 등 계약의 여러 측면을 NGO 대표에게 명확히 설명했는데도, 스폰서 [NGO]는 고객이 코칭 참여 여부를 자유롭게 선택할 수 있다는 점을 공유하지 않은 것 같았다는 점이다. 코치들은 NGO 경영진이 코칭 제안을 의무적인 요구사항으로 해석한 것 같다는 느낌을 받았다.

핵심 도전 과제

- 기업 코칭 분야에서 일한 경험이 있는 코치가 다른 분야에서 코칭을 할 때 코치의 기대치에 어떤 영향을 미치는지 알아본다.
- 코칭 관계에서 무의식적인 편견biases을 인식하고 극복하기

윤리적 함의

- **권력과 지위 차이에 따른 무의식적인 편견과 차별 가능성**: 고객과의 협력보다는 우월감이나 열등감으로 인한 차별
- **시스템적 평등**: 특정 고객이 코칭을 통해 혜택benefit을 받을 수 있는지 의심하는 대신 차이를 탐구하고 받아들인다.
- **잠재적인 역할 혼동**: 코치 역할role에서 벗어나고 싶은 충동
- **코칭 계약의 명확성**: 코치들은 코칭 기관이 스폰서와 명확한 계약contract을 맺었다는 사실에만 의존하고 고객과 계약agreement의 일부 측면을 탐색하지 않았다.[2]

---

2) [역자 주] 코칭 기관과 스폰서가 맺은 코칭 계약contract은 단체 간의 합의를 명시한 문서 행위로 볼 수 있으며, 고객과의 계약agreement은 코칭에 대한 동의로 코치와 고객이 코칭에 대해 서로 의견을 이야기하며 코칭 관계를 만들어 나가는 것으로 볼 수 있다.

토론을 위한 성찰 질문

1. 다음 질문에 어떻게 대답할 것인가? "코칭은 기본적인 욕구가 충족되지 않은 사람들에게 적합할까요?"
2. 코치가 자신의 언어적 편견biases과 비언어적 편견을 무의식적으로 가지고 있다면 어떻게 인식하고 모니터링할 수 있는가?
3. 코치가 스폰서와의 코칭 계약contract에서 자신과 고객 간에 계약agreement해야 하는 조건은 무엇인가?

연구 메모

연구 과제

사례 연구 17
코칭 중에 이해관계자의 순위 다툼이 충돌할 때

저자: 샘 아이작슨Sam Isaacson[1]
번역: 김현주

개요

성공한 기업의 창업자는 신임 CEO와 비즈니스 전략과 조직 문화에 대한 접근 방식의 차이가 드러나 임원 코치를 선임했다. 코칭이 진행됨에 따라 코치로부터 비롯된 잘못된 가치관을 포함하여 상충하는 의제와 순위 다툼이 전면에 드러났다. 3자 간 합의가 무시되고 코치는 코칭 스폰서로서의 창업자, 코칭 고객으로서의 CEO, 그리고 자신의 전문적 책임과 씨름하게 되었다. 코치는 향후 코칭 회

---

[1] **샘 아이작슨**Sam Isaacson: 영국. 코치테크 주식회사Coachtech Ltd, 샘은 열정적인 코치이자 코치 수퍼바이저이며 코칭 기술 및 내부 코칭internal coaching에 대한 자문가이다. 그는 100명 이상의 코치 고용주와 여러 대형 전문 기관을 포함하는 영국의 코칭 프로페셔널 훈련생 선구자 그룹Coaching Professional apprenticeship trailblazer group의 의장을 맡고 있다. 2020년 영국 교육부 장관의 승인을 받은 이 자격은 현재 영국에서 가장 인기 있는 자격 가운데 하나이다. 최첨단 코칭 기술을 선도하는 그는 세계 최초로 가상현실 코칭을 제공했으며, 디지털 코칭 플랫폼과 인공지능 관련 전문 기관과 활발히 협력하고 있다. 관련 서적과 다수의 기사를 집필했다. 2022년에는 에보치evoach로부터 코칭테크 선구자로 인정받았다. 현재 런던에서 아내와 네 아들과 함께 살고 있으며 인터랙티브 소설을 집필하기도 한다.

기에 새로운 비지시적 도전 과제를 가져올 것을 약속했다.

사례 연구

배경

20년 전 사라Sarah가 향수를 판매하는 팝업 가판대를 열었을 때만 해도 그 가게가 이렇게 크게 성장할 줄은 상상도 못했다. 오늘날 대형 유통업체들과 여러 거래를 맺고 안정적인 생산 및 유통 과정을 갖추게 되자 그녀는 사업에서 물러나기로 결심하고 새로운 CEO인 피터Peter를 선임했다.

피터가 선임되고 첫 몇 달은 계획대로 진행되지 않았다. 그의 조직 운영 방식은 사라와는 상당히 달랐고, 오랫동안 쌓아온 조직 문화에서 벗어날 수 있는 야심찬 성장 계획을 갖고 있었기 때문이었다. 사라는 피터의 동의를 얻어 그의 리더십에 대해 함께 일할 임원 코치인 토비Toby를 영입했다.

사라는 토비와의 첫 대화에서 회사의 전략적 우선순위와 신중하게 선별된 조직 문화를 포함한 회사에 대한 자신의 비전을 설명했다. 그녀는 말했다.

"저는 피터의 성장 계획은 중요하지 않습니다. 그렇지만 직원들에 대한 그의 접근 방식은 걱정이 됩니다. 저는 일하기 좋은 환경을 조성하기 위해 열심히 노력해왔는데, 그가 이를 훼손할 것 같은 느낌이 들어요."

과제

사라, 피터, 토비는 3자 회의를 열었다. 코치인 토비는 전문가로서의 약속을 신중하게 설명했다. 대화 내용을 비밀로 유지하고 비지시적이고 비판적이지 않으며 도전적인 태도를 유지해야 할 자신의 책임을 강조했다. 그는 사라가 원하는 코칭 목표에 귀를 기울였고, 피터도 이에 동의했다. 목표는 기존의 확립된 조직문화와 리더십 스타일을 유지하면서 성장을 가져올 수 있는 전략적 계획을 개발하도록 피터를 지원하는 것이었다.

코칭 회기

토비의 첫 번째 경고 신호는 첫 코칭 회기의 처음 10분 만에 나타났다. 피터는 말했다.

"생각해 봤는데, 이 지옥에서 탈출하기 위해 이 회기를 이용하려고 합니다."

토비는 놀라움을 감추며 피터에게 물었다.

"이 역할을 계속할 수 있는 다른 옵션은 어떤 것이 있을까요?"

대화가 이어졌고, 피터는 다른 기회를 계속 탐색하기는 하지만 회사에 집중하고 노력할 것을 결심했다.

다음 날 사라는 토비에게 전화를 걸어 분명한 지시를 내렸다.

"피터를 설득해서 사업을 그대로 유지하도록 해주세요. 저는 이 사업을 지금의 상태로 만들기 위해 열심히 일해왔고, 다른 사람이 와서 망치도록 내버려두지 않았어요. 저는 피터를 좋아하지만, 그가 자신의 계획을 조금 자제하고 직원과 고객을 만족시키는 데만 집중해 주었으면 좋겠어요."

토비는 이미 사라와 피터의 순위 사이에서 갈등하며 불안감을 느끼고 있었고, 두 번째 회기에 들어가면서 두려움 속에서도 열린 마음을 갖기 위해 노력했다.

피터는 이렇게 말했다.

"생각해 봤는데 결정을 내렸습니다. 저는 여기 남아서 이 사업을 변화시킬 것입니다. 우리는 함께 회사의 잠재력을 현실로 만들 것입니다."

토비는 대화를 비밀로 하고 지시적이지 않은 상태를 유지하겠다는 약속을 지키기 위해 최선을 다했지만, 상황이 매우 불편했다. 그는 합의된 목표에 대한 책임감을 느끼며 스폰서인 사라를 존중하고 싶었다. 그렇지만 피터가 다른 의제를 염두에 두고 회기에 접근하는 것이 분명해지면서 토비는 어려움을 느끼고 있었다. 투명성을 유지하고자 하는 토비의 열망은 지금까지 아무런 성과를 거두지 못했고, 피터는 커튼 뒤에서 코칭 과정에 영향을 미치려 하는 사라에게 자신의 진정한 우선순위를 숨기는 것처럼 보였다.

그는 이 이슈를 수퍼바이저에게 가져갔고, 두 번째 3자 회기에서 코칭 개입의 목적과 기밀성, 비지시성, 시스템 인식에 대한 자신의 약속을 어떻게 함께 지킬 수 있을지를 모색하기 위해 강력한 비지시적 도전이 필요하다는 결론을 내렸다.

핵심 도전 과제

- 코치는 서로 다른 두 가지 주제를 다루어야 했다.
- 스폰서는 초기 3자 미팅 후 코치에게 직접 전화를 걸어 과정에 영향을 미치려고 했다.
- 코치는 기밀을 지키면서 동시에 스폰서와 코칭 고객이 비즈니스의 이익을 위한 목표에 대해 솔직하고 투명하게 대화할 수 있도록 돕는 방법을 찾아야 했다.

윤리적 함의

- **상충하는 가치관**: 코칭 고객, 코칭 스폰서, 코치의 개인적 가치관이 일치하지 않을 때 코치는 자신의 업무에서 명확한 윤리적 경계를 지키지 못할 수 있다.
- **상충하는 순위 다툼**: 코칭의 목적이 처음에는 명확하게 명시되어 있지만 사람마다 다르게 인식될 수 있다.
- **코칭 스폰서의 간섭**: 코칭 비용을 지불하는 스폰서는 코칭을 통해 구체적인 결과를 보고 싶어 할 수 있으며, 그 목표를 넘어서려고 시도할 수 있다.

토론을 위한 성찰 질문

1. 고객이 코칭 스폰서와 합의한 내용과 상반되는 주제를 선택하면 코치는 어떻게 해야 하는가?
2. 토비는 문제에 대한 해결책으로 3자 회의로 다시 되돌아갔지만 이슈가 발생하는 것을 막지 못했다. 그가 고려할 수 있었던 다른 도구나 접근 방식은 무엇인가?
3. 주제가 잘못 조정되어 토비가 작업을 계속할 수 없다고 판단한 이유는 무엇인가? 이 사실을 사라와 피터에게 어떻게 전달할 수 있는가?

연구 메모

연구 과제

사례 연구 17. 코칭 중에 이해관계자의 순위 다툼이 충돌할 때

사례 연구 **18**

3자 계약: 법적, 윤리적 책임은 무엇인가?

저자: 마리 스톱포스Marie Stopforth[1]
번역: 김현주

개요

이 사례 연구의 목적은 조직 내 3자 계약으로 인해 코치가 취약한 위치에 놓이고 기밀 유지가 모호해질 때 발생할 수 있는 문제의 예를 제시하는 것이다. 이러한 맥락에서 코칭을 할 때 이것이 왜 중요한 단계인지 강조할 것이다. 잘못될 수 있는 사례를 제시함으로써 모든 이해관계자를 보호하기 위해 바람직한 3자 계약이 어떤 모습이어야 하는지 독자들이 생각해 볼 수 있도록 한다. 또한 보호 및

---

[1] **마리 스톱포스**Marie Stopforth: 영국. 더 퍼포먼스 이퀘이션The Performance Equation. 영국심리학회British Psychological Society(BPS) 공인 코칭 심리학자이자 스포츠 및 운동 심리학자. 2021년 코칭 심리학 그룹이 특별 지위를 획득하는 데 중요한 역할을 했다. BPS 내에서 코칭 심리학의 수석 평가자로 일했다. 원래 스포츠 및 운동 심리학자로 훈련받았으며 약 15년 동안 학계에서 일하다가 2019년에 독립적인 코칭 심리학자가 되었다. 현재는 개인, 팀, 조직을 대상으로 코칭을 통해 성과와 웰빙을 개선하는 일을 하고 있다. 수퍼바이저이기도 한 그녀는 코칭 심리학 학교를 통해 코칭 심리학에 대한 교육을 제공하고 있다. 마리는 성과와 웰빙의 교차점에 대한 열정을 가지고 있다. 영국 치체스터 대학교University of Chichester에서 스포츠 집단 역단 박사 학위를 받았다.

기밀 유지와 관련된 딜레마를 제기하여 독자로 하여금 이 사례의 맥락에서 가장 중요한 것이 무엇인지 고려하도록 한다.

사례 연구

배경

코치인 에이미Amy는 한 조직에서 웰빙 어드바이저wellbeing advisor[2]로 계약한 동료 나탈리Natalie로부터 코칭을 요청받았다. 조직은 코칭을 통해 혜택을 받을 수 있을 것 같은 직원을 파악하고 있었다. 나탈리도 코칭 경험이 있었지만 자신이 코칭 업무를 맡을 적임자는 아니라고 생각했다. 그녀는 관련된 동료들을 잘 알고 있었고, 조직 상황에 대한 사전 경험이 없는 코치가 코칭 의뢰인에게 더 도움이 될 것이라고 생각했다.

나탈리는 제안된 코칭 계약의 성격에 대해 많이 알지 못했다. 다만 멜리사Melissa가 직장에서 어려움을 겪고 있다는 사실을 인사(HR) 부서에 보고했다는 것만 알고 있는 상태에서 에이미에게 이 고객을 코칭할 의향이 있는지 물었다. 에이미는 조직 내 스폰서와

---

[2] [역자 주] 개인의 전반적인 웰빙과 삶의 질을 향상시키기 위해 지원과 안내를 제공하는 전문가로 신체건강, 정신건강, 스트레스 관리, 일과 삶의 균형 및 기타 웰빙 관련된 영역에 대한 조언을 제공함.

이야기하여 작업의 범위를 구체화하고 함께 일할지 여부를 결정하기로 했다.

과제

에이미는 HR 팀원 사라Sarah를 만나 코칭이 필요한 부분을 논의하고 작업관련 계약 방법을 모색했다. 사라는 멜리사가 최근 조직의 구조조정과 개인 생활에서 많은 변화를 경험했다고 설명했다. 사라는 멜리사가 조직에서 자신이 저평가되어 화가 나고, 실망감을 느꼈음을 보고했다고 말했다. 또한 사라는 멜리사가 '감정적인 이야기'가 많다고 설명했으며, [멜리사의] 상사가 멜리사와 많은 시간을 함께 보내야 했다고 말했다. 사라가 멜리사에게 바라는 코칭에 대한 네 가지 희망사항은 다음과 같다.

1. 변화를 받아들인다.
2. 우려사항을 감정적이지 않게 [이성적으로] 말한다.
3. 자신감이 높아진다.
4. 조직의 미래 방향에 더 적극적으로 투자한다.

에이미는 코칭 과제에 대해 다음과 같은 형식을 추천하고 9회 회기에 대한 가격을 제시했다.

1. 코치인 에이미, 사라, 멜리사, 멜리사의 직속 상사가 4자 회의를 통해 멜리사의 요구사항을 충족하면서도 조직의 요구사항과도 일치하는 코칭 목표를 논의하고 합의한다[사전 회기].
2. 멜리사와 세 번의 코칭 회기를 진행한다.
3. 그 후 진행 상황을 평가하고 필요한 경우 재계약하기 위해 에이미, 멜리사 및 그녀의 직속 상사 3자 회의를 통해 중간 검토를 한다[중간 회기].
4. 추가로 멜리사와 세 번의 코칭 회기를 진행한다.
5. 에이미, 사라, 멜리사, 직속 상사와 함께 프로그램을 최종 검토한다[종결 회기].

사라는 다음과 같이 말했다.

"프로그램 사전, 중간, 종결 회기가 실제로 필요없다고 느낍니다." "6번의 코칭 회기에 대한 비용을 지불하고 멜리사가 원하는 방식으로 코칭을 이용할 수 있게 되어 기쁩니다." "멜리사가 조직에서 지원받고 있다고 느끼기를 바랐을 뿐입니다."

에이미는 멜리사의 직속 상사와 조직이 코칭 과정에 전적으로 투자하고 원하는 코칭 결과에 대해 상호 투명하게 합의하는 것이 중요하다고 거듭 강조했다. 또한 코칭 중에 조직에 피드백이 필요한 사항이 발생할 경우 '피드백 루프 feedback loop'가 있어야 한다는 점도 강조했다. 그녀는 코칭에서 논의된 모든 내용은 자신과 멜리사

사이에 비밀로 유지되며, 프로그램 중간 회기 및 종결 회기는 코칭이 멜리사와 조직 모두의 요구를 충족했는지 확인할 수 있는 기회라는 점도 분명히 했다. 이것은 또한 조직이 코칭을 통해 얻은 정보에 접근하여 조치를 취할 수 있도록 하는 중요하고 시스템적인 방법이었다.

사라는 이를 거절하고 6회 코칭 회기만 계약하기로 했고, 에이미도 이에 동의했다.

에이미는 계약 과정을 곰곰이 생각해 보면서 합의한 내용에 대해 불편함을 느꼈다. 그래서 그녀는 다시 조직으로 돌아가 멜리사 및 그녀의 직속 상사에게 무료로 초기 3자 미팅[사전 회기]을 제안했다. 그녀는 코칭 목표에 대한 합의와 이해를 확인하는 것이 중요하다고 생각했다.

회의가 열렸다. 회의는 매우 생산적이었고 코칭 목표와 조직의 요구가 일치한다는 것이 분명했다. 그래서 에이미는 멜리사와 일대일 코칭 회기를 진행했다.

코칭

첫 코칭 회기에서 에이미와 멜리사는 코칭 세션에서 논의된 모든 내용은 비밀로 유지하기로 합의했다.

첫 번째 코칭 회기에서 멜리사는 에이미에게 자신이 위계질서에 이슈가 있고, 승진에서 간과되고 있다고 느끼며, 자신감이 부족하다고 말했다. 그녀는 이러한 자신감 부족이 직장 내에서 자기 생각과 요구사항을 명확하게 표현하는 능력에 영향을 미치고 이로인해 상당히 좌절하고 감정적이 되었다고 느꼈다.

따라서 코칭의 초기 단계에서는 이러한 사항들이 중요한 업무 영역으로 구분되어 우선순위가 되었다.

그러나 멜리사는 코칭이 진행되면서 조직 내 일부 고위 경영진의 행동에 대해 더 많은 정보를 공유하기 시작했다. 예를 들어, 일관된 방향에 대한 명확성이 부족하다는 인식과 때때로 비전문적이고 무례하게 소통하는 방식에 관해 이야기하기 시작했다.

에이미는 조직 문화에 대한 멜리사의 인식을 탐구하고 때때로 도전하는데 시간을 보냈다. 두 사람은 함께 재구성 작업을 하고, 멜리사의 귀인attributions(즉, 자신과 다른 사람들의 행동에 대한 그녀의 설명)을 조사했다. 에이미는 멜리사가 설명하는 몇 가지 행동에 대해 상당히 우려하게 되었다. 그 가운데 일부는 잘못된 리더십과 조직 문화에서 비롯된 것으로 보였지만 괴롭힘에 대한 의혹도 있었다. 에이미는 이런 일을 조직에 어떻게 피드백으로 전달할지 고민되었다. 또한 멜리사의 개인적인 경험만 들었을 뿐 다른 관점은 전혀 없다는 사실도 의식하고 있었다.

에이미와 멜리사는 멜리사가 영향력을 행사하고 통제할 수 있는 부분에 대해 계속 노력했으며, 통제할 수 없는 부분에 대한 대처

방법을 파악하고 만들었다. 시간이 지나면서 멜리사는 자신감을 얻었다. 그녀는 조직 내에서 자기 경험을 대화하려고 노력했지만 자기 판단과 현실이 의심받는다는 느낌을 받았다고 말했다. 그녀는 이 모든 것이 자신의 상상에 불과하고 다른 사람들은 이에 대해 문제를 갖고 있지 않다고 했다. 멜리사는 동료들이 자신을 경멸하는 방식으로 말하는 것을 목격했기 때문에 이것을 의심했지만, 자신의 생각을 주장할 수 있는 자신감은 더욱 떨어졌다.

핵심 도전 과제

- 에이미는 조직에 우려 사항을 제기해야 할 책임이 있다고 생각하지만 그럴 수 있는 권한이나 경로가 없었다.
- 처음 계약할 때 추천을 받았지만, 이제 '고객은 누구인가?'라는 의문이 남게 되었다.
- 조직이 코칭 비용을 지불하고 있지만 에이미는 조직이 적극적이거나 투자한 이해관계자가 아니라고 느꼈다. 그녀는 이 정보를 어느 정도까지 피드백해야 하는지, 그리고 그렇게 해야 할 법적 의무가 있는지 궁금했다.
- 에이미와 멜리사 사이에 기밀 유지에 합의했지만 멜리사는 기밀 유지가 깨질 가능성에 대해 우려하고 있으며 피드백이 미칠 영향에 대해 불안해하고 있다.

윤리적 함의

- **계약**: 계약의 특성상 코치는 취약한 위치에 놓이게 된다.
- **윤리적 및 법적 책임**: 코치는 고객이 공유한 일부 정보를 공개할 윤리적 또는 법적 책임이 있는지에 대한 결정에 직면하게 된다.
- **기밀 유지**: 코치는 정보를 공개해야 할 윤리적 책임이 있는 경우를 이해해야 한다.

토론을 위한 성찰 질문

1. 고객은 누구이며, 따라서 에이미의 윤리적, 법적 책임은 누구에게 있는가?
2. 에이미는 기밀을 위반하고 조직에 보호 문제를 제기해야 하는가? 당신의 생각에 도전하기 위해, 멜리사가 당신과 개인적으로 고객 계약을 맺었는데 그녀가 근무하는 조직에 대해 동일한 우려를 제기했다면 당신의 대답도 같을지 생각해 본다.
3. 에이미는 향후 유사한 상황을 방지하기 위해 어떻게 계약을 조정할 수 있는가?

연구 메모

연구 과제

사례 연구 19
바위와 돌 사이: 같은 조직 내에서 고객 코칭하기

저자: 잉가 아리아나 비엘린스카Inga Arianna Bielinska[1]
번역: 김현주

개요

코칭에 참여하려면 공동 작업을 시작하려는 파트너 간에 높은 수준의 신뢰가 필요하다. 기밀 유지는 성공적인 작업의 전제 조건이다. **기밀 유지**란 '당사자 사이에 논의되고 공유되는 내용을 합의된 예외를 제외하고 기밀로 유지하기로 동의agree[ment]하는 것'이다 (Carroll & Gilbert, 2011, p.44). 예외는 일반적으로 법에 의해 필요로 하는 정보의 공개로 설명된다.

---

1) **잉가 아리아나 비엘린스카**Inga Arianna Bielinska: 미국. 잉가는 국제 코칭 연맹 마스터 인증 코치이자, ACTC 팀 코치, 멘토 코치, ESIA 코치 수퍼바이저이다. 변화를 겪고 있거나, 원거리 및 문화적으로 다양한 팀을 관리하는 데 어려움을 겪고 있거나, 의사소통에 어려움, 임원 직책으로 승진하고자 하는 고객과 전 세계에서 일하고 있다. 경력을 쌓는 동안 비영리 단체에서 관리 파트너, 사업주, 컨설턴트, 이사회 멤버로서 경험했으며, 실질적이고 신뢰할 수 있는 경험을 제공할 수 있다. 잉가는 다양한 국가에서 근무하며 문화적 다양성에 대한 이해와 인재 관리, 협업, 내부 및 외부 이해관계자와의 소통과 역할에 기여할 수 있는 다양한 경험을 쌓았다. 현재 캘리포니아주 실리콘밸리에 거주하며 엔지니어와 리더들이 급변하는 VUCA 현실의 도전에 대처할 수 있게 전 세계적으로 지원하고 있다. 폴란드어로 된 리더를 위한 두 권의 책을 출간했으며, 포브스 및 뉴스위크의 미국판에 정기적으로 기사를 기고하고 있다.

내부/사내 코치는 회사 시스템에 내에서 참여하고 있기에 일부 코칭 고객이 기밀유지 능력에 대해 갖는 편견으로 인해 때때로 어려움을 겪기도 한다. 조직에 서비스를 제공하는 외부 코치는 기밀 유지 문제로 어려움을 겪을 가능성이 적다고 생각할 수 있다. 그러나 때로는 갈등이 존재하는 조직 내에서 동일한 코치가 여러 사람과 일대일 코칭을 진행할 경우 기밀 유지에 대한 예상치 못한 문제가 발생할 수 있다.

이 사례 연구에서는 코치가 편견에 사로잡혀 자신이 두 고객과 동시에 코칭하고 있다는 사실을 자신의 코칭 고객들과 공유하는 것이 적절한지 궁금해하는 상황을 제시한다.

사례 연구

배경

50개국에 걸쳐 인프라를 갖추고 미주, 유럽, 아시아에 지사를 둔 글로벌 연구 기관에 임원 코칭 서비스를 제공하기 위해 국제 코칭 팀이 선정되었다. 지정된 전문가 풀에는 7개 언어로 서비스를 제공할 15명의 코치가 포함되었다. 스폰서는 글로벌 리더십 팀에서 32명의 부사장(VP)과 수석 부사장(SVP)을 선정하여 6개월간 일대일 코칭에 참여하도록 하였다. 이후 코칭 기간이 추가로 6개월 더 연장되었다.

각 고객은 소개 통화를 위해 두 명의 코치를 미리 선택한 다음 함께 일할 코치를 선택할 수 있었다. 고객이 조직에서 맡은 역할 때문에 코칭 과정은 상급자와의 목표 설정을 위한 3자 회의 없이 자체적으로 관리되었다. 코칭 팀은 계약의 일부로 매월 외부 코치 수퍼바이저가 제공하는 그룹 수퍼비전에 참여하기로 동의했다.

2개 국어를 구사하는bilingual 코치인 안나Anna는 4명의 리더에 의해 선택되었다. 각 리더는 서로 다른 나라 출신으로 조직의 다른 영역에서 일하고 있었다. 리더 가운데 두 명인 이안Ian과 비크람Vikram은 모두 글로벌 서비스의 전략적 전환과 관련하여 주목할 만한 조직 간 프로젝트에 참여하고 있었다.

코치는 고객이 코칭 참여에 대한 세부 사항을 동료나 상사와 공유하지 않는 것이 좋다는 것을 이해하고 있었다.

과제

결과적으로 이안과 비크람은 서로를 잘 알고 있었고 프로젝트에서 그들의 역할은 상호의존적이었다. 게다가 그들은 프로젝트 팀이 직면한 문제를 관리하는 방법에 대해 서로 정반대의 견해를 가지고 있는 경우가 많았다. 각자는 이해관계자에게 영향을 미치는 것과 관련된 회기에 비슷한 주제를 가져왔다. 부사장(VP)과 수석 부사장(SVP)들 중 누가 코칭에 참여하고 있는지는 알고 있었지만, 두 사람 모두 같은 코치와 함께 일하고 있다는 사실은 알지 못했다.

비크람은 자신의 적극성assertiveness과 주도적인 동료들과 협업할 수 있는 능력을 높이고 싶었다. 반면에 이안은 자신이 팀원들로부터 오해를 받고 있다고 느꼈고, 팀이 생각하는 데 너무 많은 시간을 소비한다고 말했다. 그는 자주 "나는 다른 사람입니다. 그들은 모두 박사 학위와 MBA를 가지고 있습니다. 저는 실용적입니다. 저는 행동하는 사람입니다." 따라서 그는 팀이 더 빨리 발전하도록 돕고 동료들 사이에서 자신의 평판을 개선하고 싶었다.

코칭

강점 기반 접근을 통해 안나는 고객이 자신의 의사소통 '초능력superpowers'을 정의하고 중요한 협상을 관리할 때 어떤 부분을 개선해야 하는지 이해하도록 지원하는 것으로 시작했다.

안나는 비크람이 더 지배적이고 표현력이 강한 동료들이 이야기할 때 자신의 의견을 말하지 못하는 이유에 대한 문화적 토대를 파악하도록 도와주었다. 때로 비크람은 프로젝트 팀에서 겪은 구체적인 상황과 어려움을 이야기했다. 대부분은 이안과 관련된 것이고, 비크람에 따르면 '이안의 공격적인 의사소통 방식'과 관련이 있었다. 비크람은 가끔 "이 사람은 약자를 괴롭히는 사람bully이다."라고 말하기도 했다.

동시에 코치는 이안과의 코칭회기에서 동료에게 영향을 미치는 능력, 공격적인 의사소통 방식 개선, 평판에 대해 다루었다. 코치는 이안의 내면의 비판자와 자신이 충분히 훌륭하다는 것을 다른 사람들에게 증명해야 할 필요성에 관해 검토 했다. 몇 달 뒤, 안나는 비크람이 자기 주장하는 법을 배우도록 지원할수록 그와 이안 사이에 더 많은 긴장이 나타난다는 것을 알게 되었다.

코칭 회기를 성찰한 뒤 안나는 이안이 생각하는 '영향력influencing'이란 상대의 마음을 바꾸는 것을 의미한다고 믿기에 이르렀다. 동시에 그녀는 비크람에게는 영향력이 최상의 해결책을 찾는 것을 의미한다고 해석했다. 코치는 자신이 어려운 입장에 놓여 있다는 것을 금방 깨달았다. 그녀는 정신적으로 비크람의 견해를 옹호하고 이안의 접근 방식이 부적절하다고 판단하는 자신을 발견했다.

안나는 한 고객의 스타일을 선호하는 자신에게 불편함을 느꼈다. 그녀는 이안 및 비크람과의 코칭에서 자신이 생각하고 경험한 것에 대해 논의하기 위해 이 사례를 그룹 수퍼비전에 가져갔다. 그러나 수퍼비전은 안나가 내면의 딜레마를 해결하는 데 도움이 되지 않았고, 그녀는 자신이 동시에 코칭하고 있는 두 고객에게 서로를 함께 코칭하고 있다는 사실을 공유할지 말지에 대해 자주 고민하는 자신을 발견했다.

핵심 도전 과제

- 코치는 자신이 맥락context과 전반적인 상황situation에 대해 너무 많이 알고 있어 공정성impartial을 유지할 수 없다고 느꼈다.
- 결국 코치는 자신의 의견을 고객에 대한 사실로 해석하게 되었다. 이안은 옳은 것을 찾고 싶었다. 반면에 비크람은 최선의 해결책을 찾고 싶었다. 그녀는 이러한 신념으로 인해 '도덕적으로 잘못되었다'고 해석한 사람에 대해 편견을 갖게 되었다.
- 코치가 고객과의 열린 의사소통을 관리하는 방법을 몰랐기 때문에 발생한 궁극적인 문제는 기밀 유지와 관련된다. 그녀는 죄책감을 느꼈고 이안과 비크람 사이에 조성된 긴장에 대해 책임을 느꼈다.
- 안나는 고객과 투명성transparency을 유지하고 싶었지만 함정에 빠졌다고trapped 느꼈다. 그렇지만 이안, 비크람과 함께 몇 달 동안 코칭을 한 뒤에 사실을 밝히면 신뢰할 수 없거나 교묘한 사람이라는 인상을 줄 수도 있다는 두려움이 있었다. 고객에게 설명하지 않고 떠나는 것은 이기적이고 정직하지 못한 것처럼 보였다.

윤리적 함의

- **코치의 편견**: 코치가 고객의 업무 방식 중 하나와 동일시하는 것을 발견했다.
- **코칭 참여의 경계**: 코칭 계약의 기밀 유지 조항은 같은 프로젝트를 진행하는 고객들과 함께 일하는 코치를 고려하지 않았다.
- **기밀 유지 confidentiality 의 역설**: 코치는 고객의 기밀을 지키고 싶었기 때문에 상대방과 함께 일하고 있다는 사실을 두 사람에게 알리지 않았다. 반면에 그녀는 이 사실을 공개하지 않음으로써 자신이 정직하지 않다고 느꼈다.

토론을 위한 성찰 질문

1. 코치가 같은 프로젝트를 진행하는 두 고객을 지원할 때 편견 없이 작업할 수 있는 방법은 무엇인가?
2. 같은 프로젝트에 참여하는 두 명의 고객과 함께 일할 때 발생할 수 있는 다른 잠재적인 윤리적 영향은 무엇인가?
3. 같은 조직에서 여러 고객과 함께 일할 때 외부 코칭 계약 agreement 에서 기밀을 정의하는 가장 좋은 방법은 무엇인가?

참고 문헌

- Carroll, M., & Gilbert, M.C. (2011). *On Being Supervisee. Creating Learning Partnerships*. Australia: PsychOz Publications.

연구 메모

연구 과제

사례 연구 20

다층 정렬alignment

저자: 조 레이마리Jo Leymarie[1]
번역: 김현주

개요

코치의 비즈니스는 다양한 방식으로 이루어진다. 기업 및 개인과 직접 협력하기도 하고, 코칭 서비스를 판매하고 독립 코치에게 코칭을 하청하는 파트너 및 코칭 회사와도 협력한다.

지난 몇 년 동안 코칭 분야에서 일하는 회사의 수와 다양성은 엄청나게 증가했다. 많은 회사가 독립 코치, 즉 소규모 맞춤형 회사이며, 수많은 코칭 플랫폼도 이 분야에 진출하고 있다. 코칭을 판매하

---

[1] **조 레이마리**Jo Leymarie: 프랑스. 월든 그룹. ICF의 공인 전문 코치PCC이다. 내부 구조조정 프로그램이나 시장 주도의 혁신 등 혁신 과정에서 관리자와 팀을 지원한 경험이 풍부하다. 응집력 있고 생산적인 팀을 구축하고 직장에서 동기 부여와 휴머니즘에 대한 열정을 갖고 있다. 접근 방식은 대인 관계, 팀, 시스템 역동에 기반을 두고 있다. 핵심 주제는 리더십과 개인적 정렬alignment, 조직 변화, 민첩성agility이다. 다양한 조직 및 업계와 함께 잠재력이 높은 인재를 위한 집단 지성 프로그램의 개발 및 출시, 국제 관리자를 위한 다문화 코칭, 구조조정 후 팀 합병에 관해 협력해 왔다. 고객과 개별적으로 협력하여 커리어의 중요한 순간에 그들의 전문성 개발을 위해 노력한다. 조는 서비스 및 기술 산업 분야의 국제 기업을 위한 수익 센터를 설립하고 관리한 25년의 비즈니스 경력을 보유하고 있다.

고 구매하는 방식의 변화로 인해 고객사 내부와 외부에 중개자가 늘어나면서 다음과 같은 조정 문제가 제기될 수 있다.

- 코칭을 구매하는 회사의 기대치는 무엇이며, 더 나아가 코칭을 받는 고객의 기대치는 무엇인가?
- 코칭을 구매하는 회사의 기대치가 코치에게 어떻게 전달되는가?

코칭 과정에서 이러한 여러 계층이 존재하면 원래 고객 계약을 보유한 회사의 규모가 크든 작든, 그리고 과정이 얼마나 잘 관리되는지에 관계없이 경우에 따라 다양한 이슈가 발생할 수 있으며, 이 사례 연구에서 그 가운데 일부를 소개한다.

사례 연구

배경

코치 메리Mary는 코치 파트너Coach Partner라는 코칭 회사로부터 연락을 받았는데, 이 회사(코치 파트너)는 한 금융 기관의 최고 경영진 12명을 코칭하는 계약을 맺고 있었다. 그들은 한 금융 기관에 최근 새로운 총지배인GM 클레어Claire가 임명되었고 이 전환기에 최고 경영진

top executives과 동행하기로 결정했다고 설명했다. 코칭 목표는 코칭을 시작할 때 3자 회의에서 참가자들이 개별적으로 정하기로 했다.

코치 파트너 회사에서는 메리에게 임원 가운데 한 명을 코칭하는 계약을 제안했다. 코칭은 8~10회의 회기로 구성되며, 코칭 시작과 종료 시 코칭 고객과 새로운 GM 클레어가 참여하는 3자 미팅이 진행된다. 몇 차례의 케미 회기chemistry meetings 끝에 참가자 가운데 한 명인 톰Tom이 메리를 그의 코치로 선정했다. 세 사람이 만나는 3자 미팅 날짜가 정해졌다.

과제

코칭의 목적은 각 임원들이 최근 360도 조사 활동campaign에 참여했기 때문에 각자의 리더십 역량을 강화하도록 하는 것이다. 3자 회의에서 여러 가지 목표가 논의되고 결정되었다. 모든 것이 명확해 보였다.

코칭

첫 회기가 시작되기 전에 톰은 메리에게 연락하여 목표와 관련된 일부 문구를 변경하고 싶다고 말했다. 메리는 '아직 계약서contract에 서명하지 않았으니 괜찮을 것 같다'라고 답했다. 그 뒤 톰은 계약서를 수정했고 톰, 클레어, 메리가 서명했다.

첫 회기가 진행되는 동안 메리는 톰이 여전히 코칭의 의도와 목적이 불분명하다는 것을 알게 되었다. 톰은 고위직인데도 이전에 코칭을 받아본 적이 없었고 회기에서 정확히 무슨 일이 일어날지 의문을 품었다.

> 톰: 저는 아직도 코칭이 정말 필요한지 잘 모르겠어요. 정확히 무엇을 할 건가요?
>
> 메리: 글쎄요, 우선 당신의 360도 결과를 살펴보고 삼자 회의에서 클레어와 함께 선택한 목표에 대해 작업할 것입니다. 저는 당신이 목표를 향해 노력할 때 지원하고 도전하기 위해 여기 있습니다.
>
> 톰: 저는 여전히 이 목표가 올바른 목표인지 아직 확신이 서지 않아요. 클레어는 저에게 팀원들과의 소통과 동기 부여 방법을 연구하라고 요청했지만, 저는 그것이 저의 강점 중 하나라고 생각합니다. 이전에 그것에 대해 누구도 저에게 불만을 제기한 적이 없었어요. 전에는요. 클레어가 제 능력을 의심하는 걸까요?

처음에 생각했던 것만큼 상황이 명확하지 않다는 것이 분명해졌다. 톰과 메리는 클레어가 제안하고 톰이 실제로 3자 회의에서 수락한 목표의 이면에 무엇이 숨어있는지 파악하기 위해 노력했다. 또한 톰이 이해하지 못하거나 동의하지 않을 때 상사에게 명확하게 말하고 소통해야 할 필요성에 대해서도 작업했다. 톰은 코칭이 진행됨에 따라 코칭이 어떻게 자신에게 진정한 가치를 가져다주고 직업적 목표를 달성하는 데 도움이 될 수 있는지 알게 되었다.

톰은 코칭이 진행되면서 최근 이사회 회의에서 있었던 경험을 메리와 공유했다.

> 톰: 코치가 왜 우리에게 이 일을 하라고 했는지 잘 모르겠어요. 그렇지만 클레어에게 제가 믿을 수 있는 사람이라는 것을 보여주고 싶어서 제가 먼저 하기로 결정했습니다.
> 메리: 어떤 팀 코치인가요?
> 톰: 우리 팀 코치요! 알잖아요! 당신과 같은 회사에서 일하잖아요.

알고 보니 각 임원들은 개별 코칭을 받고 있을 뿐만 아니라 코치 파트너 회사에서 제공하는 팀 코칭도 받고 있었다. 이 사실은 일대일 코칭을 제공하는 코치들과는 공유되지 않았다.

또 다른 놀라운 일이 벌어졌다. 코칭 도중에 클레어는 이사회를 개편하여 각 멤버를 새로운 포트폴리오로 옮기기로 결정했다. 이것은 갑작스러운 결정이었을까? 아니면 처음부터 전략의 필수적인 부분이었을까? 코치 파트너 회사에는 전달되었을까? 어쨌든 코칭에 미치는 영향은 분명했고, 톰의 초점은 자연스럽게 이 새로운 역할에서 성공하는 것으로 옮겨졌다.

핵심 도전 과제

- 톰, 클레어, 코치 파트너(코칭 제공 회사), 영업 책임자, 코칭 책임자, 외부 코치인 메리 등 상당히 많은 사람에게 의도와 의사소통이 분산되어 있었으므로 정보가 손실되거나 왜곡될 수 있는 상호작용이 많았다.
- 코칭은 클레어와 톰 사이의 개인적 신뢰가 아직 강하지 않았고 전략이 사전에 결정되었을 수도 있고 그렇지 않았을 수도 있는 회사 역사의 중요한 순간에 도입되었다.
- 코치로서 메리는 코칭을 진행하는 동안 자신이 모든 이해관계자들과 의견을 일치시키고 있는지, 실제로 모든 이해관계자 사이의 조율이 가능한지 끊임없이 확인해야 하는 긴장감을 느꼈다.
- 조직 내에서 매우 다른 역할로의 전환으로 인해 코칭이 자연스럽게 새로운 직책에서 성공하는 데 초점을 맞추게 되었으므로 코칭 진행 과정에서 긴장감이 존재했다.

윤리적 함의

- **코칭의 의도에 대한 이해관계자의 명확성 부족**: 회사 내 코칭 선택에 대한 메시지가 모든 당사자에게 일관된 방식으로 전달되고 이해되지 않은 것으로 보인다. 다양한 이해관계자 간의 소통이 부족했다.
- **투명성 부족**: 여러 단계의 계약contracting으로 인해 양 당사자 간의 투명성이 부족했으며, 이는 코치와 코칭 고객, 코칭 고객과 상사, 코치와 파트너 간의 신뢰 수준에 직접적인 영향을 미쳤다.
- **계약된 목표를 수용하지 않음**non-acceptation: 코칭 고객이 원하지 않거나 코칭에 참여하고 싶지 않은 사항에 동의했지만 상사에게 그러한 의견을 말할 수 없다고 느꼈다.

연구 메모

토론을 위한 성찰 질문

1. 코치는 어떻게 모든 당사자의 코칭에 대한 명확한 기대를 조율할 수 있는가? 모든 이해관계자에게 강조해야 할 핵심 사항은 무엇이며 이를 수행하는 것은 누구의 책임인가?
2. 코치가 두 명 이상의 이해관계자 사이에 오해나 불일치가 있을 수 있는 잠재적 지표를 파악하기 위한 인식을 높이려면 어떻게 해야 하는가?
3. 제3자 외부 코칭 공급업체를 위해 일할 때, 고용된 subcontracted 코치가 계약과 관련된 모든 관련 정보를 어떻게 확보할 수 있는가?

연구 과제

7장
내부/사내 코칭

내부/사내 코칭은 미묘한 긴장감이 넘쳐나는 분야이다. 이 장에서는 정신 건강, 조직 변화, 성별, 리더십 스타일, 이중 역할, 다양성 및 포용성을 둘러싼 시나리오를 설명한다.

사례 연구 21
내부/사내 코치 및 정신 건강

저자: 안드레아 기랄데즈-헤이즈Andrea Giraldez-Hayes[1]
번역: 김현주

개요

코칭의 범위에 속하는 것과 치료의 영역에 속하는 것 사이에 선을 긋는 것은 어려울 수 있으며, 관련된 여러 권의 책, 장 및 논문(Aboujaoude, 2020; Bachkirova & Baker, 2019; Giraldez-Hayes, 2021; O'Connor & O'Donovan, 2021 등)에서 이 주제를 다뤘다.

코칭과 치료의 차이점을 설명할 때 흔히 "코칭은 비임상적 집단을 대상으로 하는 반면, 치료는 우울증이나 불안과 같이 진단 가능

---

[1] **안드레아 기랄데즈-헤이즈**Andrea Giraldez-Hayes: 영국 이스트 런던East London 대학교 박사. 경험이 풍부한 공인 심리학자, 코치, 수퍼바이저, 컨설턴트이다. 이스트 런던 대학교 심리학과에서 응용 긍정 심리학 및 코칭 심리학 석사 과정의 디렉터이다. 공공 및 민간 부문의 다양한 고객과 함께 일하며 코칭 심리학자들을 위한 정기적인 수퍼비전 회기를 제공한다. 유럽과 라틴 아메리카에서 열리는 콘퍼런스에서 유명한 대중 연사로 활동하고 있으며, 다수의 책과 챕터를 공동 집필하고 동료 심사를 거친 저널에 게재했다. 그녀의 주요 연구 관심사는 코칭과 치료의 경계, 긍정 심리학, 코칭 심리학, 수퍼비전에서 예술과 창의성의 활용이다. 현재 영국 심리학 협회의 코칭 심리학 교육 위원회 위원장을 맡고 있다.

한 임상 장애로 고통받는 사람들의 요구를 해결하기 위해 설계되었다."라고 말한다(Cavanagh, 2005, p.21). 이것은 분명한 구분인 것처럼 보이지만 코치가 업무에서 내려야 하는 결정이 항상 간단한 것은 아니며 지식, 합리적인 수준의 성찰, 윤리적 원칙에 대한 의식이 필요하다.

모든 코치가 스스로에게 던져야 할 두 가지 중요한 질문은 "내가 고객이 제시한 이슈를 해결할 수 있는 기술skill과 지식knowledge을 가지고 있는가?"와 "그렇다면 고객과 앞으로 나아갈 방향을 어떻게 논의하고 어떤 경우 계약을 재검토해야 하는가?"이다.

이 연구는 코치가 코칭과 치료의 경계와 필요한 윤리적 고려 사항을 다루기 위해 중요한 결정을 내려야 하는 사례에 대해 설명한다.

사례 연구

배경

폴Paul은 대규모 다국적 기업의 지역 영업 관리자이다. 폴의 회사는 코로나19 팬데믹을 둘러싼 불확실성에 대응하기 위해 내부/사내 코치 풀을 활용하여 모든 관리자에게 코칭의 기회를 주기로 결정했다. 각 구성원에게는 6개월간 무제한 코칭이 제공되었다. 또한 코치 프로필과 기타 기준을 고려하여 세 명의 내부/사내 코치 가운데 한 명을 선택할 수 있도록 제안받았다. 폴은 3년차 코칭 심리학자인 니나Nina를 선택했다. 첫 미팅에서 폴은 심리적 배경을 가진 사람이 자신의 이슈를 더 잘 이해할 수 있을 것 같다고 언급했다.

다른 부서에서 일했던 코칭 고객인 폴은 코칭 전 설문에 이렇게 적었다.

> 저는 완전히 다른 역할로 이동하고 있습니다. 모두가 재택근무를 하면서 익숙하지 않은 직무를 하는 팀을 이끌어 나가는데에 대한 도움을 환영할 것입니다. 또한 저는 팀 및 이해관계자들과 더 깊은 관계를 구축할 수 있는 방법을 연구하고 싶습니다. 방법 가운데 일부는 다른 사람들에게 제가 어떻게 다가갈 수 있는지이며, 어떤 사람과는 깊은 관계를 형성하지만 다른 사람과는 어려움을 겪는 경향이 있기 때문입니다.

과제

폴이 과거에 직장 내 관계에서 겪었던 어려움은 직속 상사의 보고서에 언급되어 있다. 그 상사는 코칭 고객인 폴로부터 두 번째 회기에 초대를 받았지만 거절했다. 고객에 따르면 상사가 기대한 주요 결과는 폴이 자신의 행동을 더 잘 인식하고 직속 상사와의 상호 작용에서 자신의 감정을 관리하는 방법을 배우는 것이었다.

코칭

폴은 첫 번째 회기에서 자신이 오랫동안 군 복무를 했기 때문에 어떤 결정은 일반적이지 않을 수도 있지만 따라야만 했다고 말했다. 그는 자신의 리더십 스타일과 의사소통하는 방식 때문에 팀원들이 때때로 좌절감을 느끼는 것을 관찰했는데, 그 원인을 자신의 군대 경력 때문이라고 생각했다. 폴은 이렇게 말했다.

나는 부하 직원, 특히 여성들과 적절한 방식으로 이야기하지 못합니다. 이런 방식으로 말하는 것에 익숙한데 그들은 내가 거칠다고 생각하죠. 남자들은 대개 괜찮은데 여성들은 내 스타일을 위협적이라고 생각하고 예전에도 몇 가지 이슈가 있었습니다. 나는 열심히 그리고 빠르게 일하며 다른 사람들도 그렇게 하기를 기대합니다.

폴의 최고 강점은 공감, 문제 해결problem-solving, 참여 격려, 인지적 민첩성, 진정성이었으며, 하위 다섯 가지 강점은 회복력, 성장 마인드, 사회적 연결, 휴식, 자기-알아차림self-awareness이었다. 코치가 고객이 함께 이런 강점 중 일부를 탐색했을 때, 그는 최근 다른 사람의 입장에서 생각하려고 노력하고 있으며, 1년 전에 어머니를 잃었기 때문에 더 공감할 수 있게 되었다고 설문조사 결과를 설명했다. 이 고객은 또한 발달되지 못한lesser-developed 강점에 초점을 맞추었고, 사람들은 자신이 외향적이라고 생각하지만 실제로는 그렇지 않으며 사람들과 소통하기 위해 노력해야 한다고 말했다. 마지막으로, 자기-알아차림과 관련하여 그는 자신이 맹점을 인식하지 못할 수 있으며 과거에 받았던 부정적인 보고를 전혀 예상하지 못했다고 말했다.

폴은 또한 사람들을 설득해야 할 때는 친절하고 온화하지만 불만스러울 때는 인정 사정 없다고 설명했다. 폴은 이를 알고 있지만, 때로는 몹시 화가 난 상황에서는 감정 조절에 문제가 생겨 자신이 어떤 감정을 느끼고 있는지 인식하는 데 어려움을 겪을 때가 있었다. 이러한 감정들은 폴이 일부 행동을 통제할 수 없을 정도로 압도되게 만들기도 했다. 1에서 10 사이의 척도를 고려해 본다면, 폴의 감정 조절은 4점이라고 말할 수 있는데 이는 그가 정신 건강 문제를 겪고 있지는 않지만 특정 상황에서 감정을 관리하는 데 어려움을 겪는 이슈가 있음을 의미한다.

니나Nina는 심리학 배경과 1년간의 연수 경험이 폴의 감정 조절을 도울 수 있을 것이라고 생각했다. 합의된 코칭 주제를 탐색하기 시작하자 폴의 트라우마에 대한 탐색이 불가피하게 되었고, 회기의 초점은 거의 전적으로 니나가 100% 처리할 수 없는 부분으로 옮겨갔다. 그녀는 사람들이 자신의 감정을 인식하고 연결되도록 지원하는 데 충분한 경험을 가지고 있었지만 폴처럼 트라우마를 경험한 고객과 함께 일한 적은 없었다. 폴은 곧 '코칭'을 받는 동안 혼란스러워하고 매우 불편해졌다. 그는 속으로 "팀 및 이해관계자들과 더 깊은 관계를 구축할 수 있는 방법을 찾을 수 있으리라 기대했지만, 코칭이 나의 트라우마에 초점을 맞출 것이라고는 생각하지 못했다."라고 생각했다.

폴은 이 트라우마에 대한 공개가 자신의 경력에 어떤 영향을 미칠지 걱정하기 시작했다. 그는 니나가 자신을 조직의 상담사에게 소개해 줄 것인지, 아니면 회기 중에 공유된 어려움에 대해 조직 보고서에 기록할지 궁금해했다.

그렇지만 니나는 어떻게 해야 할지 몰라 갈피를 잡지 못했다. 그녀는 그 특정 회기에 대한 모든 것에 의문을 품고 있었다. 그녀는 회사 상담사에게 그 회기와 자신의 성찰을 보고하기로 결심했다.

핵심 도전

- 어느 정도의 심리적 고통이나 정신 건강 이슈를 보이는 고객을 상대하기
- 경계 설정를 설정하고, 모니터링하고 유지하는 것

윤리적 함의

- 회기 중에 코칭 범위를 벗어난 정서적 고통이나 정신 건강 이슈가 어느 정도 드러날 경우 계약과 재계약을 검토한다.
- 제시된 이슈가 코칭의 범위와 코치의 지식 및 전문적 역량을 벗어난 경우 코칭 계약의 종료를 고려한다.
- 고객을 치료나 다른 종류의 지원적 개입에 의뢰하는 것의 윤리적 의미를 고려한다.

토론을 위한 성찰 질문

1. 니나는 자신의 결정이 미치는 영향과 자기 역할의 한계를 어느 정도 인지하고 있었는가?
2. 트라우마 또는 정신 건강 이슈를 보이는 고객과 함께 일할 때 어떤 가정을 하는가?
3. 코치가 코칭과 다른 도움 개입 사이의 경계와 관련된 윤리적 고려 사항을 반영하기 위해 윤리 강령 외에 어떤 다른 자료를 사용할 수 있는가?

참고 문헌

- Aboujaoude, E. (2020). Where life coaching ends and therapy begins: Toward a less confusing treatment landscape. *Perspectives on Psychological Science*, 15(4), 973-977. https://doi.org/10.1177/1745691620904962
- Bachkirova, T., & Baker, S. (2019). Revisiting the boundaries between coaching and counselling. In S. Palmer & A. Whybrow (Eds.), *Handbook of Coaching Psychology: A Guide for Practitioners* (pp. 487-499). Routledge.
- Cavanagh, M. (2005). Mental-health issues and challenging clients in executive coaching. In M. Cavanagh, A. M. Grant & T. Kemp (Eds.), *Evidence-based Coaching (Vol. 1): Contributions from the Behavioural Sciences* (pp. 21-36). Academic Press.
- Giraldez-Hayes, A. (2021). Different domains or grey areas? Setting boundaries between coaching and therapy: A thematic analysis. *The Coaching Psychologist*, 17(2), 18-29.
- O'Connor, M., & O'Donovan, H. (2021). *Coaching Psychology for Mental Health: Borderline Personality Disorder and Personal Psychological Recovery*. Routledge.

연구 메모

연구 과제

사례 연구 **22**
끊임없이 움직이는 변화하는 조직의 조각 탐색하기

저자: 로레인 S. 웹Lorraine S. Webb[1]
번역: 김현주

개요

1990년대 중반, 유서 깊은 미드웨스턴 주식회사MidWestern Ltd의 소유주들은 회사를 매각하기로 결정했다. 이에 따라 재무, 기술, 엔지니어링, 관리 등의 분야에서 지식과 인재 손실이 발생했다. 또한 기업 문화가 매우 불안정해져서 직원들의 사기가 급격히 떨어지고 자발적 퇴직이 전례 없는 수준으로 계속 증가했다. 근속 기간이 짧고 지식이 부족한 직원들이 기술 및 관리직 고위직으로 이동하는 '전장Battlefield' 승진이 일상화되었다. 조직은 핵심 인재 확보에 제약이 생겼고 여러 해 동안 리더십 팀의 변화를 경험했다.

---

[1] 로레인 S. 웹Lorraine S. Webb: 미국. LS Webb 코칭 및 HR 컨설팅 대표. 임원 코칭에 전략적 통찰력과 개방성을 제공한다. 유틸리티, 제약 및 제조 업계에서 25년 이상의 인사 경력, 최고 경영진과 고위 경영진에게 조언을 제공하는 신뢰할 수 있는 코치이자 고문. 강력한 코칭 문화를 구축하여 조직을 '일하고 싶은 기업'으로 선정하는데 기여했다. 사람들이 성공으로 이끄는 행동을 파악하도록 돕는 데 열정적으로 헌신하고 있다. 신흥 리더와 고위 리더 모두를 위한 코칭을 포함한 리더십 개발 프로그램을 만드는 등 강력한 인재 풀을 개발하기 위한 노력을 주도했다.

초점은 조직의 인재, 특히 새로운 관리직과 리더십 직책으로 승진한 인재의 능력에 맞춰졌다. 이러한 직책에 새로 임명된 사람들은 대부분 지식 전문가로 리더십 기술이 거의 없는 상태였다. 최고 경영진은 인사팀과 연계하여 교육 및 코칭에 필요한 사항을 권고받기 위해 외부 컨설턴트 기관과 계약하기로 결정했다. 또 내부/사내 코치 풀을 활용하여 코칭을 제공하기로 결정했다. 내부/사내 코치의 활용은 이미 매우 열악했던 조직 내 환경을 더욱 악화시켰다. 신뢰와 사기는 사상 최저 수준이었다. 자원은 부족했고 조직의 새로운 계획에 대해 협력하려는 부서의 의지도 미약한 상태였다.

사례 연구

배경

최고 경영진C-suite의 요청에 따라 제3자 코칭, 조직 개발 회사 앨리산 컨설팅Allisan's Consultancy이 HR 부서와 협력하여 조직 검토를 수행했다. 인사부문HRD 담당 부사장은 컨설팅 기관인 앨리산 컨설팅과 미드웨스턴 주식회사의 경영진과 협력하는 작업을 담당했다.

컨설턴트들은 조직이 핵심 가치를 재정립하고, 보상 및 인정 프로그램을 개발하고 실행하며, 조직 리더들에게 개별 코칭을 제공해야 한다는 결론을 내렸다. 경영진은 외부 코치와 계약하는 대신 내부에 고용된 코치 풀을 활용하여 코칭과 멘토링을 제공하기로 결정했다.

대부분의 내부/사내 코치들은 신입사원으로 조직의 최근 역사나 역동 관계에 대해 잘 알지 못했다. 내부/사내 코치의 상사는 최고 경영진 가운데 한 명과 연인 관계에 있는 것으로 알려져 코칭팀 원들은 불안감을 느꼈다. 협의 끝에 코치와 코칭 고객(최고 경영진 및 리더) 간의 논의는 기밀로 유지되었다. 관리자에게 전달되는 정보는 코치, 코칭 고객, 관리자가 참석하는 업데이트 회의에서만 유일하게 전달되었다.

코칭이 다음과 같은 효과가 있다고 믿는다.

1. 핵심 역량 측면에서 전반적인 리더십 팀을 강화한다.
2. 개별 리더의 가치관이 비즈니스의 확립된 핵심 가치와 일치하는지 확인한다.
3. 개별 리더가 현재 또는 미래의 직책에서 더 강력한 성과를 낼 수 있도록 개발하는 데 도움을 준다.

과제

코칭은 케미 회기 chemistry sessions[2], 코칭 고객(리더), 내부/사내 코치,

리더(코칭 고객)의 관리자 사이의 목표expectations 설정을 위한 미팅, 360도 평가로 구성되었다. 최고 경영진을 포함한 모든 리더는 6개월 동안 12회의 코칭 회기를 받을 자격이 있었고 필요하거나 요청할 경우 추가 코칭 회기, 다양한 팀 개발 워크숍에 참석할 수 있었다. 코칭 진행 계획은 코칭 고객과 그들의 관리자가 함께 설계했다.

코칭 과정에는 다음이 포함되었다.

- 유망한 리더의 커리어 목표를 확인한다.
- 리더의 관리자와 함께 종합적인 코칭 계획을 수립한다.
- 리더, 관리자, 코치와 함께 분기별로 모니터링 및 미팅을 진행한다.
- 코칭 외에도 리더는 고위 경영진들이 고급 학위 또는 자격증을 취득하도록 권장한다.

최고 경영진은 이 계획에 동의하고 이를 관리팀에 전달했다. 이 과정이 오래 걸리겠지만 조직의 미래 생존을 위해 반드시 필요한 일이라는 것을 이해했다. 모두가 이 과정에 참여하고 그들의 헌신과 성과에 따라 평가받을 것이라는 기대가 있었다.

---

2) [역자] 코칭이 시작되기 전에 코칭 고객이 코치와 합이 잘 맞는지 확인하는 회기. 케미 회기를 통해 고객은 코치를 변경할 수 있다.

코칭

조직에서 코칭 과정이 깊이 진행됨에 따라 많은 고위 관리자들이 코칭 대화에 대한 정보를 알고 싶어했다. 이러한 리더 가운데 일부는 직속 보고자들(코칭 대상자)이 성과를 내지 못하고 있다고 생각하여 코칭이 재배치나 해고를 독려하는 데 초점을 맞추기를 원했다. 다른 리더들은 '이 정보가 직원을 더 잘 관리하는 데 도움이 될 것'이라는 거짓된 이야기를 하면서 구체적인 대화 내용을 알고 싶어 했다.

HR 리더 잭Jack은 코칭의 목적을 바꾸고 싶어 하는 여러 고위 리더들과 직접적이고 명확한 논의를 해야 했다. 특히 코칭을 받는 사람들에게 코칭은 혜택이며 경력 개발 과정으로 생각해야 한다고 설명해야 했다.

일부 고위 관리자는 코치와 코칭 고객(리더) 사이의 대화를 비밀리에 듣고 싶어 했다. 잭은 다시 한 번 제기된 의문에 대해 필요한 경우 적절한 시점milestone에 코치, 코칭 고객, 관리자가 만나 작업과 관련된 진행 상황이나 우려 사항을 논의할 수 있다고 제안했다. 또한 매월 내부/사내 코치들은 코칭을 받는 직원과 수퍼비전 관리자[3]에게 회의를 통해 피드백을 제공했다. 이러한 회의에서는 목표에

---

3) [역자] supervising manager. 내부/사내 코치들의 활동을 수퍼비전하는 내부 관리자

대한 진행 상황, 장애물 및 기타 관련 정보에 초점을 맞추었다.

코칭이 계속되고 고위 관리자의 정보 요청이 줄어들지 않자, 잭은 부하 직원의 360도 모습이나 코칭 대화에 관한 정보를 원하는 고위 관리자들을 만났다. 코치들은 점점 더 정보 공개에 대한 압박감을 느끼고 있었고, 요청을 받았을 때 공유하지 않거나 공유했을 때 발생할 수 있는 잠재적인 결과에 대해 우려하고 있었다.

핵심 도전 과제

- 리더들은 코칭에서 자신을 충분히 표현하지 못한다고 느꼈다. 코치들은 리더들이 코칭 회기 외 의사소통 과정을 신뢰하지 않기 때문에 자신의 코칭 작업이 제한적이라고 느꼈다.
- 코치들은 압박감을 느꼈고 공정성을 유지하기 위해 고군분투했다. 코칭 대화 내용을 공유하지 않을 경우 발생할 수 있는 정치적, 개인적 영향consequences에 대해 우려했다.
- 코치들은 코칭에 익숙하지 않고 코칭 도입에 대해 부정적인 시각을 가진 리더들과 함께 일하고 있었다.
- 리더들은 코칭 도입을 처벌적인 것으로 인식했으며, 성과가 부족하다고 판단되는 직원들을 해고할 수 있는 하나의 방법이라고 생각했다.

윤리적 함의

- **계약**: 코칭 계약 단계에서 발생하는 내부/사내 코치의 윤리적 경계, 효과성 범위를 탐색
- **기밀 유지**: 외부 코치와 비교하여 내부/사내 코치가 직면하는 윤리적 및 기밀성에 대한 도전 과제
- **신뢰**: 내부 계약의 역동 관계에는 신뢰 이슈가 내재되어 있다. 리더가 코칭 참여와 계약을 처리하는 방식에 따라 신뢰가 깊어지거나 약화될 수 있다.
- **존중**: 직장에서의 개인적인 관계가 과제를 할당하거나 분담하는 방식에 영향을 미칠 수 있으며, 리더는 참여를 통해 존중을 얻거나 잃을 수 있다.

토론을 위한 성찰 질문

1. 조직이 직면한 혼란 속에서 코칭 계획에 대한 신뢰와 확신을 확보하기 위해 어떤 조치를 취하고 무엇을 하겠는가?
2. 코칭 팀 전체와 내부 경영진이 같은 방향으로 정렬되도록 하기 위해 어떤 전략을 사용할 것인가?
3. 코칭은 지속적인 과정이다. 코칭 과정이 회사 DNA의 일부가 되도록 어떤 조치를 할 수 있는가?

연구 메모

연구 과제

사례 연구 23

내부/사내 코칭: 여성 리더에 대한 편견

저자: 로지 에반스-크림메 Rosie Evans-Krimme[1]
번역: 김현주

개요

다양성이 비즈니스 성공에 도움이 된다는 증거가 계속 나오고 있지만, 직원의 61%는 직장 내 포용성에 대해 부정적으로 생각하고 있다(McKinsey & Company, 2020). 성 평등과 관련해서는 고위 관리자 직급에서 여성과 남성 간의 불균형이 여전히 존재한다. 성별 격차를 탐구하는 과학적 문헌은 남성 중심적인 조직과 산업에서 일하는 것을 포함하여 직장 내 여성에게 해로운 영향을 미치는 많은 심리적 역동 관계를 밝혀냈다.

남성 중심 산업은 내부/사내 코치가 인식해야 할 시스템적인 도전 과제가 나타날 수 있는데, 여기에는 '전형적인 리더typical leader'에

---

[1] **로지 에반스-크림메**Rosie Evans-Krimme: 독일 코치허브. 디지털 코칭을 전문으로 하는 코치이자 행동 과학자behavioural scientist. 코칭 산업 발전의 5P 모델의 공동 저자이며 디지털 코칭, 코칭 윤리, 정신 건강 및 웰빙에 대해 정기적으로 글을 쓰고 강연 란다. 현재 코치허브에서 이노베이션 랩과 행동과학 팀을 이끌고 있다.

대한 편견이 포함되어 있다. 이글리Eagly와 카라우Karau(2002)는 리더십과 여성의 성 역할 사이의 이런 불일치가 어떻게 여성 리더에 대한 편견을 만드는지 논의한다.

아래 사례 연구에서는 자동차 산업 안에서 이러한 편견이 내부/사내 코치에게 미치는 윤리적 영향을 살펴볼 것이다.

사례 연구

배경

제니퍼Jennifer는 선도적인 자동차 제조업체 공장의 관리자로 처음으로 일하고 있다. 그녀는 지난 8년간 공정 엔지니어로 일하면서 대규모 자동차 생산에 필요한 기계와 공구를 설계하고 자동차를 만드는 데 필요한 공정을 설계했다. 지금은 예전 팀을 이끌고 있다.

제니퍼가 처음으로 팀을 이끌어야 하는 상황에 더해, 제니퍼가 속한 자동차 산업은 탄소중립을 달성하기 위해 큰 변화를 겪고 있어 자동차를 제조하고 생산하는 방식을 크게 변화시켜야 했다. 그녀의 조직은 지속가능성sustainability을 높이기 위해 생산 과정을 변경하는 등 글로벌 혁신 프로젝트를 시작했으며, 제니퍼는 이러한 변화와 함께 팀을 이끌어야 했다. 제니퍼의 조직은 탄소중립을 향한 빠른 진전을 이뤄야 한다는 압박을 받고 있었으며, 그 성공 여부는 면밀히 모니터링되고 있었다.

변화를 시작하고 새로운 역할을 맡은 지 몇 달 뒤, 제니퍼는 관리자인 제이슨Jason으로부터 자신의 성과가 저조하다는 말을 듣고 코칭을 받으라는 권유를 받게 되었다. 내부/사내 코치 풀에서 시간이 가능한 스티브Steve가 선정되었고, 세 사람 간의 3자 회의가 이루어졌다.

과제

3자 회의에서 제이슨은 제니퍼 팀의 진행 방식으로는 4개월 후에 다음 중요한 프로젝트 단계mileston를 달성할 수 없을 것이라는 우려를 전했다. 그는 제니퍼가 팀원들에게 새로운 변경 사항을 전달하는 방식을 개선하고 팀원들이 이러한 변경 사항에 대해 책임감을 갖도록 하는데 노력해야 한다고 생각했다.

제니퍼는 현재 진행 속도가 느리다는 데 동의하고 스티브와 코칭을 통해 의사소통 방식을 개선하기로 했다. 관리자인 제이슨은 매주 제니퍼의 진행 상황을 업데이트해 달라고 요청했다. 3자 회의가 끝난 뒤 제이슨은 스티브를 한쪽으로 끌어당겨 제니퍼가 이 역할에 적합하지 않다고 생각하며 '남자처럼 말하는 법'을 배워야 한다고 말했다. 그는 다른 (남성) 동료가 대신 승진했어야 한다고 불평했다. 스티브는 코칭 계약의 이면에 제니퍼에게 해로운 숨겨진 의도가 있다고 우려했다.

코칭

제니퍼가 스티브와의 첫 코칭 회기에서 매니저 역할을 맡게 된 동기에 대해 질문했다.

- 스티브: 관리자가 되기까지의 여정은 어땠나요?
- 제니퍼: 아시다시피 자동차 업계에는 여성 리더가 부족합니다. 저는 엔지니어링 공부를 시작할 때부터 롤모델이 되고 싶었습니다. 또한 탄소중립을 향한 업계의 전환에 영감을 받았고, 집에 있는 어린 환경 전사 eco-warriors인 아이들에게 지속가능성에 기여하는 방법을 보여주고 싶었습니다.
- 스티브: 목적의식과 가치관이 확고한 것 같네요.
- 제니퍼: 네, 그게 제가 계속 일할 수 있는 원동력이죠.
- 스티브: 좀 더 설명해 줄 수 있나요?
- 제니퍼: 글쎄요, 이 업계에 종사하는 남성들이 저를 이해해 주실 거라 기대하진 않아요. 저는 커리어 내내 성차별에 직면해 왔고 이미 지칠 대로 지쳤습니다.
- 스티브: 이 점이 저를 선택한 이유에 어떤 영향을 미쳤나요?
- 제니퍼: 저만의 이론이 있긴 하지만 그것을 당신과 공유하는 것이 편하지

않습니다.

스티브: 제이슨의 피드백에 동의하시나요?

제니퍼: 솔직히 말해서, 저는 당신이 제이슨과 매주 정보를 업데이트하는 것을 알기 때문에 제 생각과 상관없이 제이슨의 의견에 따라 노력해야 합니다.

스티브는 제이슨과 대화를 나누었기에 제니퍼가 조심스러운 이유를 이해했다. 그렇지만 그는 갈등을 느꼈다. 제니퍼가 자신의 주요 코칭 고객이지만 제이슨도 또 다른 고객이기 때문이었다. 또한 제이슨의 피드백은 코칭의 효과를 입증하기 위해 수집될 것이었다. 스티브는 제니퍼를 돕고 싶고 계약서contracting에 동의한 대로 그녀의 의사소통 방식을 개선하기 위해 계속 협업하기로 결정했다.

세 번의 회기 끝에 스티브는 제니퍼가 자신만의 강점이 있는 명확하고 공감할 수 있는 의사소통 방식을 갖고 있다는 것을 경험했다. 그러나 그는(코치 스티브) 이러한 의사소통 방식은 제이슨이 비효율적이라고 생각하는 방식이라는 것을 알고 있기에 제니퍼가 이런 의사소통 방식을 바꾸기를 원했다. 그렇지 않으면 제니퍼가 직장을 잃을 위험이 있었다.

핵심 도전 과제

- 핵심 과제는 제니퍼가 자신의 관리자인 제이슨과 자신이 일하고 있는 업계가 성차별적이라는 가정을 가지고 일한다는 것이다. 위의 대화에서 볼 수 있듯이 제니퍼가 이렇게 믿으면 코칭 과정에 대한 불신이 높아지고 자신을 개방하지 않는 이유가 될 수 있다.

  스티브가 "이 점이 저를 선택한 이유에 어떤 영향을 미쳤나요?", "제이슨의 피드백에 동의하시나요?"와 같은 개방형 질문을 할 때 제니퍼는 대답을 거부했다. 스티브는 내부/사내 코치이자 자동차 업계에서 일하는 사람이므로 제니퍼는 이 가정을 스티브에게도 적용하여 작업 동맹working alliance의 강도를 약화시키고 있었다.

  스티브는 제니퍼에게 '남자처럼 말하는 법'을 배우라고 제안한 3자 회의 이후 제이슨과의 대화를 근거로 제이슨이 여성 리더에 대한 편견이 있을 수 있다고 의심했다. 그러나 이는 확인되지 않았으며 스티브의 도전 과제는 중립을 유지하는 것이었다.

- 제니퍼의 가정에 도전하는 과정에서 스티브는 제니퍼, 그녀의 관리자, 그리고 조직의 요구사항을 조율하는데 어려움을 겪고 있었다. 스티브는 코치로서의 성과가 매니저의 피드백에 의해 평가되므로 제이슨과 제니퍼 사이에서 이해관계 충돌에 놓일 수 있는 잠재적인 이해관계를 공유한다. 이는 코칭 과정이 시작될 때 제이슨이 자신의 지위를 이용해 제니퍼에게 코칭을 강요하는 것에

서 관찰되었다.

또한 스티브는 제니퍼에 대한 제이슨의 피드백에 동의하지 않기 때문에 갈등을 겪는다. 그러나 그는 또한 제니퍼가 이 역할을 잘 수행할 수 있도록 돕고 싶어하며, 제이슨이 적합하다고 생각하는 방식으로 그녀의 의사소통 방식을 조정하도록 도와야 한다는 강박관념을 갖고 있다. 여기서 스티브의 도전 과제는 자신의 의도가 판단을 흐리게 하고 잠재적으로 제니퍼를 코칭하는 데 방해가 되는 것은 아닌지 스스로 솔직하게 확인하는 것이다.

윤리적 함의

- **기밀 유지**: 코치의 책임, 목표, 성공의 척도, 피드백 과정에 대한 관리자나 코치 스폰서 등 이해관계자와의 기대치를 관리하여 기밀을 유지할 수 있는 능력
- **이해 상충**: 심리적으로 안전한 환경을 조성하기 위해 코치, 코칭 고객 및 이해관계자가 코칭에 참여하는 동안 다른 이해관계가 없는지 확인한다.
- **코칭 역량**: 코치가 자신의 역량 범위를 넘어 코칭 고객에게 해를 끼칠 위험이 있는지 확인한다.
- **편견**: 코칭 참여에 영향을 미칠 수 있는 내부 편견에 대해 지속적으로 성찰한다.

토론을 위한 성찰 질문

1. 소수 집단의 직원을 대상으로 하는 코칭 고객을 가장 잘 지원하기 위해 코칭 참여 설정을 어떻게 개선할 수 있는가?
2. 내부/사내 코치로서 독립적인 역할 수행에 영향을 미치는 권력 역동 관계가 있는가?
3. 코칭 대화에서 자신의 편견과 이러한 편견이 발생하는 방식을 어떻게 정기적으로 점검할 수 있는가?

참고 문헌

- Eagly, A. H., & Karau, S. J. (2002). Role congruity theory of prejudice toward female leaders. *Psychological Review*, 109(3),573-598. https://doi.org/10.1037/0033-295X.109.3.573
- McKinsey and LeanIn.org. (2022). Women in the workplace. Retrieved on 27th November 2022 from https://www.mckinsey.com/featured-insights/diversity-and-inclusion/women-in-the-workplace

연구 메모

연구 과제

사례 연구 24
독재적 리더십의 권력 문제

저자: F. K. 티아 모인F. K. Tia Moin[1]
번역: 김현주

개요

CEO가 이끄는 내부/사내 코칭 과제는 문제 있는 리더십 행동(독재적 스타일, 책임감 부족)을 보이는 고위 리더의 경력 계획을 촉진하고 회복력을 개발하기 위해 시작되었다. 인사팀은 학습 및 개발(L&D) 팀의 내부/사내 코치가 제공하는 강점 코칭을 추천했다.

계약은 코치(내부 L&D), 코칭 고객(고위 리더), 조직 이해관계자(CEO) 사이의 3자 회의로 시작했다. 코치와 코칭 고객은 CEO의 문제 있는 행동을 인지했지만 권력 역동 관계로 인해 그것을 해결하기를 주저했다. 이에 따라 코칭 고객과의 투명성이 결여되어 코칭 고객이 코칭 과정에서 비현실적인 방향으로 이동하게 될 가능성

---

[1] **F.K. 티아 모인**F.K. Tia Moin: 영국 레딩Reading 대학교. 조직 및 코칭 심리학자로서 20년 이상 리더와 전문가를 개발하는 국제 컨설팅 경험. 영국 심리학회 코칭 심리학 분과의 선출직 위원으로서 코칭 심리학의 전문성을 개발하고 형성하는 데 밀접하게 관여하고 있으며 전문적이고 윤리적인 증거 기반 심리학 프랙티스에 자부심을 갖고 있다. 현재 영국 레딩 대학교에서 다양성과 포용을 위한 코칭을 연구하고 있다.

이 있었다. 또한 코치가 코칭 중에 완전한 공정성을 전달하는 것을 방해했다. 지위에 대한 욕구가 강조되어 코칭 고객의 강점 기반 코칭에 대한 초점이 흐려졌다. 모든 당사자 간에 기밀 유지에 대한 계약과 합의가 이루어졌지만, 코칭 후반에 어려움을 초래하는 몇 가지 간극이 있었다.

사례 연구

배경

워터테크 이노베이션스Watertech Innovations는 최근 성과 부진으로 이 사회에서 퇴출된 전임 최고경영자CEO를 대신해 새로운 CEO 길Gill을 임명했다.

길은 고위 경영진senior leadership team(SLT)의 오랜 구성원인 캣Cat과 어려움을 겪고 있었고, 조직의 인사 책임자 캘럼Callum에게 도움을 요청했다. 캣은 그 직급에서 길이 기대하는 리더십 행동을 보여주지 않았고, 그가 선호하는 리더십 방식(덜 독재적인 방식)에도 부합하지 않았다.

캣은 길과 더 긴밀하게 협력하여 일할 수 있는 임원 리더십 팀executive leadership team(ELT)의 공석에 지원했는데, 이는 캣이 자신의 성과 한계를 인식하지 못하고 있음을 시사하는 것이었다. 길은 SLT 회의에서 캣의 행동이 파괴적이며 팀의 성과에 영향을 미쳤다고 설명했다.

과제

캘럼(인사 책임자)은 캣에게 자기 인식을 높이고 강점에 맞는 경력 옵션을 탐색하기 위해 그의 팀에 속한 내부/사내 코치 릴리아Lilia로부터 강점 코칭을 받을 것을 제안했다.

길은 릴리아가 캣을 둘러싼 상황을 파악하도록 돕기 위한 사전 미팅에서 캣이 편부모이고 솔직한 피드백을 관리할 수 있는 사회적 지원과 승진 탈락을 관리할 수 있는 회복탄력성이 부족하다는 우려를 제기했다. 길은 캣이 ELT 역할에 적합하지 않다는 점을 분명히 했다.

계약

릴리아와 캣이 코칭 관계를 설정하기 위해 '사전' 통화를 한 뒤, 길, 캣, 릴리아의 3자 목표 설정 회기가 진행되었다. 릴리아는 두 사람에게 물었다. "코칭을 통한 결과 측면에서 성공이란 어떤 모습일까요?"

길은 캣에게 기대하는 행동에 대해 설명했다.

'SLT 회의에서 방어적으로 반응하지 않고, 결정과 결과에 책임을 지는 것', '조직 내에서 캣의 기술과 역량에 맞는 적합한 역할을 찾을 수 있도록 지원할 준비를 하는 것'

캣은 다음과 같이 답했다.

'자신이 팀에 제공하는 강점에 대해 가치를 느끼고 자신의 경력 목표에 맞는 역할을 찾는 것'

릴리아는 두 가지 질문을 더 명확하게 던졌다.

"당신(캣)의 강점은 무엇이라고 생각하나요?", "이를 어떻게 관찰하나요?"

길과 캣이 캣의 강점에 대해 서로 다른 견해를 가지고 있다는 점이 흥미로웠다. 이 질문은 서로의 견해 차이에 대한 통찰력을 높여 주었다.

또한 릴리아는 코칭 결과에 대한 잠재적인 경계도 제기했다.

"길, 코칭의 결과로 캣이 조직 외부의 기회를 추구하기로 결정한다면 기분이 어떨까요?"

길은 조직 내부에서든 외부에서든 캣에게 가장 적합한 역할에 대해 지원할 것이라고 거듭 강조했다.

코칭에 대한 피드백 관리와 관련된 또 다른 중요한 질문도 있었다. 릴리아는 다음과 같이 질문했다.

"주요 이해관계자인 길이 코칭 진행 상황에 대한 피드백을 받을 수 있는 가장 좋은 방법은 무엇인가요?"

두 사람 모두 어떤 이유로든 코칭이 효과가 없는 경우를 포함하여 길에게 업데이트할 책임은 릴리아가 아닌 캣에게 있다는 데 동의했다.

코칭의 질과 관련하여 우려사항이 발생하면 캣은 캘럼(HRD)과 비밀리에 이야기할 수 있었다. 모든 당사자 사이의 신뢰와 기밀을 보호하면서도 피드백을 받을 수 있는 통로를 열어두는 것이 가장 좋은 방법이라는 데 모두 동의했다.

코칭

캣은 ELT 직책과 관련하여 자신의 강점과 개발 영역을 탐색하고 싶었다. 캣은 '아하 순간'을 경험했는데, 열심히 일하고 엄격한 품질 관리를 보장하면 인정을 받을 수 있을 것이라고 믿었다. 그렇지만 그녀는 길이 다른 행동을 인정하고 보상한다는 것을 관찰했다. 경험이 적어도 영향력 있는 리더가 승진하는 경향이 있었다. 엄격한 통제보다는 자율성이 선호되었다.

캣은 자신의 코칭 목표를 정의했는데, 특히 리더십(카리스마는 그녀가 타고난 것은 아니었다)과 권한부여 및 코칭(지시하기보다)에 집중하고 싶어했다. 캣은 자신의 타고난 강점(품질 관리)을 발휘하는 것보다 ELT 직책이 훨씬 더 중요하다고 생각했고, 지원서를 제출할 계획이었다. 캣은 리더십 기술을 개발하기 위해 (코칭을 통한 과외 활동을 통해) 폭넓은 노력을 기울였고, 향후 길과의 미팅에서 자신의 잠재력을 보여주기 위해 이를 선보일 계획을 세웠다.

릴리아의 지지적인 성격은 캣과 신뢰를 쌓았고, 이를 통해 캣은 가족에 대한 책임과 함께 임원 생활의 요구사항을 공개적으로 탐구할 수 있었다(길의 우려를 해소). 캣은 육아 및 사회적 지원 시스템을 튼튼히 갖추고 있었기에 임원직의 실질적인 요구사항을 관리할 수 있는 역량에 대한 우려는 전혀 없었다.

시간이 지나면서 캣은 자신의 노력에도 길이 자신을 긍정적으로 바라보지 않는다고 느꼈다. 길은 캣에게 최악의 상황을 가정하고 직장 내 이슈에 대응할 기회를 거의 주지 않았다. 캣에 따르면, 전임 CEO가 도입한 시스템에서 비롯된 통제할 수 없는 작업의 심각한 도전 과제를 야기한 상황들이 있었다.

이에 대해 논의하려고 할 때마다 길은 캣이 논쟁만 일삼고 책임감을 갖지 않는 사람으로 보았다. 캣은 "성과 검토 토론에서 길에게 아무 말도 하지 못하고 피드백도 받지 못했습니다."라며 반복적으로 자신이 차단당하고 있다고 느꼈다. 캣은 책임을 회피하는 것으로 간주될 수 있기에 이의를 제기하거나 자신의 필요를 표현할 기회 없이 모든 비판을 받아들여야 한다고 느꼈다.

이에 릴리아는 갈등을 느꼈고, 캣이 길에 대한 우려를 이야기할 때 대수롭지aired 않게 보는 자신을 발견했다.

작업 상황이 악화되어 CEO가 캣에 대한 징계 절차에 착수할 정도까지 이르렀다. 캣은 코칭 회기에 참석하기로 되어 있던 날 징계 회의에 불려 갔고, 결국 코칭 회기에 '불참'하게 되었다. 계약상 기밀 유지 의무 때문에 캣은 릴리아에게 무슨 일이 있었는지 알릴 수 없었다(그렇지만 나중에 중요한 사건이 발생했다고 설명하며 회기 불참no-show에 대해 사과했다). 릴리아는 내부 예산을 위해 근무 시간을 기록할 때 '회기 불참no-show'을 보고해야 했다.

핵심 도전 과제

- 캣과 릴리아에 대한 CEO의 권력은 핵심 과제였다. 릴리아는 또한 자신의 관리자인 캘럼(HRD)이 길에 대해 높은 존경심을 갖고 있다는 사실을 알고 있었다. 릴리아는 고위 리더가 책임감을 보여야 한다는 길의 우려에 공감하면서도, 길에 대한 캣의 우려도 타당하다고 인식했다.

  이 사건은 '왕따 및 괴롭힘'으로 인식되는 회색 범주에 속했다. 릴리아는 상황에 딱지를 붙이는 것을 조심스러워했고, 길이 단순히 캣에 대한 신뢰를 잃고 편향된 행동(캣이 하는 모든 말을 불신하는 것)을 했다고 인식했다. 길에 따르면 문제는 전적으로 캣의 책임감 부족 때문이지 상황 때문이 아니었다. 두 사람의 관계는 이미 파탄 지경에 이르렀다.

- 당사자 사이의 기밀 유지 계약은 또 다른 핵심 과제였다. 릴리아는 캣의 '회기 불참no-show' 이유를 알지 못했지만 캣에 대한 길의

부정적인 태도를 고려할 때 캣의 기밀을 보호하고 캣의 코칭 참여(당시까지 매우 높았음)와 관련된 느낌을 관리하는 것에 대해 우려하고 있었다.

릴리아가 코칭 '회기 불참'을 부서 예산으로 기록해야 하는 필요성은 계약 과정에서 고려되지 않았다. 게다가 캣은 자신의 징계 문제에 대해 기밀 유지 의무가 있었으므로 캣과 릴리아는 코칭 회기 불참에 대해 서로 공개적으로 이야기할 수 없었다.

윤리적 함의

- **권력 역동**: 모든 관련 당사자 간의 관계가 개방적이고 공정한 코칭에 영향을 미쳤다.
- **상충되는 목표**: CEO는 '강점 코칭'을 계약했지만, 고객은 다른 방향으로 코칭하기를 선택했다.
- **신뢰**: 채용 결정은 이미 내려졌지만 캣에게 투명하게 공개되지 않았다.
- **계약**: 기밀 유지가 의사소통에 장애가 되었고 내부 보고(출퇴근 시간)를 통해 코칭 참석 여부가 드러났다.
- **편파성 및 권력 역동**: 양측 모두에 대한 권한을 가진 경영진의 비윤리적 행동에 대한 인식이 경시되거나 간과되었다.

토론을 위한 성찰 질문

1. 코치는 CEO와 HRD와의 공정성 부족을 어떻게 관리할 수 있는가?
2. 릴리아는 캣이 원하는 승진을 할 가능성이 거의 또는 전혀 없다는 것을 알고 있었다. 릴리아는 캣에게 이 사실을 어떻게 알릴 수 있는가?
3. '회기 불참'과 코칭이 다른 방향으로 진행된 상황을 지원하기 위해 계약서에 어떤 내용이 포함될 수 있는가?

연구 메모

연구 과제

사례 연구 25
코칭 주제가 일상 업무와 겹치는 경우

저자: 샘 아이작슨Sam Isaacson[1]
번역: 김현주

개요

한 대형 건설 회사의 다양성diversity, 형평성equity, 포용성inclusion, 소속감Belonging(DEIB) 책임자는 최근 승진에 실패한 원인을 DEIB 지표 탓으로 돌리는 백인 남성을 코칭하게 되었다. 코치는 코칭 고객의 백인 취약성, 즉 '최소한의 인종적 스트레스도 견딜 수 없는 상태'(DiAngelo, 2011)에 대한 이해로 상황이 어려웠고, 이슈를 해결하기 위해 코칭 방식을 확고하게 고수하기로 결정했다.

1) **샘 아이작슨**Sam Isaacson: 17장 저자 소개 참조.

사례 연구

배경

대형 건설 회사에서 일하던 루스Ruth는 조직 전체의 DEIB를 책임지는 업무를 맡았고, 그 동안의 성과에 자부심을 느꼈다. 그녀는 거의 85%가 백인 남성으로 구성된 인력이었던 조직에서 특히 여성과 흑인 리더의 비율을 높이는 데 중점을 두고 캠페인을 이끌었다. 내부/사내 코치이기도 했던 루스는 연례 성과 평가의 결과로 마이클Michael이라는 새로운 코칭 고객을 배정받게 되었다.

과제

첫 회기에서 마이클은 가장 최근 있었던 승진 기회에서 누락되어 코칭을 요청했다고 설명했다. 그는 직속 상사로부터 성과는 좋았지만 비즈니스 사례가 승진을 고려할 만큼 강력하지 않다는 말을 들었다.

코칭

상황을 되돌아본 뒤, 루스는 다음과 같이 질문했다.

"더 강력한 비즈니스 사례를 구축하기 위해 어떤 전략을 사용할 수 있을까요?"

이 간단한 질문으로 마이클은 자신만의 유효한 비즈니스 사례를 만들 수 있다고 믿게 되었고, 영감과 힘을 얻은 채 회기를 떠났다.

다음 회기의 첫 20분은 완전히 다르게 진행되었다. 마이클이 불평했다.

"불공평해요! 소위 '비즈니스 사례'라는 것은 비즈니스와는 전혀 상관없는 제 피부색과 관련된 것이었습니다! 누가 승진했는지 짐작이 가지 않으시나요? 산드라입니다. 그 이유가 무엇인지 아세요? 우리의 문화적 목표에 기여하기 위해서요. 산드라는 저만큼 자격이 없는데도 성별과 인종 때문에 승진한 거예요. 원래의 취지와 정반대되는 것 아닌가요?"

루스는 상황을 고려하면서 한동안 침묵을 지켰다. 마이클은 루스의 DEIB 역할에 대해 몰랐고, 지금이 그를 대상으로 [DEIB에 대해] 교육할 때일지도 모른다. 루스는 마이클에게 백인 취약성에 대해 설명해 주거나, 아니면 그녀가 백인 취약성[2]에 대해 이해한 것을 바탕으로 마이클이 표면 아래로 너무 깊이 들어가지 않고 더 많은 이야기를 털어놓을 수 있도록 해야할 수 있었다.

---

2) [역자] 백인 취약성이란 인종차별에 대한 논의에 대해 백인들이 느끼는 불편함을 말한다. 백인 취약성이라는 용어는 사회학자이자 작가인 로빈 디안젤로가 저서 『백인 취약성: 왜 백인은 인종차별에 대해 이야기하기를 그토록 어려워하는가』(이재만 옮김. 책과 함께. 2020)라는 저서를 통해 널리 알려졌다.

루스가 대답했다.

"산드라보다 당신이 그 역할에 더 적합하다고 느끼고 피부색으로 평가받는 느낌이 든다고 했습니다."

마이클은 고개를 끄덕였다.

루스는 다시 말했다.

"지난 회기에서 자신을 위한 강력한 비즈니스 사례를 구축하기로 합의했으니 이제 무엇을 해야 하나요?"

루스가 느낀 본능적인 감각은 방어적인 태도 가운데 하나였다. 그녀의 캠페인은 무의식적인 편견에 맞서기 위한 것이지 긍정적인 차별을 도입하기 위한 것이 아니었다. 그래서 그녀는 곤경에 처했다. 그렇지만 그녀는 마이클에게 힘을 실어주고, 판단하지 않으며, 지시적이지 않고, 호기심을 자극하는 질문을 하는 코칭 원칙을 고수했고, 이는 두 사람 모두에게 어려울 것이라는 것을 알고 있었다.

마이클은 회기가 진행되는 동안 이 주제와 씨름하면서 차별을 느낀다는 생각은 바꾸지 않았지만, 상황이 이렇게 된 것에 대해 아무것도 바꿀 수 없다는 사실을 받아들이는 데까지 이르렀다. 그는 자신의 승진을 위한 비즈니스 사례를 구축하겠다는 초기 약속을 두 배로 강화하고, 승진 과정에 대한 투명성을 논의하고 다음 라운드에서 최고의 승진 사례를 구축할 수 있는 효과적인 전략을 세우기 위해 그의 직속 상사를 포함한 3자 회의를 계획했다.

회기가 끝난 뒤, 루스는 상황을 수퍼바이저에게 가져가 자신의 코칭과 DEIB에 대한 자신의 가정, 즉 다양성만 지나치게 강조하고 포용과 소속감은 충분히 고려하지 않은 것에 대한 성찰을 통해 새로운 통찰을 얻었다. 결국 그녀는 조직의 인력을 더 잘 배치하기 위해 DEIB 자문위원회를 도입하고 비즈니스의 요구를 더 잘 충족하기 위해 이 주제와 관련된 의사소통 방식을 점검했다.

핵심 도전 과제

- **코치의 역할 경계**: 루스는 DEIB 책임자로서의 역할이 코치로서의 역할과 겹치게 되었다. 다른 역할을 맡는 동안 일상 업무가 코칭에 영향을 미쳐야 할지, 아니면 무시해야 할지 명확하지 않았다.
- **신념과 편견**: 루스는 자신이 중요하게 생각하고 자신에게 동기를 주며 열정을 가지고 있는 자신의 신념과 상반된 경험을 가진 사람을 만나면서 비판단주의의 도전을 정면으로 경험했다.

윤리적 함의

- **코칭 대화에 편견의 개입**: 코치와 코칭 고객 모두 처음에는 자신의 필터를 통해서만 상황을 볼 수밖에 없다.
- **'두 가지 모자 착용'**: 내부/사내 코치는 코칭을 시작해도 본업의 책임을 내려놓지 않으며, 특히 코치의 직급이 높을수록 이러한 책임이 코칭 고객의 상황에 영향을 미칠 가능성이 있다.
- **신뢰**: 루스는 조직에서 자신의 DEIB 역할을 공개하지 않았다. 코칭 대화의 맥락을 고려할 때 이 정보를 숨기는 것은 신뢰와 안전에 부정적인 영향을 미쳤을 수 있다.
- **역할 혼동 가능성**: 특히 코치가 특정 주제에 대해 코칭 고객보다 더 많은 정보를 알고 있는 경우, 코치 역할에서 벗어나 더 판단적이고 지시적인 접근 방식을 취하고 싶은 유혹을 느낄 수 있다.

연구 메모

토론을 위한 성찰 질문

1. 루스는 DEIB라는 주제에 열정을 가지고 있었으므로 이 주제에 대한 코칭 대화는 항상 도전이 될 것이다. 비슷한 방식으로 당신을 도전하게 하는 열정은 무엇인가?
2. 루스는 다른 선택의 여지가 있었는데도 코치로서의 역할에 굳건히 뿌리를 내리기로 결정했다. 당신이 루스의 입장이었다면 어떻게 행동했을 것 같은가?
3. 루스는 마이클과의 대화에서 배운 것을 DEIB와 관련하여 자신이 시작한 일에 적용하기 위해 활용했다. 내부/사내 코치가 코칭 회기에서 나온 내용을 바탕으로 일상 업무를 변경하는 것이 얼마나 적절한가?

참고 문헌

- DiAngelo, R. (2011). White fragility, *International Journal of Critical Pedagogy*, 3(3), 54-70.

연구 과제

8장
디지털 및 인공지능(AI) 코칭

코칭 분야에도 디지털 및 AI가 빠르게 성장하고 있다. 이에 따라 코칭 공간에 긴장이 부각되고 있다. 충분히 알려지지 않았거나 상상만으로도 긴장감은 더 해지고 있다. 이 장에서는 죽음과 사별, AI 전문가, 데이터, 팀 리더십 및 미래에 대해 중점적으로 다룬다.

사례 연구 26
예상치 못한 사망 시 디지털 기록 관리하기

저자: 이브 터너Eve Turner[1], 데이비드 A. 레인David A. Lane[2]
번역: 이서우

개요

이 사례 연구는 실천에서의 경험을 바탕으로 하고 있다. 코치가 갑작스럽게 사망했으나 그에 대한 대비를 전혀 하지 않은 경우를 다룬다. 코치는 수퍼바이저가 없었지만 경험이 풍부한 코치 친구들이 있었다. 친구 가운데 한 명이 이 상황을 자신의 수퍼바이저에게 알렸다. 친구를 잃은 슬픔에 대처하는 동시에 코치의 파트너로부터 서재와 디지털에 저장된 모든 고객 정보를 어떻게 처리해야 하는지

---

1) **이브 터너**Eve Turner: 사례 연구 6 필자 소개 참조
2) **데이비드 A. 레인**David A. Lane: 영국의 Professional Development Foundation 에서 연구와 코칭의 전문성 개발에 기여해 왔다. 주요 컨설팅 회사, 다국적 기업, 공공 부문 및 정부 기관을 포함한 다양한 조직이 대상이다. 경력 코치들을 위한 프랙티스 기반 석사 및 박사 학위 과정도 운영한다. 영국 심리학회British Psychological Society(BPS) 심리치료 전문 심리학자 등록부의 의장을 역임했으며, EFPA의 심리치료 그룹을 주재했다. BPS, CIPD, WABC, EMCC의 위원회에서 활동했다. 상담 심리학에 대한 기여로 '뛰어난 과학적 기여'로 BPS의 수석상을 수상했다. 영국심리학회로부터 전문 심리학에 기여한 공로상, 서레이대학교 Surrey University로부터 평생 공로상, 코칭 앳 워크Coaching at Work로부터도 비슷한 상을 수상했다. 그는 APECS의 펠로우이다.

문의를 받았다. 이 가족은 고객의 기밀을 보장하고 싶었고, 코치의 디지털 흔적이 소셜 미디어에 남는 것을 어떻게 처리해야 할지 궁금해했다.

이런 일은 코치들에게 자신의 실천에서 동일한 상황이 발생하지 않게 하려면 무엇이 필요한지, 처리되지 않은 디지털 및 기타 기록의 기밀유지에 대한 잠재적 위험을 피하려면 어떤 조치가 필요한지 검토하게 한다. 이 주제에는 코치의 예상치 못한 사망이 고객, 가족, 친구에게 미칠 수 있는 영향도 포함된다.

이 사례는 죽음과 애도와 관련된 문제(Berinato, 2020; Dance, 2020), 예상치 못한 사건에 대비하는 코치의 역할(Menaul & João, 2022; Turner, 2021), 이 분야에 대한 알아차림을 높이는 코칭 전문 기관의 역할(Lane & Turner, 2023)과 관련된 이슈를 제기한다.

사례 연구

배경

유럽에서 활동하는 코치 앙투아네트Antoinette는 엔지니어인 파트너 가브리엘Gabriel과 두 명의 십대 자녀를 두고 있다. 그녀는 독립 코치로 일하고 있으며 전 세계의 다양한 회사에서 외부 코치로 바쁜 나날을 보내고 있다. 그녀가 코칭하는 분야는 다양하다. 기밀 유지가 매우 중요하고 암호 보호 기능이 있는 안전한 디지털 저장소 등 요구사항이 많은 국방 분야도 포함되어 있다.

앙투아네트는 보조 직원을 두지 않았다. 파트너인 가브리엘도 그녀의 노트북이나 고객 기록(종이든 디지털이든)에 액세스할 수 없다. 그녀는 항상 이것이 고객의 기밀을 보장하는 가장 좋은 방법이라고 생각해 왔다.

앙투아네트는 피곤하고 컨디션이 좋지 않거나 최상이 아니어도 계속 일을 해왔다. 그녀는 파트너와 친한 친구들에게 이 사실을 이야기했고, 결국 의사를 찾았다. 일련의 검사를 받은 후, 전문의는 그녀에게 몇 달밖에 살지 못할 것이라고 말한다.

그녀는 결과적으로 일을 그만두게 될 것이 우려되어 의사 말을 믿지 않고 무시하며, 즉각적인 치료를 거부했다. 그녀는 점차 더 피곤함을 느껴 다른 의사의 의견을 구하기로 결심했지만 2주 만에 앙투아네트는 예상치 못하게 빠르게 사망했다. 가족, 친구, 고객 등 그 누구도 이 상황에 대비하지 못했고, 이로 인해 정서적 충격과 동시에 비즈니스에도 영향을 미쳤다.

앙투아네트는 수퍼바이저가 없었다. 가족이나 동료들과 자신의 질병, 무력화 또는 예기치 않은 죽음에 대한 대비책을 논의한 적도 없었다. 또한, 진단이 정확하다고 믿고 싶지 않았기에 죽기 전에 어떤 준비도 하지 않았다.

가족들은 앙투아네트의 휴대폰 번호로 전화를 걸어 회기에 나타나지 않는 이유를 묻는 고객들을 대응해야 했다. 그녀의 사망 소식을 들은 고객들은 매우 당황해했다. 몇 년 동안 앙투아네트와 함께 작업하며 그녀를 친구로 여겼던 고객들은 상실감과 버림받았다는 느낌이 극심하다. 가브리엘은 어머니를 잃은 두 자녀와 자신의 슬픔, 그리고 앙투아네트가 개인적인 유언장이 없었기 때문에 다른 실질적인 세부 사항을 정리하는 모든 문제를 해결하면서 이 문제를 다루고 있다.

처음에는 당황했지만, 일부 고객들은 가브리엘에게 연락해 자신의 파일과 제공받지 못한 남은 회기에 대해 문의했다. 그리고 방위 산업 분야의 고객들도 전화해 매우 민감한 정보를 안전하게 파기하는 방법에 대해 알고 싶어 했다.

가브리엘은 코치이자 앙투아네트의 절친한 친구인 줄리Julie에게 조언을 구한다. 그는 기밀을 유지하고 싶지만 다양한 디지털 고객 기록, 노트북 파일 및 앙투아네트의 소셜 미디어에 어떻게 접근하고 보호할 수 있을지 고민이 되었다. 가브리엘과 이 문제를 논의하던 중 줄리는 앙투아네트의 노트북에 있는 폴더를 살펴보는 것 외에는 해야 할 일이 없고, 고객이 누구인지 연락처나 정보가 없으며 노트북에 있는 자료가 비밀번호로 보호되어 있다는 사실을 알게 된다. 모든 고객 기록이 온라인에서 비밀번호로 보호된 '안전한 보관소vault'에 저장되어 있으며, 그 비밀번호는 앙투아네트만 알고 있었다는 사실도 밝혀졌다. 이는 일반 데이터 보호 규정General Data Protection Regulation(GDPR)의 요구사항을 준수한 것이지만, 코치의 가족은 고객의 기록에 대한 문의에 답할 수 없는 상황에 처했다. 또한, 상심한 고객들로부터 어디에서 도움을 받을 수 있는지에 대한 문의도 받고 있다. 그리고 가브리엘은 줄리에게 그 고객들과 연락해 지원을 제공할 수 있는지 물어본다.

재무 기록(은행 계좌 및 회계사 정보), 전문가 단체 및 기타 멤버십, Zoom 계정, 잡지 구독, 전문가 배상 책임 보험, 소셜 미디어 계정에 액세스할 수 없는 등 더 일반적인 문제도 있다.

과제

줄리는 스스로도 슬픔에 잠겨 있으며, 친구의 갑작스러운 죽음으로 인해 개인적인 기억이 떠올라 힘들어하고 있지만, 이 상황을 수퍼바이저인 에이드Ade에게 이야기했다. 줄리는 이 상황이 윤리적으로 실천 규범에 따라 처리되기를 원하며, 자신의 책임이 아니지만 가브리엘을 돕고 싶었다. 그렇지만 그녀는 치료사로서 다른 실천 강령에서 일부 관련 정보를 접할 수 있지만 코칭 윤리 강령에서는 어떤 지침도 찾을 수 없다.

수퍼비전

가브리엘의 요청으로 그를 지원하게 된 줄리는 수퍼바이저인 에이드와 함께 이 상황을 어떻게 처리할지 논의한다.

- 자신의 슬픔을 어떻게 다룰 것인가?
- 앙투아네트가 갑작스럽게 떠나면서 가족에게 남겨둔 어려운 상황에 대한 분노를 어떻게 다룰 것인가?
- 앙투아네트가 미리 준비했더라면 피할 수 있었던 상황에 자신이 말려들게 된 것에 대한 분노를 어떻게 다룰 것인가?
- 자신의 분노에 대한 죄책감을 어떻게 다룰 것인가?
- 실질적인 차원에서, 줄리는 가브리엘이 고객문의에 대처하여 코칭이라는 직업이 윤리적인 것으로 여겨지도록 어떻게 도울 것인가?

코칭

수퍼바이저인 에이드가 이 이야기를 들었을 때, 그는 이 상황의 여러 요인을 알게 되었다. 그는 가브리엘과 그의 자녀들의 해결되지 않은 슬픔의 과정과 줄리, 그리고 일부 고객들에게 트라우마적 슬픔이 나타날 수 있는 병렬/평행과정 parallel process 을 인지했다. 그는 줄리와 함께 이 문제에 대해 이야기하며, 정보를 바탕으로 결정을 내린 다음 적절하게 행동할 수 있도록 계약을 맺었다.

핵심 도전 과제

- 다른 사람이 떠난 빈자리를 채우려다 그 영향을 고려하지 않고 너무 성급하게 행동하는 것
- 다른 사람들의 슬픔을 지원해야 할 때 코치가 겪고 있는 개인적인 큰 슬픔을 다루는 것
- 친구, 코치, 조언자, 애도자 등 복합적인 역할을 맡고 있는 코치가 이 역할을 잘 유지하는 방법
- 코칭의 목적이 무엇인지, 어떤 상황에서 코칭이 적절한지 기억하는 것
- 가족, 고객, 극비 정보를 다루는 회사 등 여러 '이해관계자'의 요구를 균형 있게 고려하는 것

연구 메모

윤리적 함의

- **요구사항**requirements: 사망 후 또는 정상 활동이 불가능한 경우 서비스 제공을 위한 요구 사항을 고려한다.
- **백업**back-up: 사망 또는 정상 활동이 불가능한 경우 원활한 절차를 보장할 수 있도록 개인 유언장을 반영하는 전문 시스템을 마련하는 방안을 모색한다.
- **돌봄의 연속성**continuity of care: 고객이 '버려졌다abandoned'고 느낄 가능성을 피하기 위해 계획 수립 시 고객 복지를 고려한다.
- **기밀 유지**confidentiality: 해당 지역 국가의 규정을 준수하고 디지털 및 서면으로 기밀을 보호하는 시스템을 활용한다. 고객 동의 없이 다른 사람을 이 정보에 관여하게 해서는 안 된다.

토론을 위한 성찰 질문

1. 코치가 갑자기 무능력 상태가 되거나 예기치 않게 사망하는 경우 고객과의 거래, 저장된 기밀 자료 처리를 포함한 자신의 사업에 대한 계획 등 자신의 업무를 '정리in order'하기 위해 검토해야 할 사항에는 어떤 것이 있나?
2. 코치는 이를 누구에게 어떻게 전달할 것인가?
3. 계획 수립을 준비할 때 코치는 어디에서 지침을 얻을 수 있나?

참고 문헌

- Berinato, S. (2020). That Discomfort You're Feeling Is Grief. An interview with David Kessler. *Harvard Business Review*, March 23rd. Available from https://hbr.org/2020/03/that-discomfort-youre-feeling-is-grief (accessed 24/07/2022).
- Dance, A. (2020). Working Through the Death of a Colleague. *Harvard Business Review*. Available from https://hbr.org/2020/11/working-through-the-death-of-a-colleague (accessed 10/05/2022).
- Lane, D. and Turner, E. (2023). Ethics and having an exit strategy for dealing with unexpected death, incapacity and deterioration. In W.A. Smith, J. Passmore, E. Turner, Y.-L. Lai and D. Clutterbuck (Eds.), *The Ethical Coaches' Handbook: A Guide to Developing Ethical Maturity in Practice*. Abingdon: Routledge.
- Menaul, J. and João, M. (2022). *Coaching and Supervising Through Bereavement: A Practical Guide to Working with Grief and Loss*. Abingdon: Routledge.
- Turner, E. (2021). Exit strategy. *Coaching at Work*, Vol. 14 (4), pp. 40-43.

연구 과제

사례 연구 27
코치와 핀테크 디지털 전문가

저자: 라몬 에스트라다Ramón Estrada[1]
번역: 이서우

개요

핀테크 스타트업의 CEO 겸 공동 창업자는 파트너와 함께 회사 출범을 축하한다. 그들의 혁신적인 도구와 서비스에 대한 언론 보도를 읽던 중 대형 은행의 이사가 CEO에게 전화를 걸어 와서 다음과 같이 요구한다. "귀사의 비교 플랫폼에서 우리 제품에 대한 정보를 변경하거나 삭제하지 않으면 소송을 제기하겠다." CEO는 핀테크 스타트업 분야에서 일한 경험을 바탕으로 자신의 코칭을 홍보한 임

---

[1] **라몬 에스트라다**Ramón Estrada: 스페인 출신의 세계적인 창업자 CEO 코치이자 기업가. 기업의 성공은 리더가 내면을 깊이 들여다보는 데서 비롯된다고 믿는다. 일곱 개의 회사를 창립한 기업가로 그 가운데 하나는 혁신과 성장으로 두각을 나타냈다. IESE 비즈니스 스쿨에서 MBA를 취득, 하버드와 버클리에서 사모펀드와 벤처 캐피털 프로그램을 통해 전문성을 강화했다. 존재론적ontological 코치, 리더십 및 임원 코치로서 뉴필드 네트워크Newfield Network, 버클리, 하트매스 연구소HeartMath Institute와 같은 권위 있는 기관에서 자격을 인증받았다. 코칭 연구소Institute of Coaching와 RSA의 펠로우로서 윤리적 리더십과 선도적 변화를 옹호하는 데 헌신하고 있다. 멕시코시티에서 태어난 라몬은 바르셀로나에 거주하며, 스페인에서 윤리적 비즈니스 관행과 리더십에 대한 글로벌 대화에 기여하고 있다.

원 코치에게 전화를 건다. 그러나 CEO가 원하고 필요했던 것은 코칭이었을까 아니면 컨설팅이었을까?

사례 연구

배경

파란 하늘의 화창한 화요일 아침이다. 마이클Michael과 그의 비즈니스 파트너는 전날의 행사를 논의하기 위해 스타트업 사무실에 일찍 도착했다. 두 공동 창업자는 모기지 대출 가격 비교 플랫폼의 장점을 대중에게 알리기 위해 기자 회견을 열었다. 이 플랫폼은 독자적인 알고리즘을 통해 사용자들이 비용 없이 신용 조건을 비교할 수 있을 뿐만 아니라, 모기지의 수명을 시뮬레이션할 수 있는 최초의 플랫폼이었다.

두 파트너는 회의실에서 모닝커피를 마시며 신문 기사를 읽고 헤드라인과 핵심 문구를 서로 공유했다. '수백만 명의 사람들을 위한 잠재적인 비용 절감', '멕시코 금융 민주화의 길' 등 기자들의 긍정적인 의견에 두 사람은 매료되었다.

스타트업의 CEO였던 마이클은 부동산 개발, 특히 주택 분야에서 10년 이상의 근무 경험을 갖고 있다. 그때 그는 모기지 신용 조건의 투명성이 부족하여 대중이 금융 상품을 비교하고 최선의 결정을 내리기 어렵다는 사실을 알게 되었다. 최고의 모기지와 차선의 모기지의 차이는 신용 수명 기간 동안 총 지불액의 10%에 영향을 미칠 수 있었다. 뿐만 아니라, 은행들은 잠재 고객을 인터뷰 후 사무실에서만 모기지 정보를 제공했기 때문에 이 사람이 세 개의 은행에서 견적을 받으려면 반나절을 투자해야 했다. 그래서 그는 시스템의 투명성을 높이기 위해 혁신적인 모기지 대출 가격 비교 플랫폼을 만들겠다는 아이디어를 생각해 냈다.

점심 식사 뒤 마이클은 멕시코에서 가장 큰 은행 가운데 한 곳의 모기지 크레딧 책임자로부터 전화를 받았다. 메시지는 분명했다. 그 책임자는 스타트업의 비교 플랫폼에 있는 모기지 관련 정보를 은행이 광고에서 밝힌 내용과 일치하도록 변경할 것을 요구했고, 그렇지 않으면 이 신생 스타트업은 은행으로부터 법적 요구를 받게 될 것이다.

마이클은 잠재적인 결과를 평가하면서 불안한 마음을 안고 집으로 돌아가 다음 날 코치인 샤우나Shauna와의 미팅을 요청했다.

과제

마이클은 샤우나를 임원 코치로 고용했다. 그는 코칭을 통해 리더십과 커뮤니케이션 스타일을 개선하여 팀과 외부 이해관계자들과 더 잘 연결하고자 했다. 이 중요한 시점에 마이클은 자신에게 무슨 일이 일어나고 있는지 깊이 들여다보고 이 문제에 대한 해결책을 찾아야 한다고 느꼈다.

계약은 6회기의 코칭 회기로 체결되었다. 마이클은 샤우나의 온라인 프로필에서 핀테크 및 스타트업 분야에서 일한 폭넓고 깊은 경험을 설명하는 그녀의 강력한 디지털 프로필을 읽었다. 그렇지만 마이클은 샤우나의 강력한 핀테크 배경을 고려할 때 그녀의 조언도 원한다는 사실을 밝히지 않았다.

코칭

샤우나와 마이클은 핀테크 스타트업 비즈니스에 대한 상호 관심과 경험이 상호 코칭 작업 관계를 구축하는 데 도움이 되었다는 것을 알게 되었다. 두 사람은 처음 계약한 뒤 매우 빠르게 코칭을 시작했다. 두 사람의 대화 내용은 다음과 같다.

> 마이클: 이렇게 급하게 연락을 드렸는데도 만나주셔서 감사합니다. 그렇지만 앞서 말씀드렸듯이 제 스타트업의 생존이 위험에 처해 있습니다.
> 샤우나: 회사가 왜 위험에 처해 있나요? 보내 주신 신문 기사를 읽었는데 모든 것이 계획대로 진행되고 있는 것처럼 보였어요.
> 마이클: 기자들은 낙관적으로 정보를 받아들였지만, 대형 은행 가운데 한

곳에서 상품 정보를 변경하라고 요구하고 있고, 이를 이행하지 않으면 소송을 제기하겠다고 합니다. 이제 막 시작한 저희는 스스로를 방어할 돈이 없습니다!

샤우나: 이제야 이 이슈가 왜 당신과 회사에 큰 문제인지 알겠어요. 궁금한 게 있는데, 은행의 요구대로 상품을 변경하면 어떻게 되나요?

마이클: 은행이 제시하는 정보는 정확하지만, 우리가 시장의 다른 모기지와 비교할 수 있도록 정상화하면 금리가 올라가서 그들이 마케팅에서 말하는 것보다 비싸집니다. 그들이 거짓말을 하고 있기 때문에 우리는 변경하지 않을 겁니다!

샤우나: 좋아요, 정보 변경은 고려하지 않을 거라는 거죠. 은행에서는 비교 플랫폼에서 자신의 상품 모기지를 삭제해 달라고 요구합니다. 그건 어떻게 할 건가요?

마이클: 이 은행은 시장의 주요 은행 가운데 하나이며, 우리가 그 은행의 상품을 보여주지 않는다면 시장에 투명성을 제공하지 않는 것이 되고, 이것은 우리 회사가 추구하는 바와 맞지 않습니다.

샤우나: 마이클, 이 회기에서 당신이 얻고자 하는 것이 무엇인지 명확하게 해봅시다.

마이클: 이 혼란에서 벗어날 수 있는 최선의 방법을 찾도록 도와주셨으면 합니다.

샤우나: 좀 더 명확히 하기 위해 묻습니다. 솔직히 지금 기분이 어떤가요?

마이클: 머리가 아프고 혼란스러워요. 어떻게 해야 할지 모르겠어요! 또한 이 은행이 저희 회사와 저를 대하는 태도가 불공평해서 화가 납니다. 저희 팀은 가족과 저희를 위해 더 나은 금융 시장을 만들

기 위해 스타트업에 합류했는데, 이제는 그것이 실현될 지 확신이 서지 않아요.

샤우나는 최근 경험한 비슷한 상황에서 해결한 방법을 기반으로 마이클에게 해결책으로 탐색할 수 있는 몇 가지 아이디어를 생각해 냈다. 혼란스러운 마음에 그녀는 조금 망설였다….

핵심 도전 과제

- 코칭 고객의 좌절감과 분노가 고조되어 코치가 코칭 목표에 초점을 유지하면서 지원하기 어려웠다.
- 코치는 금융 서비스 업계에 경험이 있었고 코칭 고객은 코치로부터 답변을 원했지만 코치는 이 시나리오에서 조언을 제공하는 책임을 원하지 않았다.
- 코칭 고객은 다른 은행에서도 같은 요구를 해서 투명성에 대한 스타트업의 평판이 손상될까 봐 두려웠다. 이는 코치에게 계약된 업무 외의 일을 하도록 압력을 가하는 것이었다.

윤리적 함의

- **계약**: 코칭이냐 컨설팅이냐. 하나가 시작될 때 다른 하나는 언제 중단해야 하는가?
- **역량**: 적절한 기술과 경험을 보유하고 있는지, 해결책을 공유하는지, 아니면 고객이 해결책을 찾도록 할 것인가?
- **자율성**: 고객의 의사결정을 존중하면서도 행동 방침을 안내하고 제안하고 싶은 충동을 느끼는 것
- **전문성**professionalism: 코칭의 영역에 충실하고 집중하며 코칭 고객을 구해주려는 상황에 휘말리지 않는 것

토론을 위한 성찰 질문

1. 코칭 고객의 비즈니스 생존이 걸려 있을 때, 코치가 자신의 비즈니스 경험을 공유하는 것이 어느 정도까지 허용될 수 있는가?
2. 코칭 참여engagement에서 멘토링과 코칭이 함께 있을 수 있는가? 코치는 무엇을 염두에 두어야 하는가?
3. 코칭 서비스 구매자에게 혼란을 주지 않으면서 과거 경험을 강조하는 것과 코칭을 홍보하는 것의 균형을 어떻게 맞출 수 있는가?

연구 메모

연구 과제

사례 연구 28
통제 범위를 벗어난 데이터 위반 처리

저자: 알렉산드라 J.S. 포에이커Alexandra J.S. Fouracres[1]
번역: 이서우

개요

디지털 기술과 AI의 진화 가능성은 흥미롭지만 사이버 공격에서 데이터(유형과 양 모두)가 유출exfiltrate되고 악용될 수 있는 방법의 확장을 의미하기도 한다. 의료 관련 '데이터 위반data breach'[2]은 지난

---

1) **알렉산드라 J.S. 포에이커**Alexandra J.S. Fouracres: 이스트 런던 대학교와 덴마크 코펜하겐 인벤트Capgemini Invent 졸업. 코칭 심리학자이자 학자로 활동하는 동시에 사이버 보안 관리자로도 활동. 금융 서비스, 사기 예방, 그리고 현재 사이버 보안 분야에서 20년 이상 리더로서의 경력을 쌓았다. 이스트 런던 대학교에서 응용 긍정 심리학 및 코칭 심리학 석사 학위를 받았다. 그녀는 『코치와 치료사를 위한 사이버 보안_고객 데이터 보호를 위한 실용적인 가이드Cybersecurity for Coaches and Therapists』(Routledge)의 저자이면서 연구원으로 활동하고 있다.
2) data breach는 데이터 위반보다는 데이터 유출로 더 많이 번역되어 있다. 본문에서는 데이터 유출exfiltratio과 구별하기 위해 '데이터 위반'이라고 번역하였다. Solove & Hartzog(2022)는 데이터 위반data breach, 유출exfiltration, 누설leakage은 데이터 누설(누수)이라고도 하는 데이터 위반(유출)은 '개인 정보의 무단 노출, 공개 또는 손실'을 의미한다. 또한 컴퓨터인터넷 IT용어 대사전에서는 데이터 누설leakage을 컴퓨터 시스템에서 자료가 불법으로 지워지는 것이라 정의하고 있다. 데이터 유출exfiltration은 멀웨어 및/또는 악의적인 공격자가 컴퓨터에서 무단 데이터 전송을 수행할 때 발생하며, 데이터 도난의 한 형태로도 간주한다(출처: 위키디피아).

10년 동안 증가 추세를 보이고 있다(HIPPA 저널, 2022). 사이버 공격자들은 코치와 같은 윤리적 가이드 라인을 따르지 않으며, 다크 웹dark web3)의 상업적 시장을 통해 판매할 수 있는 것을 찾는 것이 그들의 목표 가운데 하나이다(Ball & Broadhurst, 2021).

예를 들어, 2022년 스코틀랜드의 자선 단체인 스코틀랜드 정신건강협회Scottish Association for Mental Health(SAMH)가 랜섬웨어 사이버 공격의 피해자가 된 적이 있다(SAMH, 2022). 랜섬웨어 공격은 몇 가지 변형이 있지만 대체로 시스템 부동화, 협박, 잠재적인 데이터 유출 및 누설leakage을 포함한다. 개인 코치든, 코칭 회사든, 디지털/AI 플랫폼이든, 사이버 위협을 방어하고 대응할 수 있도록 기술을 향상시키는 것은 더는 선택 사항이 아니다(Fouracres, 2022). 사이버 공격은 고객 데이터를 위험에 빠뜨리고, 평판 손상, 재정적 손실, 법적 소송, 사이버 범죄의 피해자가 되어 정서적, 정신적 건강에 영향을 미칠 수 있다(Jansen & Leukfeldt, 2017; Palassis, Speelman & Pooley, 2021).

---

3) 다크 웹dark web: 인터넷을 사용하지만, 접속을 위해서는 특정 프로그램을 사용해야 하는 웹을 가리킨다. 일반적인 방법으로 접속자나 서버를 확인할 수 없기 때문에 사이버상에서 범죄에 활용된다. 다크 웹이라는 용어는 지난 2013년, 미국 FBI가 온라인 마약 거래 웹사이트 '실크로드'를 적발해 폐쇄하면서 알려졌다 (출처: 용어로 보는 IT).

사례 연구

배경

모건Morgan은 디지털 코칭 플랫폼인 PlatformC1에서 1년 동안 수많은 고객을 확보한 것에 대해 자부심을 느낀다. 1년 전 시골로 이사한 그녀는 설렘과 걱정이 교차했다. 대도시 생활에서 벗어나 휴식을 취하고 싶었지만, 자신을 사무실로 부르는 임원들과 함께 일할 때의 설렘이 그리워질 것 같기 때문이다. PlatformC1은 그녀에게 선호하는 고객층과 여전히 일할 수 있는 옵션을 제공할 뿐만 아니라 모든 데이터와 AI를 활용할 기회도 제공했다. 정보를 추가하고 몇 가지 짧은 활동을 통해 모건은 자신과 코칭 고객 모두 회기 사이에 발생한 추가 데이터로부터 매우 흥미로운 주제와 논제topics를 탐색하고 토론할 수 있다는 것을 알게 되었다.

어느 화요일 아침, 모건은 메일함에 읽지 않은 이메일이 너무 많다는 사실에 놀라 약간 움찔했다. 아니면 그녀가 느낀 것은 불안감이었을까? 매일 아침 일정량의 이메일을 받는 것에 익숙했지만, 이날은 받은 편지함에 굵은 글씨로 적혀 있는 항목의 수가 확실히 평소와 달랐다. 게다가 '중요', '꼭 읽어주세요'와 같은 단어가 포함된 제목의 이메일이 눈에 띄는 데는 그리 오랜 시간이 걸리지 않았다. 모건의 코칭 고객 가운데 한 명인 존 B가 보낸 두 통의 이메일이와 있었다. 이쯤 되니 모건은 무슨 내용을 읽어야 할지 가슴이 철렁 내려앉았다. 존 B는 플랫폼C1의 온라인 서비스의 유연성을 즐기는 유명 CEO였다. 언론에서의 그의 높은 인지도 때문에 모건이 그와 신뢰를 쌓는 데는 시간이 걸렸다. 모건은 이메일을 읽다가 한밤중에 PlatformC1에서 보낸 이메일을 발견했다. 긴장감과 아드레날린이 뒤섞인 마음으로 이메일을 열어본 모건은 자신이 전혀 대비하지 못한 상황에 직면했음을 확인했다.

데이터 유출(위반)data breach**: 중요 정보 PlatformC1의 중요 정보를 읽어주세요.**

친애하는 고객 여러분,

저희 플랫폼에 보관된 데이터에 대한 중대한 데이터 유출이 발견되었음을 알려드리게 되어 유감스럽게 생각합니다. 현재 저희는 한 달 전에 처음 발견된 이번 유출 사건의 전체 규모를 조사하고 있습니다. 이번 유출은 랜섬웨어와 관련된 외부 사이버 공격으로 인한 것으로 보이며, 현재 이에 대해 조사 중입니다.

이 문제에 대해 계속 주의를 기울이고 있으며, 추가 정보가 확인되는 대로 다시 알려드리겠습니다.

PlatformC1 리더십 팀

모건은 PlatformC1의 모든 고객과 함께 플랫폼 자체를 매우 적극적으로 사용했다. 그녀는 고객이 제기한 주제에 대한 메모를 기록하는 데 사용했는데, 여기에는 업무상의 딜레마, 진로 결정, 인간관계 및 개인적인 다양한 주제가 포함되어 있었다. 이 메모들은 코치들이 자신의 목적으로 비공개로 보관할 수 있는 폴더에 각 고객의 프로필에 추가되어 있다. 모건은 PlatformC1의 메시지를 통해 이 모든 데이터가 이제 유출될 위험에 처해 있다는 사실을 알게 되었다.

코칭

존 B는 회기 사이에 PlatformC1을 잘 활용하여 앱을 통해 임시 설문지와 테스트를 진행했다. 그 결과를 가끔 다음 코칭 회기에 사용하기도 했다.

존 B의 대화는 그가 기밀 정보를 책임지는 업무에 관한 것이었다. 모건은 PlatformC1이 고객이 자신의 메모를 추가할 수 있는 공간을 제공한다는 것을 알고 있었고, 존 B도 이를 활용하여 자신의 사생활과 관련된 목표와 함께 가능한 한 공개하지 않는 다른 정보도 추가해 두었다.

과제

존 B와 다른 고객들이 모건에게 이 상황을 어떻게 처리할지 지원을 요청하고 있다. 다른 고객들도 전화를 시도했지만 모건은 전화를 무음으로 설정해 버렸다. 그녀는 얼어붙은 기분이다. 조치를 취해야 한다는 것을 알고 있지만, 무엇을 먼저 해야 할까?

모건은 존 B가 마지막 이메일에서 보낸 링크를 읽기 시작한다. 그중 하나는 한 소셜 미디어 사이트에서 시작된 PlatformC1의 민감한 데이터가 다크 웹에서 어떻게 판매되고 있는지에 대한 토론이었다. 이 토론은 PlatformC1이 모건에게 이메일을 보내기 몇 시간 전에 시작된 것으로 보인다. 게시물에 응답하는 사람들은 누군가 데이터를 구매할 경우 노출될 비밀에 대해 추측하고 있다. 모건은 자신이 이 상황을 통제할 수 없다는 사실을 깨닫기 시작하지만, 지금 할 수 있는 한 가지는 어떻게 대응해야 할지를 알아내는 것이다.

핵심 도전 과제

- 모건은 다양한 긴장감을 느낀다. 여기에는 각 고객이 이 상황을 어떻게 처리할지, 어떤 데이터가 노출될 수 있는지, 그리고 이것이 자신에게 어떤 영향을 미칠지에 대한 걱정도 있다. 예를 들어 그녀의 이름은 모든 고객 기록에 연결되어 있다.

- 모건은 사이버 공격의 영향과 결과에 대한 자신의 이해에 한계가 있음을 깨닫는다. 이제 이 일이 실제로 발생하고 있다.
- 모건은 자신이 대응해야 한다는 것을 알고 있지만 어떻게 해야 할까?

윤리적 함의

- **고객이 안전하지 않다**: 무슨 일이 일어났는지, 어떤 정보가 유출되었는지, 언제 더 자세한 정보를 받을 수 있는지, 질문이 있거나 지원이 필요한 경우 누구에게 연락할 수 있는지에 대한 세부 정보가 없다.
- **신뢰 위반**: 코치이/고객은 플랫폼이 자신의 데이터를 관리해 줄 것으로 기대했다. 플랫폼은 공격에 대해 한 달 동안 알고 있었으나 소셜 미디어에 공개되고 나서야 이를 공개하고 있다.
- **역량competencies 한계**: 코치 역시 플랫폼에 대한 신뢰를 가지고 있는 만큼 상황에 대한 준비가 되어 있지 않다. 코치는 상황에 어떻게 대처해야 하는지, 어떻게 개입해야 하는지, 어디서부터 시작해야 하는지 확신이 없다.

토론을 위한 성찰 질문

1. 디지털 플랫폼에서의 데이터 보안은 플랫폼의 전적인 책임인가, 아니면 코치에게도 다음과 같은 윤리적 역할과 책임이 있는가?
   i) 검토해 보겠는가?
   ii) 가입한 플랫폼에서 명확하고 강력하며 확인된 보안 표준을 요구하는가?
2. 다음과 같은 경우 첫 번째 단계는 무엇인가?
   i) 모건(사례 연구의 코치)?
   ii) 코칭 플랫폼의 리더십 팀?
3. 이 사례 연구를 성찰한 뒤, 코치로서 보안 주제와 관련하여 어떤 조치를 취하겠는가?

연구 메모

참고 문헌

- Ball, M., & Broadhurst, R. (2021). Data capture and analysis of darknet markets. *SSRN*. http://dx.doi.org/10.2139/ssrn.3344936
- Fouracres, A. (2022). *Cybersecurity for Coaches and Therapists: A Practical Guide for Protecting Client Data*. Routledge. https://doi.org/10.4324/9781003184805
- HIPPA Journal. (2022). *Healthcare Data Breach Statistics*. HIPPA Journal. https://www.hipaajournal.com/healthcare-data-breach-statistics/
- Jansen, J., & Leukfeldt, R. (2017). Coping with cybercrime victimization: An exploratory study into the impact and change. *Journal of Qualitative Criminal Justice & Criminology*. https://doi.org/10.21428/88de04a1.976bcaf6
- Palassis, A., Speelman, C. P., & Pooley, J. A. (2021). An exploration of the psychological impact of hacking victimization. *SAGE Open*, 11(4), 21582440211061556.
- SAMH. (2022, March 21). We regret to announce that SAMH has been the victim of a sophisticated and criminal cybersecurity attack. *SAMH*. https://www.samh.org.uk/about-us/news-and-blogs/samh-annoucenment-cybersecurity-attack

연구 과제

사례 연구 29
AI 환경에서의 새로운 팀 리더

저자: 데이비드 클러터벅David Clutterbuck[1]
번역: 이서우

개요

이 사례 연구는 나의 경험과 팀 코치 수퍼비전에서 제기된 여러 사례를 종합한 것이다. 개별 리더와 일하는 코치들은 그 리더의 팀을 코칭하는데 도움을 달라는 요청을 받는 일이 많아지고 있다. 그러나 팀 코칭에는 개인 코칭보다 훨씬 더 광범위한 지식과 도구가 필요하며, '해를 끼치지 않는다do no harm'라는 원칙에 따라 이런 확장된 역할이 때로는 비윤리적일 수 있다. 코치의 딜레마 가운데 하나는 팀과 리더를 함께 코칭하는 데 필요한 기술을 어떻게 습득할 것인가이고, 또 다른 하나는 팀 리더가 개별 코칭 고객에서 팀 코칭이 뿌리 내릴 수 있는 코칭 문화를 구축하는 주체로 정신적 전환mental shift을 할 수 있게 하는 것이다.

---

[1] 데이비드 클러터벅David Clutterbuck: 이 책의 편집자. 편집자 소개 참조.

사례 연구

배경

알렉스Alex는 출판 그룹의 다른 사업부에서 전근 온 8명으로 구성된 디지털 혁신 팀을 이끌게 되었다. 이 팀의 목표는 고등 교육 및 전문 출판을 인쇄 매체에서 추진하는 디지털 매체로의 전략적 전환을 지원하는 것이다. 알렉스의 스폰서는 초기에 '당신에게 가장 큰 도전은 팀원들 사이에 상업적인 두뇌 세포가 없을 것이라는 점'이라고 말했다. 이 팀의 창의성은 가장 큰 강점인 동시에 가장 큰 약점이기도 했다. 팀은 흥미롭지만 전략적 목표를 달성하는데는 큰 가치가 없는 아이디어를 추구하는데 시간과 자원을 낭비했다. 알렉스는 복잡한 시스템 내에서 자신의 코칭을 지원하기 위해 수퍼바이저 코치 드류Drew에게 수퍼비전을 요청했다. 수퍼비전 회기는 화상으로 진행되었다.

과제

알렉스는 임원 코치 팸Pam과 함께 작업한 지 1년이 조금 넘었다. 그는 지시적인 충동을 완화하고 경청하는 법을 배웠지만, 더 협력적인 리더십을 발휘하기 위해서는 갈 길이 멀다는 것을 알고 있다. 그는 팸에게 팀 코칭을 통해 새로운 팀을 '정리sort out'하는 데 도움을 줄 수 있는지 물어보았다. 팸에게 이것은 여러 가지 경고 신호로 다가왔고, 그녀는 이를 수퍼비전에 가져갔다.

수퍼비전: 1회기

수퍼바이저 드류는 팸에게 '사이 대화in-between conversation[둘 사이 안의 어떤 지점에 관한 대화]'라는 개념을 소개했다. 이 개념은 개인 코칭과 팀 코칭 사이의 가교 역할을 한다. 이 개념은 코칭 고객의 초점을 자기 개발에서 시스템 개발에서의 역할, 즉 리더가 팀 목표를 달성하는 데 더 적합한 환경을 만들 수 있는 방법으로 전환하는 데 도움을 준다. 이것은 팀 내부와 주변에서 작용하는 영향을 관찰하고 더 높은 수준의 지원적 협업을 이끌어내기 위해 리더와 팀이 서로를 더 잘 지원할 수 있는 방법을 성찰하도록 리더를 점진적으로 교육한다.

코칭

팸은 알렉스와의 관계에서 이 중요한 변화를 위해 재계약을 했다. 팸은 컨스텔레이션constellations에 대해 어느 정도 알고 있었지만, 팀 시스템과 그룹 역동에 대한 지식은 깊지 않았다. 두 사람은 공동 학습 파트너십을 맺고 시스템이 작동하는 방식에 대한 더 깊은 이해를 함께 구축하고 이를 통해 알렉스가 시스템에 긍정적인 영향을 미칠 수 있는 방법을 탐구하기로 했다. 두 사람은 각자 독서를 하기로 동의했고, 코칭 회기에서 이를 공유했다.

초기에 깨달은 중요한 점은 시스템적 사고systemic thinking와 복잡 적응 시스템 사고complex, adaptive systems thinking의 차이였다. 시스템적 사고는 주로 여러 개의 선형적 관계에 관한 것이지만, 복잡 적응 시스템 사고는 시스템 내 모든 구성원 사이의 상호 의존성intedependencies과 상호 작용interactions을 다룬다. 알렉스는 이러한 귀중한 교훈을 통해 새로운 조직에서 스폰서들을 어떻게 참여시켜 팀과 함께 준비할 수 있는지에 대해 배웠다. 그는 '팀을 정리sort the team out'하러 오는 것이 아니라, 이미 주인의식을 갖기 시작한 팀원들이 이슈를 해결하는데 도움을 주기 위해 그 자리에 있을 것이다.

팸과 알렉스 모두 시스템에 대한 인식이 높아지면서 알렉스는 팀과의 첫 공식 회의를 할 때 완전히 다른 접근 방식을 취할 수 있었다. 두 사람은 이 접근 방식을 사전에 연습했다. 알렉스는 문제에 집중하는 대신 팀원들에게 앞으로 1년 동안 직면하게 될 도전에 대처할 수 있는 강점을 파악하도록 초대했다. 그런 다음 주요 이해관계자들이 팀에게 기대하는 강점에 대해 생각해 보라고 요청했다. "우리가 가진 강점과 그들이 우리에게 필요로 하는 강점을 통합하기 위해 어떻게 협력할 수 있을까요?"

알렉스의 제안 없이도 팀은 외부의 도움이 필요하다는 결론을 내렸다. 알렉스는 이제 팸에게 팀 코칭을 제공해 달라고 거듭 요청했다.

수퍼비전: 2회기

사례를 더 자세히 살펴보고 싶었던 팸은 다시 드루에게 수퍼비전을 요청했다. 그녀는 이전 수퍼비전 회기를 좀 더 살펴보고 앞으로의 작업을 진행하기를 원했다. 팸은 이 점을 드루에게 설명하면서 "지난 회기의 녹취록이 도움이 될 것 같다."라고 말했다. 드루는 깜짝 놀랐다. 그는 팸이 온라인 프로그램을 사용하여 회기를 녹음하고 있다는 사실을 몰랐기 때문이다. 드루는 팸이 허락 없이 회기를 녹음하고 있었다는 사실에 매우 불편함을 느꼈다. 그들은 사례 자체로 넘어가기 전에 이 점과 그러한 행동이 가져올 수 있는 잠재적인 결과에 대해 살펴보았다.

드루는 팀 코칭을 설계하고 제공할 수 있는 경험이 풍부한 팀 코치 몇 명을 추천했고, 이들은 알렉스의 코치인 팸과 협력하여 팀 코칭을 진행했다. 선정된 팀 코치 조에Zoe는 알렉스와 그의 코치인 팸을 만나 계약을 체결하고 참여 계획을 세우면서 특히 경계boundaries에 주의를 기울였다. 새로운 리더와 관련된 상황에 대한 조에의 경험은 특히 가치가 있었다. 또한 팀원 가운데 두 명이 요청한 개별 코칭도 맡을 수 있었다. 팸은 조직과 조직의 정치에 대해 더 깊이 이해할 수 있었다.

결과적으로, 팀은 변화를 위협으로 느끼기보다 오히려 변화에 몰입할 수 있었다. 게다가, 알렉스는 다음과 같은 내용을 깨닫게observe 되었다.

> 내가 속한 시스템을 이해하기 시작하자 내 행동과 접근 방식에 변화를 주어야 한다고 생각했던 모든 것들이 더 잘 이해가 되었고 훨씬 더 쉽게 해낼 수 있었습니다. 코치가 자신이 겪고 있는 윤리적 딜레마를 공유하면서 나 자신의 역할이 더 명확해졌습니다. 지금은 제가 더욱 윤리적 리더가 되었다고 생각합니다. 제가 원하는 방식으로 행동하도록 팀을 지시하거나 조종하는 대신, 팀이 올바른 결론에 도달할 수 있도록 시간과 지원을 주며 그들을 신뢰하는 법을 배웠습니다.

핵심 도전 과제

- 팀을 위해 코칭을 하는 것과 팀과 함께 코칭을 하는 것의 대조. 알렉스의 요청에 따라 코치는 그와 계약을 연장한다. 그렇지만 팀 코칭은 팀원 모두와 복합적인 계약을 맺어야 한다.
- 팸과 알렉스의 기존 관계가 팀 코칭의 역동 관계에 어떤 영향을 미칠까? 두 사람 사이의 강한 유대감으로 인해 코치가 무의식적으로 팀의 관점보다는 알렉스의 현실에 대한 관점에 더 기대게 될 수도 있다.

- 코치가 팀 코칭으로 전환하는 데 얼마나 많은 지원이 필요했나?
- 고객은 누구인가? 알렉스인가, 팀인가, 아니면 알렉스와 팀을 모두 포함하는 시스템인가, 아니면 이 모든 것인가? 이 부분에 대한 명확성이 부족하면 코치는 이해 상충 및 충성심이 나뉘는 divided loyalties 것과 관련된 윤리적 딜레마에 빠질 수 있다. 고객이 알렉스인 경우 팀은 당연히 알렉스의 동기를 의심할 수 있다. 고객이 팀이라면 알렉스의 심리적 안전이 위험에 처할 수 있다. 시스템이라면 그 경계는 어디인가? 예를 들어 주요 이해관계자 및 영향력 있는 사람이 포함되는가?

연구 메모

윤리적 함의

- **코칭과 컨설팅의 경계**: 코치와 고객 사이의 계약 명확성이 위험에 처해 있다. 팀에 변화를 가져오는 것은 누구의 책임인가?
- **팀 코치로 코치 자신의 역량**competence: 팸은 개인 코칭에 대한 오랜 경험과 여러 자격증을 보유하고 있었지만 팀 코칭에 대한 자격은 없었다. 이것은 잠재적으로 훌륭한 학습 기회였지만, 팀원들의 사전 동의 여부와 관계없이 이 팀에서 [팀 코칭을 하며] '배우는 것'이 얼마나 윤리적인가? 팸은 팀에 해를 끼칠 수 있는 위험에 대해 얼마나 인식하고 있었는가?
- **여러 이해관계자와 다양한 수준의 코칭 참여**: 다른 팀원에게 코칭이 필요한 경우, 같은 코치가 그들과 함께 일하는 것이 적절한가? 다른 코치라면 코치들 사이의 계약은 어떻게 해야 하며 윤리적으로 정보를 어느 정도까지 공유할 수 있는가?

토론을 위한 성찰 질문

1. 코치는 경험을 통해 배워야 하는 요구와 현재 경험 부족으로 인한 위험 사이에서 어떻게 균형을 잡을 수 있는가?
2. 코치는 팀과 팀 리더의 상충되는 이해관계 사이에서 어떻게 균형을 잡을 수 있는가?
3. 코치는 시스템의 요구와 그 안에 있는 사람들의 요구 사이에서 어떻게 균형을 잡을 수 있는가?

연구 과제

사례 연구 30
AI: 코칭의 미래?

저자: 데이비드 클러터벅David Clutterbuck[1]
번역: 이서우

사례 연구

배경

앙투아네트Antoinette는 디지털 기술 회사에서 6명의 관리자를 코칭하고 있다. 이들의 나이는 20대 후반부터 40대 초반까지 다양하다. 모두 매우 야심차고 경쟁적이며, 평판 관리와 행동 개발이 공통된 주제이다.

지금까지 앙투아네트는 일반적인 코칭에서 고객의 이해관계자(일반적으로 직속 상사, 동료, 매니저의 상사 등)를 선정하여 인터뷰를 진행했다. 그녀는 이러한 인터뷰가 과제의 내용을 이해하는 데 매우 유용하다고 생각한다.

---

[1] **데이비드 클러터벅**David Clutterbuck: 이 책의 편집자. 편집자 소개 참조.

그렇지만 이번에는 인공지능AI을 사용하는 것이 과제의 기본이며 계약서에 명시되어 있다. 앙투아네트는 많은 기술, 특히 가상 현실과 AI 비서에 대해 회의적이고 생소했다. 그렇지만 고객사의 산업 특성상 앙투아네트는 이러한 기술을 사용하는데 동의했고, 여러 차례의 집중 강좌에 참석하여 코칭 회기에 기술을 적용할 수 있을 만큼 충분히 익숙해졌다.

과제

회사는 데이터 수집을 위한 라이선스를 취득했으므로 앙투아네트는 일반 코치봇coachbot을 사용해야 한다는 사실을 알게 된다. 그녀는 일부 질문이 내용과 관련해 의구심이 들었지만, 봇을 통해 자신이 직접 5개의 질문을 추가할 수 있었다. 이 상황을 돌아보며 앙투아네트는 다음과 같은 몇 가지 윤리적 문제를 발견한다.

- 코치봇은 알고리즘에 의해 제한을 받는다. 앙투아네트는 인터뷰를 할 때 직관과 말하지 않은 내용을 관찰함으로써 많은 통찰을 얻는다. 봇의 제한된 레퍼토리에 지나치게 의존하면 고객에게 더 중요한 문제를 놓치거나 간과할 수 있다.
- 응답자는 기계가 던지는 질문에 대해 사람이 질문할 때보다 훨씬 '덜' 숙고하여 대답하는 경향이 있다. 데이터를 얼마나

신뢰할 수 있는가?
- 비용/품질 비교의 함의는 무엇인가? 비용을 절감하려는 회사의 욕구와 포괄적이고 맞춤화된 피드백을 원하는 고객의 요구 사이에 어떤 이해 상충이 있는가?

앙투아네트는 윤리적 타협ethical compromise을 제시한다. 그녀는 봇을 사용하지만 평소보다 적은 수의 인터뷰를 수행하여 결과 데이터를 감각적으로 확인한다sense-check. 그녀는 이것이 관련 '윤리적 허용 영역zone of ethical acceptability' 범위 내에서 실용적인 타협안이라고 생각한다.

코칭

다음 단계는 코칭 회기로, 앙투아네트는 코칭 회기 내내 함께할 AI와 파트너가 될 것으로 예상한다. 또한 회기 계획과 회기 후의 성찰에도 도움을 줄 것이다. AI는 질문을 제안하고 얼굴 표정, 몸짓, 목소리 톤을 분석하여 고객의 감정을 모니터링한다. 또한 앙투아네트가 던지는 질문이 고객에게 미치는 영향을 관찰하여 학습할 것이다.

다시 한번 앙투아네트는 이러한 상호작용의 윤리적 차원을 성찰한다.

- 회사는 앙투아네트에게 AI를 사용해야 한다고 말했지만 고객 중 한 명은 AI를 꺼야 한다고 주장한다. "회사가 데이터에 접근하지 않을 거라 믿지 못하겠어요." 그녀는 개인정보 보호와 투명성, 계약 사이의 충돌과 관련하여 잠재적인 윤리적 문제가 있다는 것을 깨닫는다. 고객 데이터를 안전하게 보관하는 것은 일반적으로 코치의 책임이지만 여기서는 데이터가 회사 서버에 저장된다. 회사는 코치와 고객 외에는 접근이 불가능하다는 확신을 주었지만, 앙투아네트는 이를 확인할 방법이 없다.

- AI가 학습하는 메커니즘은 AI가 앙투아네트의 기존 질문과 추론 패턴을 복제하고 강화할 수 있음을 의미한다. 마찬가지로, AI는 앙투아네트가 무엇에 주의를 기울이는지 학습하여 그것에 더욱 주의를 기울이도록 할 것이다. 이렇게 집중력이 높아지면 대가가 따르는데, 그것은 코칭 대화에서 다른 뉘앙스에 주의를 덜 기울일 위험이 있다는 점이다. 의식적이든 무의식적이든, 코치는 고객에 대한 직관적인 초점보다는 프로세스와 루틴에, 말하지 않은 것에 주목하는 대신에 말한 것에, 존재보다는 행동에 점점 더 집중하게 될 수 있다. 도전을 받기보다는 AI의 피드백을 확인함으로써 그녀의 무의식적인 편견이 증폭될 수 있다.

- 앙투아네트가 AI에 의존하게 되면 코치로서 성장할 수 있는

수용력capacity과 프레즌스의 정도가 약해질 수 있다. 그녀는 이를 '가상 지도virtual map에 의존하게 되면 지도map를 읽는 기술을 잃게 되는 것'에 비유한다.

과제를 수행하는 중, 고객과 최소 두 번의 코칭 회기를 진행한 앙투아네트는 회사로부터 코칭 진행 상황에 대한 보고서를 제출해 달라는 요청을 받는다. 그녀는 인공지능에게 반복되는 주제에 대한 분석을 수행하도록 요청할 수 있고, 이것이 회사의 리더십 개발 커리큘럼을 계획하는 데 유용한 정보가 될 수 있다는 것을 알았다. 그러나 그녀는 고객으로부터 이런 방식으로 데이터를 통합할 수 있는 권한을 부여받지 못했다.

회사는 사내 코치와 외부 코치에게 공인된 수퍼바이저를 제공했다. 앙투아네트는 회기를 예약했다. 수퍼바이저가 자신과 동일한 프로그램을 기반으로 하는 AI를 보유하고 있다는 사실에 놀라지 않았다. 두 AI가 함께 대화하면 수퍼비전 대화가 풍성해지는가? 그녀는 고민한다. 앙투아네트는 많은 통찰을 얻을 수 있을 거라고 생각하지만, 이와 관련한 기본 규칙이 명확하지 않다.

수퍼비전

그녀와 수퍼바이저는 공유의 범위를 처음에는 코칭 회기 후의 성찰로 계약한다. 예를 들어, 코칭 대화의 특정 부분을 들을 필요가 있는 경우, 해당 부분만 자세히 검토하고 수퍼비전 회기가 끝난 후 즉시 수퍼바이저의 AI에서 삭제될 것이다. 첫 번째 수퍼비전 회기의 거의 모든 시간은 코치, 수퍼바이저, 각자의 AI가 4자 간 계약을 맺는 데 소비되었다.

핵심 도전 과제

앙투아네트는 AI와 계약을 맺을 수 없다는 사실을 알았다. 인간과 함께라면 상호작용 방식에 대한 기본 규칙을 정할 수 있다. 인간은 AI가 사용하는 '적응형 의사결정 알고리즘'을 이해할 수 없으며, 기계 자체도 특정 결정에 도달하는 방법을 설명할 수 없다. 인간은 동물과 무생물에 인간의 동기와 추론을 의인화하는 경향이 있다. 그녀는 AI를 신뢰하는 법을 쉽게 배울 수 있지만, AI는 자신을 신뢰할 수 있는 능력이 없으며 언제 AI를 신뢰해서는 안 되는지 식별할 방법이 없다는 것을 알게 된다. 예를 들어, 첫 번째 회기에서 그녀는 자신의 가설보다 AI의 진단에 더 큰 신뢰성을 부여했는데, 그 가설이 진실 truth에 훨씬 더 가까운 것으로 판명되었다는 것을 알게 된다.

윤리적 함의

- **고객의 데이터 및 대화 내용 보호**: 코치는 고객의 데이터와 코칭 대화 내용이 안전하게 보호되는지에 대해 보장할 수 없다. 이를 보호할 책임은 여전히 코치에게 있지만 안전, 투명성, 신뢰 및 기밀 유지에 영향을 미칠 수 있는 많은 변수가 있으며 코치가 모니터링하거나 통제할 수 없다.

토론을 위한 성찰 질문

1. AI가 윤리적일 수 있는가?
2. 코치와 AI 사이의 파트너십의 본질은 무엇인가?
   i) AI의 분석을 소유하는 사람은 누구인가?
3. AI와 함께 일하기 위한 윤리강령과 실천을 만드는 것은 얼마나 실현 가능한가? 그 안에는 어떤 내용을 포함할 것인가?

연구 메모

연구 과제

9장
코칭에서의 권력 power in coaching

권력은 모든 맥락에서 코칭을 통해 다양한 형태로 나타난다. 이 장에서는 문화, 성별, 지위, 인종, 신경다양성 neurodiversity에 기초한 도전과 긴장을 강조한다.

사례 연구 31
문화적 해석

저자: 실비나 M. 슈피겔Silvina M. Spiegel[1]
번역: 이서우

개요

에린 마이어Erin Meyer(2014)에 따르면,

오늘날 성공은 다양한 사회에서 온 사람들이 생각하고, 이끌고, 일을 처리하는 방식에 나타나는 급격한 변화를 탐색할 수 있는 능력에 달려있다. 일반적인 고정관념에서 벗어나 (문화적 지도상의) 모든 차원에서 다

---

1) **실비나 M. 슈피겔**Silvina M. Spiegel: 브라질 제네시스 코칭 소속. 다문화 존재론 및 임원 코치, 수퍼바이저-멘토 코치, 공인 팀 코치이자 코치 트레이너로, 스페인어, 포르투갈어, 히브리어, 영어로 코칭. Coaching Clinic® 인증 트레이너, Co-development® 퍼실리테이터, Symbolon Reflection Method® 코칭 전문가, 블랜차드® 리더십 코치. ICF NALAC (북미, 라틴 아메리카 및 카리브해) 포럼에서 라틴 아메리카를 대표했다. 이 포럼의 사명은 DEIJ & B(다양성, 형평성, 포용, 정의 및 소속)와 자원봉사 참여 및 승계 문제에 대한 지역 간 협력을 통합하는 것이다. 2020~22년 라틴 아메리카 포럼에서 브라질 대표를 역임, 2020년 ICF 브라질 챕터 부회장으로 활동. 인간 상호작용과 발전에 열정을 가지고 있다. 여러 세계 유수의 컨설팅 회사에서 독립 코치 및 퍼실리테이터로 활동하며, 전 세계의 임원들을 훈련시키고 코칭하며 목표 달성을 지원한다. 2015년부터 국제 코칭 연맹에서 발급하는 PCC 자격을 보유하고 있으며, 현재 MCC 자격을 취득하기 위해 노력하고 있다. 또한, 코칭 윤리에 관한 저서도 집필했다.

른 문화의 행동을 해석하는 법을 배움으로써, 우리는 공격을 주거나 받지 않고 다양성의 증가로 인한 강점을 더 잘 활용할 수 있다.

최근 전 세계에 흩어져 있는 다문화 팀을 지원하기 위해 팀 코치가 고용되었다. 이 팀은 문화적 관점의 차이부터 서로 다른 시간대에 근무하는 것까지 수많은 과제를 안고 있다. 메리Mary는 각 팀원을 인터뷰하면서 권력 역동, 의사소통 스타일, 언어의 차이에 대해 알게 된다. 팀 리더는 팀 결속을 방해할 뿐만 아니라 팀원들 사이에 분노를 가중시키고 있는 다양한 계층에 대한 이해가 부족한 것 같다. 언어가 장벽이 아닌 것처럼 보이지만, 문화적인 차이는 단순히 언어로만 해결되지 않는다. 메리는 자신의 역할 목표에 충실하기 위해 최선의 접근 방식을 결정해야 하는 어려운 상황에 직면해 있다.

사례 연구

배경

미국 서부 해안에 위치한 소프트웨어 솔루션 국제 기업 Inc inc.는 미국과 인도에 개발자를 두고 있다. 최근 이스라엘 스타트업을 인수했다. 관리자는 전체 팀의 참여를 유도하고, 시너지를 만들며, 예측 가능한 업무 흐름을 구축하는 데 어려움을 겪고 있다.

과제

문화적 차이가 있음을 인식한 회사의 인사HR 책임자는 팀 코칭을 위해 코치 메리Mary를 고용한다.

 메리는 미국 출신으로 이 업계의 다른 회사에서 코치로 일한 경력이 있다. 그녀는 다문화 팀을 코칭하는 데 익숙하다. 팬데믹 이후, 그녀는 여러 다문화 기업과 함께 일할 수 있는 '가상 코칭 프랙티스'를 개발했다.

 메리는 과정을 시작하기 전에 관리자 존John과 그의 직속 부하 직원 6명을 인터뷰하여 상황에 대한 평가와 팀 및 코칭 프로세스에 대한 그들의 기대를 파악한다.

코칭

인터뷰 과정에서 메리는 팀원 개인마다 중요하게 생각하는 주제가 다양하고 매우 다르다는 사실을 알게 된다.

 관리자인 존은 미국에서 온 엔지니어로 이 회사에서 근무한 지 5년 되었다. 그는 자기 일을 좋아하고 의식 있고 충성스러운 직원이다. 최근 이스라엘 스타트업과의 통합이 득보다는 실이 될까 봐 걱정하고 있다.

메리와의 첫 인터뷰에서 존은 "그들은 마치 아무 일도 없었던 것처럼 예전 방식으로 일을 계속하며 합병에 저항하고 있다. 그들은 저나 그 누구도 존중하지 않는다."라고 말한다.

존은 관리자로서 자기 역할이 팀원들에게 무엇을 해야 하는지 알려주는 것이 아니라고 생각하기 때문에 모든 결정을 내리기 전에 모든 사람이 참여하기를 원한다. 그는 "나는 팀원들의 상사이면서도 그들의 리더가 되고 싶다."라고 주장한다.

존은 또한 인도 팀에 대해 우려하면서 다음과 같이 말한다.

이 전 매니저와 함께할 때 그들은 회의에 거의 참여하지 않고 평가용 코드를 보내곤 했다. 이제 그들도 함께하고 있지만, 적극적으로 문제를 토론하고 해결책을 제안하기보다 그냥 조용히 앉아서 논의되는 내용을 적기만 한다.

미국 팀에 대해 그는 "미국 팀은 문제 없다."라고 말한다.
존은 "팀 전체가 최선을 다해 일하지 않기 때문에 회의가 점점 더 길어지고 생산성이 떨어지고 있다."라고 인정한다.

인도에 있는 팀원 아제이Ajay와 락슈미Lakshmi는 "존이 정의한 명확한 기준과 기한을 기다리고 있다."라고 말한다.

존과 다른 팀원들과의 회의는 인도시간으로 밤 10시 30분에 시작되는데, 이들은 모두 이를 '세계 반대편에 있는 회사와 일할 때는 정상적'이라고 생각한다.

아제이는 팬데믹 이전에 회사에 합류했다. 그는 정규 근무 시간에 일하고 그 결과를 본사에 보내는 것에 익숙했다. 이 전 매니저는 그에게 기준과 기한을 알려 주었고, 그들은 세부 사항을 조율하기 위해 2~3주마다 회의를 했다. 지금 존은 매주 팀 회의를 소집한다.

아제이는 '필요성을 느끼지 못하지만 관리자 존이 어떤 이유로 그렇게 하고 있다는 것을 알기 때문에 제 일은 정중하게 참석하는 것'이라고 말한다.

2021년에 회사에 합류한 시스템 엔지니어인 락슈미는 "가정생활과 의무는 더 정상적인 시간대에 하고, 두 아들을 재운 뒤 집에 있는 다른 사람에게 방해가 되지 않도록 노력하며 업무 회의에 참석한다."라고 한다. 가정생활과 일을 병행하며 아침 6시부터 자정까지 바쁘게 지낸다. 그녀는 존이 이 사실을 아마도 모를 것으로 생각한다. 그녀의 말에 따르면 "회의 중에 전혀 관련이 없는 일에 시간을 보내다 보니 회의가 길어지고, 객관적이지 못한 회의가 되기도 한다."라고 한다.

락쉬미는 계속해서 다음과 같이 말한다.

이스라엘 팀이 스타트업이 회사에 통합되는 과정에 만족하지 못한 것은 이해하지만, 특히 회의 날짜와 마감일을 정할 때 과민하게 반응하고 전반적으로 상당히 무례하다고 느낀다. 그들은 매우 시끄럽고 상사나 회의에 참석한 다른 사람을 존중하지 않으며, 그저 다른 사람의 말을 끊고 자기 아이디어를 소리치며 이야기한다.

피터Peter와 게이브Gabe는 약 2년 전 거의 동시에 입사했다. 둘 다 미국 출신으로, 회사의 목표를 향해 일하고 회사의 목표와 자기의 성장 가능성에 많은 통찰을 얻고자 회의에 참석한다.

두 사람 모두 인도 팀에 대해 비슷한 인식을 가지고 있다. 락슈미와 아제이는 너무 조용하고 내성적이며, 자기들은 일이 그다지 중요하지 않은 것처럼 행동한다는 것이다. 회의에 아무런 기여도 하지 않고 책상 위에 무엇이 떨어지기를 기다리기만 한다는 인상이다. 그들은 자기 의견을 논의하지 않고 회의에 새로운 아이디어를 절대 가져오지 않는다.

피터와 게이브는 이스라엘 스타트업팀이 정말 어렵고 무례하다고 보며, 그 팀을 회사에 데려오지 말았어야 한다고 생각한다. 그들은 다른 사람의 말을 끊고 항상 동의하지 않으며 최악의 태도를 보인다. 이런 팀을 이끌기 위해서는 확고한 리더십이 필요하다고 생각하며, 존이 피드백을 제공하고 어떤 질서를 주장할 기회를 놓치고 있다고 생각한다.

도릿Dorit과 모셰Moshe는 이스라엘 프로그래머이다. 그들이 다른 사람들과 함께 맨손으로 일궈냈다고 믿었던 스타트업이 매각되었다. 다음날 그들은 '합병'으로 인해 미국에 본사를 둔 대기업의 직원이 되었다. 갑자기 다른 국가 출신의 상사와 동료가 생겼고, 다른 조직 구조에 익숙해져야 했다. 스타트업에서 일할 때는 개발자, 엔지니어, 품질 평가자 등 모든 일을 도릿과 모셰가 도맡아 했다. 두 사람은 이제 모든 사람이 '같은 페이지same page'[2]에 올 때까지 기다렸다가 다른 사람에게 코드를 넘기고 지시를 기다려야 한다고 생각한다. 도릿과 모셰는 이런 구조에 익숙하지 않았다. 특히 오후 7시에 열리는 회의를 좋아하지 않는다. 이런 시간이 불편하고 개인 생활에 방해가 된다고 생각한다. 도릿은 자신과 모셰 모두를 위해 다음과 같이 불만을 토로한다.

---

2) [역자] 같은 페이지same page: 비유적 표현으로, 모든 사람들이 동일한 이해나 합의에 도달한 상태를 의미하는 것으로 보인다.

우리는 다른 사람들이 참여하거나 마감일을 맞추기에 가장 좋은 날이 금요일이라는 말을 반복해서 들어야 한다. 그렇지만 금요일은 이스라엘에서는 일을 하지 않는 날이다. 우리에게 금요일은 다른 팀원들에게 일요일과 같다. 우리가 한 주를 시작하는 날은 다른 팀원들의 주말이다. 우리는 그들의 권리를 존중한다. 우리도 같은 것을 원한다는 것을 이해하는 것은 그리 어렵지 않은 일인데 아무도 이해하지 못하는 것 같다.

도릿과 모셰는 존이 '느리고 쓸데없는 격식으로 가득 차 있다'라고 생각하며 '인도 사람들은 너무 조용하다'라고 생각한다. 그들은 '왜 아무도 시차나 차이에 주의를 기울이지 않는지' 이해할 수 없다. 모셰는 "마치 미국인들은 차이에 대해 눈이 먼 것 같다."라고 말한다. "우리가 회의에서 설명하고, 기여하고, 우리의 생각을 말하려고 해도 아무리 큰 소리로 진실을 말해도 아무도 듣지 않는 것 같다."라고 말한다.

메리는 계약서에 계획된 대로 작업하는 것이 현 단계에서 회사에 생산적이지 않다는 것을 알고 있다. 고객에게 더 나은 서비스를 제공하기 위해서는 다른 유형의 작업을 수행해야 한다.

핵심 도전 과제

- 팀 내부에서 일어나는 의사소통에 분명한 문제가 있으며, 모든 팀원이 유창한 영어를 구사하지만 문화의 차이가 상호작용에 잘 전달되지 않는 것 같다. 다른 형태의 중재가 유용할 수 있다.
- 메리는 다문화 기업에서 일한 경험이 있기에 문화적 차이를 충분히 인식하고 있다. 그렇지만 이 경우에는 메리의 문화적 배경이 문제를 충분히 탐구하는 데 방해가 될 수 있다. 메리는 자신의 문화적 편견으로 인해 팀의 일부 의견에 '더욱 동의'하게 될 수 있음을 성찰한다.
- 이 그룹은 같은 회사, 같은 리더 밑에서 일하지만 아직 팀으로 활동하지 않는 사람들이므로 팀 코칭을 생각하기 전에 팀 빌딩이 필요할 것이다.
- 리더는 기대치가 충돌하고 있으므로 개별 코칭 대화가 필요하다.
- 고객에게 더 나은 서비스를 제공하기 위해 메리는 팀 빌딩 퍼실리테이터, 트레이너, 갈등 중재자, 코치 사이를 오가며 '모자를 바꿔 써야' 한다. 이 가운데 일부는 메리에게 적합하지 않으므로 다른 동료를 불러야 할 것이다. 인사부에서는 아마도 '역할hats 변경'을 허용하고 심지어 다른 전문가를 데려오는 것을 허락할 수도 있겠지만, 분명 필요하다면 같은 비용으로 하라고 말할 것이다.
- 프로젝트가 제대로 진행되려면 예상보다 긴 시간이 걸리고, 메리

가 적어도 한 명 이상의 다른 사람에게 자기 몫의 비율에서 비용을 지급해야 하며, 생각보다 더 복잡하게 끝날 수도 있다. 그녀는 이 특정 회사에서 처음 맡은 일이므로 고객을 잃고 싶지 않다.

윤리적 함의

- **이해 상충**: 고객의 요구를 충족시키는 작업은 더 많은 시간과 비용이 소요되어 결과적으로 메리의 수입이 줄어들 수 있다.
- **신뢰 문제**: 만약 그녀가 관리자와 팀을 코칭한다면, 팀이나 관리자와 비밀을 유지할 수 없는 지경에 이르러 신뢰가 손상될 수 있다.
- **코칭 참여의 경계**: 다양한 역할을 수행하는 또 다른 전문가를 데려온다. 이 모든 것이 계약서에 명확하게 명시되어 있지 않아 참여의 경계나 결과에 대한 오해로 이어질 수 있다.

연구 메모

> **토론을 위한 성찰 질문**
>
> 1. 각 팀 구성원이 보여주는 권력에 대한 서로 다른 인식은 무엇이며, 이는 코치에게 어떤 도전 과제를 제기하는가?
> 2. 고객에게 더 나은 서비스를 제공하기 위해 코치는 어떤 조치를 취해야 하는가?
> 3. 코치가 윤리적 도전 과제를 피하거나 최소화하기 위해 어떤 조치를 취해야 하는가?

참고 문헌

- Meyer, Erin. (05/2014). Navigating the Cultural Minefield, *Harvard Business Review*.

연구 과제

사례 연구 32
여성 권력이 자신에게 불리하게 무기화될 때

저자: 캐롤라인 아담스 밀러Caroline Adams Miller[1], 웬디-앤 스미스Wendy-Ann Smith[2]

번역: 이서우

개요

이 사례 연구는 유리 천장을 깬 여성a glass-ceiling-breaking woman으로서 자신의 리더십을 발휘하여 성공하고, 전통적으로 남성 위주의 업계에서 다른 여성들이 성장하고 성공할 수 있도록 돕고자 했던 국제 금융 기관의 CEO를 위한 코칭 참여에 관한 것이다. 여러 프로젝트를 성공적으로 수행한 뒤 '성과 개선 계획'의 일환으로 내부 코치가 CEO에게 배정되었다. 코칭이 진행되는 동안 코칭 고객의 효율성

---

[1] **캐롤라인 아담스 밀러**Caroline Adams Miller: 미국의 캐롤라인 밀러 코칭 LLC 소속. 국제 코칭 연맹으로부터 20년 이상 PCC 자격을 취득한 임원 코치이다. 펜실베이니아 대학교에서 응용 긍정 심리학 석사 과정을 최초로 졸업한 사람 중 한 명인 캐롤라인은 번영 과학과 목표 설정 과학을 코칭 직업에 통합한 선구자 중 한 명. 그녀의 글로벌 베스트셀러 저서인 『Creating Your Best Life』(『나는 이제 행복하게 살고 싶다』)와 『Getting Grit』(『와튼스쿨에서 배우는 베스트 인생 목표 이루기』)는 많은 코칭 프로그램의 교과서로 사용되고 있다. 다수의 코칭 콘퍼런스에서 기조연설을 했고, 와튼 경영 교육 프로그램을 포함한 비즈니스 스쿨에서 강의했다. 또한, 전 세계의 조직에서 CEO와 고위 리더들과 함께 일하고 있다.

[2] **웬디-앤 스미스**Wendy-Ann Smith: 이 책의 편집자. 편집자 소개 참조

과 리더십 역할을 약화시키려는 많은 세력이 조직에 등장했고, 결국 조직 내에서 의무적으로 코치를 배정하여 고객의 결함을 '도와주도록' 했다. 여성 이사회 구성원들이 파워 게임을 의도했다는 사실을 알게 된 CEO는 자신을 깎아내리려는 시도가 있다고 생각하여 배정된 코치에게 조직에서 실제로 어떤 일이 벌어지고 있는지 알려달라고 요청하기 시작했다. 몇몇 여성과 남성이 행사하는 막강한 권력이 조직 최고위층의 가장 강력한 테이블에 다른 여성이 앉는 것을 공개적으로 막고 있다는 것이 명백해졌다.

사례 연구

배경

코칭 고객인 엘리자베스Elizabeth는 글로벌 금융 분야에서 저명하고 성공한 여성으로, 해당 지역에서 '가장 영향력 있는' 여성 상위 10위 안에 자주 이름을 올리는 인물이다. 수십 년 동안 조직에서 승승장구하며 직책을 맡을 때마다 여성에 대한 장벽을 깨뜨린 끝에, 그녀는 해당 지역의 최고 경영진 자리에 올랐고, 여성 최초로 CEO에 올랐을 뿐만 아니라 같은 문화권에서 여성 최초로 그 자리에 오르며 유리천장을 깼다.

엘리자베스는 새로운 업무의 일환으로 세계 여러 지역의 다양한 정치적, 재정적 전망과 협상의 미묘한 차이를 숙지하고 10개국에 흩어져 있는 대규모 팀을 이끌어야 했다. 그녀의 새로운 역할은 많은 뉴스 방송과 잡지 전면에 소개되었고, 여성에 특화된 금융 매체에서 그녀의 성공을 축하하는 기사를 실었다. 엘리자베스는 글로벌 금융 시장이 혼란스러운 시기에 여성도 눈에 보이는 가시성visibility과 권력을 가지고 다양한 도전을 해결할 수 있다는 것을 증명해야 한다고 느꼈다.

사내 코치인 프란신Francine은 조직으로부터 엘리자베스를 코칭하라는 임무를 받았다. 이 임무는 엘리자베스에게 놀라운 일이었다. 프란신은 엘리자베스의 여러 동료들과 작업한 경험이 있었고, 엘리자베스는 사내 코치와 작업해 본적이 없었다. 그런데도 그녀는 모든 시선이 성공을 위해 자신에게 쏠려있다는 것을 알게되었다.

엘리자베스는 개인적으로 계약을 맺은 오랫동안 신뢰해 온 임원 코치 스티븐Stephen과 함께 코칭에 계속 참여했다.

과제

프란신과 엘리자베스는 6개월 동안 10시간의 화상 회기로 구성된 코칭 계약에 동의했으며, 6개월 뒤 서로 보람 있고 성공적이라고 판단되면 계약을 연장하기로 합의했다.

코칭 초기 단계에서는 목표 진척도에 대한 명확한 지표를 만들고, 구석구석을 살피고, 다른 조직 동료들과의 회의와 잦은 미디어 출연 및 콘퍼런스 기조연설에서 더욱 강력한 리더십을 구축하기 위해 노력했다는 측면에서 성공적인 참여로 이루어졌다. 직원 참여 설문조사에 따르면 엘리자베스가 팀원들과 영감을 주는 상호작용, 팬데믹 기간 동안 분산된 인력을 이끄는 능력, 조직의 모든 부분에서 여성을 승진시킨 것이 긍정적인 환경을 조성한 것으로 나타났다. 코칭을 시작한 후 받은 첫 번째 성과 평가는 지금까지 받은 평가 가운데 가장 긍정적이었다.

그렇지만 엘리자베스에게는 손가락으로 딱 짚을 수 없는 불안한 기류가 흐르고 있었다. 이를 개인 코치private coach 스티븐과 그녀의 배정받은 코치mandated coach인 프란신과 함께 탐구하고 싶었다. 엘리자베스는 조직 내에서 가장 강력한 자리인 이사회 자리에 오르는 데 방해가 되는 것으로 보이는 숨겨진 역동background dynamics과 사건에 대해 알고 싶었다.

결국 엘리자베스는 성차별적 문화에 대해 인사부에 불만을 제기했다. 몇 달 뒤 엘리자베스는 조직을 떠나라는 최후통첩을 받았다. 이후 엘리자베스는 변호사를 고용하여 성차별, 연령 차별, 불공정한 급여 정책, 명예훼손으로 소송을 제기했다.

프란신과의 코칭

프란신은 조직을 대신해 엘리자베스의 신뢰에 흠집을 찾는, 사실상 조직의 스파이 역할을 맡았다. 프란신은 자신이 엄청난 성실성과 재능을 가진 사람을 코칭하고 있다는 사실을 분명히 알았지만, 엘리자베스는 프란신과의 관계를 완전히 신뢰하기 어려웠다. 무언가가 마음에 걸려 있었지만 정확히 무엇인지를 알지 못했기 때문이다.

코칭이 계속되면서 프란신과 엘리자베스는 처음에는 불신을 가졌지만 코칭을 통해 대체로 잘 협력했다. 두 사람은 여성 평등과 같은 핵심 가치에 대해 강한 공감대를 형성하고 있다는 사실을 깨달았다. 프란신은 엘리자베스의 이야기가 점점 더 강렬해지고 두 사람의 관계가 변화함에 따라 중립을 유지하기가 점차 어려워졌다. 또한 프란신은 자신을 괴롭히는 고위층 이해관계자들과의 다른 코칭 활동에서 그들의 동기가 엘리자베스를 어떻게 해칠 수 있는지 알 수 있는 이야기를 듣게 되었다.

갑자기 원래의 코칭 계약이 급격하게 바뀌었다. 엘리자베스에 대한 조직의 입장이 바뀌면서, 프란신과 전문적인 관계와 우정 사이의 경계도 모호해졌다.

코치로서 프란신의 역할이 더욱 복잡해진 것은 다른 코칭 과제를 통해 지위가 높은 여성들, 특히 그 가운데 한 명인 앤Anne이 엘리자베스가 CEO로서 성공하는 것을 원하지 않는다는 사실을 알게 되었기 때문이다. 그녀는 엘리자베스의 성공을 극도로 질투했고 엘리자베스가 제안한 이니시어티브를 막으려는 의도를 자주 드러냈다. 이사회 구성원인 앤은, 프란신에게 알려준 바에 따르면, 엘리자베스의 탁월한 성과와 명성에 매우 위협받고 있다고 했다.

엘리자베스는 앤이 의도적으로 엘리자베스의 이사회 진출을 막으려는 행동을 하고 있다고 믿었는데, 엘리자베스가 CEO로 고용될 경우 그녀와 이사회 몇 명의 남성들이 항상 그럴 가능성이 있다고 생각했다.

따라서 프란신은 엘리자베스의 성별 임금 불평등에 대한 법적 혐의를 입증하는 금융 조직 고위층의 민감한 정보와 조직의 최고 권력 자리에 다른 여성이 앉는 것을 공개적으로 막은 몇몇 여성들이 행사하는 엄청난 권력을 목격하는 난처한 상황에 처했을 때 어떤 조치를 취해야 할지 확신할 수 없었다.

스티븐과의 코칭

한 코칭 회기에서 지친 엘리자베스는 '성과 리뷰'와 인사팀장과의 회기에서 자신이 녹음한 오디오를 스티븐과 공유하기로 결정했다. 당시 상황과 자신이 어떤 증빙 자료도 없이 어떻게 괴롭힘을 일삼고 열등한 리더로 비난받았는지를 알렸다. 엘리자베스는 정식으로 불만을 제기하면서 스티븐이 자신을 믿고 자신의 편이 되어주기를 바랐다. 오랫동안 직장 내 고위직에서 여성의 권리, 평등, 포용을 옹호해 온 스티븐은 이사회 멤버들의 행동에 경악을 금치 못했다. 그는 엘리자베스를 지지하면서 중립을 지키기 위해 열심히 노력했지만, 그렇게 하는 데 어려움을 겪었다. 그는 자신의 어려움이나 엘리자베스의 곤경에 대해 어떻게 해야 할지 확신할 수 없었다.

핵심 도전 과제

- 프란신은 조직 관행에 상당한 지위와 영향력을 가진 여성들이 조직 내 권력 다툼에 휘말리면서 코칭 계약과 향후 계약에 대해 우려하고 있었다. 그녀는 조직의 계층 구조에서 승진할 기회를 잃을까 봐 '실질적인' 우려가 있었지만, 코치로서 프레즌스를 유지하고 엘리자베스와의 관계를 유지하기를 원했다.
- 스티븐은 코칭 외부의 사건에 깊은 영향을 받은 자신을 발견하고 엘리자베스에게 최선의 지원과 공정성을 유지하기 위해 고군분투했다.
- 소송이 진행 중인 상황에서 프란신과 엘리자베스는 코치와 코칭 고객의 관계에서 여성의 성공할 권리를 위해 정의로운 싸움을 함께하는 동지로 관계가 변화하고 있음을 알게 되었고 코칭 관계를 어떻게 이어나가야 할지 확신이 서지 않았다.

윤리적 함의

- **성에 기반한 권력**gender-based power of both genders: 여성은 자신의 권력을 이용해 다른 여성의 성장을 막고 남성은 여성 혐오적인 언어를 사용한다.
- **가치 충돌**: 사내 코치, 외부 코치, 코칭 고객, 조직 사이의 가치관 차이
- **기밀 유지 위반**: 기밀 유지 위반은 담합이 중단됨에 따라 조직(돈을 지불하는 고객)과 코치-코칭 고객 관계에 영향을 미친다.
- **계약 불규칙성**: 상황이 급변할 때 고객은 누구인가?
- **공정성**: 코치는 같은 조직 내에서 일했고 사건으로 인해 개인적으로 영향을 받았다. 또한 코칭 고객과 유대감을 형성하고 동맹 관계를 맺었다.

연구 메모

토론을 위한 성찰 질문

1. 지위를 얻은 여성이 어떻게 하면 동등한 성과를 내는 다른 여성들이 성장할 수 있도록 지원하고, 누군가에 의해 결정되고 보호받는 권력의 유리천장을 깨뜨리는 것을 어떻게 도울 수 있는가? 이 시나리오에서 코치는 어떤 역할을 하는가?
2. 코치가 자신의 가치관과 업무 계약이 충돌한다는 사실을 깨달았을 때 주의해야 할 점은 무엇인가?
3. 코치는 젠더 편견, 성차별적 언행, 성별에 따른 권력 다툼에 직면했을 때 어떤 조치를 취해야 하는가? 프란신은 같은 조직에서 일하고 있었다는 점을 고려할 때, 행동을 선택했다면 어떤 상황에 처하게 되는가?

연구 과제

사례 연구 **33**

한 가지 조건하에서: 정체성에 기반한 공격 사례

저자: 파멜라 A. 라르드Pamela A. Larde[1]
번역: 이서우

개요

여성 리더들은 전문적 발전과 성장을 추구하는 동안 정체성에 기반한 다양한 도전을 경험한다. 여성으로서 괴롭힘, 침묵, 축소하거나 과소평가하기minimizing와 같은 공격은 경력과 경제적 발전을 저해하는 억압적인 장벽의 일반적인 형태이다. 이런 리더가 자기 회사를 이끄는 기업가인 경우, 일반적으로 보고할 인사 부서가 없으므로 지원과 지지advocacy를 요청할 수 있는 수단이 제한적이다.

이 사례 연구는 잠재적 기업 고객과 계약을 협상하는 과정에서 발생한 '정체성 기반 공격'의 사례를 제시한다. 이 경험이 주는 정

---

1) **파멜라 A. 라르드**Pamela A. Larde: 미국 앤더슨 대학교 코칭 연구소. 리더십 교수이자 코치, 작가, 사업가. 전 세계에서 마음 중심적인heart-centered 리더를 양성하고 서비스하기 위해 코칭 직업 확장과 발전에 전념하고 있다. 그녀의 코치 양성 아카데미는 세계 최초로 흑인 여성이 소유한 ICF ACTP 공인 코칭 학교 중 하나이다. 코칭 연구소의 교육 이사이다. 연구는 인종 및 젠더 역동, 자기 동기 부여, 기쁨, 회복력, 외상 후 성장에 중점을 두고 있다.

서적 영향implications 외에도, 코치는 재정적 이득/손실, 법적 조치를 취하는 것의 장단점과 자신의 신체적, 심리적 안전 수준, 파트너십 제안을 거절하는 것에 대한 윤리를 검토해야 하는 위치에 있다.

사례 연구

배경

사이번 임원코칭 회사Cyburn Executive Coachs, Inc.의 설립자이자 CEO인 멜린다Melinda는 인간의 존엄성, 다양성, 전인적 접근이라는 가치를 자신의 임원 코칭 기술에 통합하겠다는 비전을 갖고 회사를 시작했다. 자신과 인증 코치 동료 한 명과 함께 시작한 그녀의 회사는 주로 시카고 대도시 지역의 지역 사업가들과 기업가들에게 초점을 맞추었다. 충분한 네트워킹과 전략적 마케팅을 통해 그녀는 회사를 50명의 코치로 구성된 팀으로 성장시켰고, 20개의 소규모 기업을 대상으로 서비스를 제공해 왔다.

국제 코칭 콘퍼런스에 참석한 지 5년째 되던 해, 그녀는 업계에서 알아주는 인물이 되었다. 이 콘퍼런스에서 그녀는 친구로부터 포춘지 선정 500대 기업의 조직 개발 담당 부사장vice president(VP)인 채드Chad를 소개받았다. 콘퍼런스에 참석한 그의 의도는 회사가 겪고 있는 중대한 변화를 해결할 코치를 조사하고 고용하는 것이었다. 소개가 끝난 뒤, 채드와 멜린다는 회사의 요구 사항과 코칭에 대한 회사의 독특한 접근 방식에 진지한 대화를 나눴다.

채드의 회사는 최근 새로운 리더를 영입했는데, 직원들의 반응은 두려움, 호기심, 불확실성, 낙관이 혼재되어 있었다. 회사 직원 대부분은 고용 안정성과 재택근무 지속 여부 등 발생할 수 있는 변화들에 대해 두려움을 느끼고 있다. 또한 복리후생, 유급 휴가, 급여에 대한 변경도 우려되는 사항 가운데 하나였다. 멜린다는 자신의 팀이 활용하는 접근 방식이 채드가 설명한 문제 유형을 정확히 해결하도록 설계되었으며, 특히 전인적 접근 방식을 강조하며 채드를 안심시켰다. 채드가 리더에게 필요하다고 말한 바로 그 접근법이었다.

> 채드: 가장 큰 어려움은 리더들이 이 계획을 신뢰하고 각 부서와 잘 소통할 수 있도록 하는 것입니다. 일부 직원은 퇴사를 원할 수도 있지만, 이러한 변화는 실제로 더 나은 일터를 만들 수 있습니다. 부서 리더들은 우리가 필요한 동의를 얻는 데 중요한 역할을 할 것입니다. 귀사에서 제공하는 코칭은 우리에게 정말 필요한 부분입니다. 귀사의 코칭 프로그램을 공유하기 위해 본사에 방문해 주실 수 있나요?

24시간 뒤, 다음 날인 수요일에 대면 제안 회의가 확정되었고, 멜린다는 회사 비용으로 참석하기로 동의했다.

일생일대의 기회인 것 같았다. 이것은 그녀의 회사에 처음으로 찾아온 큰 기회였다. 채드는 언론에 자주 출연하고 업무에 대한 찬사를 받는 매우 눈에 띄는 리더였다. 멜린다는 이 기회에 고무되었다. 회사의 접근 방식을 채드의 요구에 맞게 도입하고 싶었다. 경영진에게 프레젠테이션이 호평을 받고 다른 부사장들로부터 즉석에서 만장일치로 앞으로 나아갈 것을 제안받은 후, 채드는 멜린다에게 자신의 사무실에서 프레젠테이션에 대한 디브리핑을 해달라고 요청했다. 여전히 승리의 기운에 취해 그의 숨겨진 의도를 전혀 눈치채지 못한 채, 멜린다는 그와 함께 다음 단계를 논의했다.

그는 자신이 제시한 코칭 프로그램을 부사장들이 얼마나 잘 받아들였는지에 대해 매우 흥분하고 놀라워하며 말을 시작했다. "이 프로그램을 통해 정말 많은 것을 할 수 있을 것 같습니다. 부서장부터 시작해서 팀원들에게까지 확대할 수 있을 것 같습니다." 약 20분간의 브리핑을 마친 후, 임박한 비행 일정을 염두에 둔 채드는 리더들과 만나 의견을 수렴한 뒤 다음 단계에 대한 세부 사항을 알려주겠다고 마무리했다.

작별 인사를 하고 문을 나서려 할 때, 그의 말투가 갑자기 바뀌었다. "그렇지만 다른 제안이 있습니다." 그녀를 완전히 충격에 빠뜨린 것은 그가 제시한 제안이 성적인 접근sexual advance이었고, 그녀의 몸에 대한 칭찬과 거래를 성사시키기 위해 잠자리를 함께하자는 제안이었다. "언제든 이 모든 작업을 중단할 수 있다는 것을 기억하세요." 멜린다는 이런 일이 일어날 줄은 **몰랐다**. 그녀는 자신의 모든 노력과 제품의 품질이 이 낯선 사람을 위해 자신의 몸을 내어주도록 허용하는 것에 달려있다는 사실에 화가 났다. 그녀는 인생을 바꿀 기회로 보았다. 그러나 그는 그가 통제할 수 있는 몸을 본 것이다.

갑자기 그녀는 즉시 결정을 내려야 하는 일련의 상황에 직면하게 되었다.

뭐라고 말해야 하지? 이 상황에서 안전하게 벗어나려면 어떻게 해야 하지? 보고해야 하나? 누구에게 보고해야 하지? 이 기회가 갑자기 사라진 건가? 이 거래를 성사시킬수 있는 다른 사람은 없는가? 폭로한다면 모든 언론의 관심이 나를 파괴하지 않을까?

과제

이 과제의 목적은 멜린다의 코칭 회사 Clyburn Executive Coaches, Inc.를 고용하여 포춘 500대 기업의 32개 부문 리더들에게 코칭을 제공하는 것이었다.

코칭

채드의 비전은 자신이 감독하는 리더들이 코칭 훈련을 받는 것이었다. 그는 향후 1년 동안 코칭 프로그램이 전 부서에 걸쳐 시행될 때 주요 연락 창구가 될 것이다.

핵심 도전 과제

- 멜린다의 역동적인 프레젠테이션 이후, 리더십 팀은 멜린다의 회사와 함께 일하고 싶었지만, 채드의 부적절한 행동으로 인해 멜린다는 불안감을 느꼈다.
- 멜린다가 자신의 제안을 받아들이지 않으면 전체 작업을 중단할 수 있다는 채드의 위협은 보고할 만한 가치가 있는 것이었지만, 멜린다는 누구에게 보고할까? 보고하면 어떤 결과가 초래될까? 보고하지 않을 경우 어떤 결과가 초래될까?
- 멜린다는 이 경험으로 인해 매우 당황스러웠고 누구에게 이야기해야 할지 확신할 수 없었지만 이 상황을 처리하기 위해 정서적 지원이 필요하다는 것을 알았다.
- 이런 상황에서 책임에 대해 검토해 보면 이 사례에 대한 우리 자신의 편견과 세계관에 대해 어렵고도 깊이 있는 통찰을 불러일으킬 수 있다.

윤리적 함의

- **정체성에 기반한 권력 역동**: 이 상황의 권력 역동은 멜린다에게 큰 영향을 미쳐, 그녀가 스스로를 보호하는 방법을 고민하는 동안 극심한 트라우마를 견뎌내야 했다.
- **경계**: 합의가 이루어지기 전에 작업 관계의 경계에 도전을 받았다.
- **신뢰**: 스폰서는 자기 회사와 코칭 회사 간의 파트너십을 마무리하기 위해 성적 접근을 해 신뢰를 깨뜨렸다.
- **미시적/거시적 공격 발생 후 자기 돌봄**: 코치는 자기 돌봄의 필요성과 이 상황을 처리할 기회를 인식해야 하지만, 이와 같은 취약한 경험을 하는 경우 누구를 신뢰할 것인지도 고려해야 한다.
- **자신의 가치관 검토**: 멜린다는 의사 결정 과정에서 정의, 안전, 마음의 평화, 자기 옹호, 사생활, 전문성, 괴롭힘 등에 대한 자신의 가치관을 인정하고 검토해야 한다. 이상적으로는, 그녀의 결정이 그녀의 가치 체계에 기반을 두어야 한다.
- **행동에 대한 고려 사항**: 행동을 취할 수 있는 여러 옵션이 있다. 이러한 옵션들의 장단점을 고려해야 한다. 목소리를 내는 것, 선택적으로 목소리를 내는 것, 침묵하는 것 모두 이점과 결과를 가지고 있다. 중요한 것은 자신의 결정에 대해 평온peace을 찾는 것이다.

토론을 위한 성찰 질문

1. 그 상황에서 어떤 행동 방침이 가장 울림을 주는가resonate?
2. 상황이 끝난 뒤 어떤 행동 방침이 가장 울림을 주는가?
3. 이 상황이 향후 파트너십 기회에 대한 당신의 접근 방식에 어떤 영향을 미칠 수 있는가?

연구 메모

연구 과제

사례 연구 **34**

권력 게임: 기존 리더의 역할 전환과 파급 효과

저자: 모니카 머레이Monica Murray[1]
번역: 이서우

개요

한 비상장 기업의 CEO가 임원진과 일대일로 일하기 위해 임원코치를 고용했다. CEO는 이제 막 아버지로부터 회사를 물려받았고, 기존 리더들과 팀의 새로운 멤버들(신임 CEO 포함) 사이에 긴장감이 감돌고 있다. CEO와 코치는 수년간 알고 지낸 사이로 서로의 경력을 잘 알고 있다. 작업을 계속하면서, 코치는 팀의 심각한 역기능을 발견하고 팀 코칭이 이 그룹에 더 적합할지 고민하게 된다.

그러나 그녀는 15년 동안 자신의 조직에서 CEO로 일하면서 팀

---

[1] **모니카 머레이**Monica Murray: 캐나다. 캐럿caratt 근무. 4대 대형 회계법인, 상장 글로벌 기업, 스타트업, 비영리 단체 등 다양한 직무와 업계에서 25년 이상 경력을 쌓은 ICF 공인 코치(ACC)이다. 재무부터 인사, CEO에 이르기까지 다양한 직책을 거치며 기업가적 마인드를 키웠고, 직접 회사를 설립 해 운영하기도 했다. 현재 운영하는 회사인 캐럿caratt에서 조직에서 '새로운 역할로 전환transition 하는 리더'들을 코칭한다. 다양성과 양성 평등에 대한 열정적인 지지자이고 다양한 이사회와 위원회에서 이 이니셔티브를 지원하는 데 시간을 할애하고 있다. 일하지 않을 때는 남편과 함께 신선한 바다 공기를 마시며 항해한다. 캐나다 브리티시컬럼비아주 밴쿠버에 거주하고 있다.

갈등을 정기적으로 해결한 경험이 있지만 이런 종류의 업무에 대한 공식적인 경험은 제한적이다. 처음에 CEO는 같은 코치에게 코칭을 받지 않을 거라고 임원진에게 말했지만, 팀 문화가 악화되기 시작하자 코치에게 코칭을 받겠다고 요청한다.

사례 연구

배경

35년 전통의 비상장 부동산 개발 회사인 하이라이즈HiRise Inc..는 빠르게 성장하고 있다. 이 회사는 올해 은퇴하는 70세의 제프 라이버만Geoff Leibermann이 설립했다. 그의 딸 레나 라이버만Lena Leibermann은 지난 10년간 이 회사에서 근무했으며 새로운 CEO로 취임했다. 지난 4년 동안 직원 수는 100명에서 300명으로 증가했으며, 새로운 지사가 확장하면서 20% 더 늘어날 것으로 예상된다.

레나는 신임 CEO로서 조직의 수장이 된지 6개월이 되었다. 비록 회사에 새로 온 사람은 아니지만, 일부 임원 팀원들은 그녀가 그 책임을 감당할 준비가 되어 있지 않다고 생각한다. 그녀는 아버지와는 매우 다른 스타일을 가지고 있으며 자신의 정신ethos을 품질, 안전, 존중이라는 회사의 오랜 가치에 통합하기 위해 노력하고 있다.

사람들이 새로운 상사를 알아가면서 임원팀의 6명 리더 사이의 역동은 흔들리고 있다. 임원팀의 4명은 전임 CEO 밑에서 승진한 기존 리더들이다. 다른 두 명의 리더는 비교적 최근에 합류하여 각자의 리더십 역할을 맡고 있으며, 팀을 관리하면서 회사의 빠른 성장을 이끌고 있다. 레나는 팀에 다양한 성격이 있다는 것을 인식하고 있고 이미 임원 회의에서 어느 정도 근본적인 마찰을 감지하고 있다.

한나 양Hannah Yang은 조직 내 리더들과 함께 일한 경험이 많은 숙련된 CEO이자 임원 코치이다. 한나 자신의 성공적인 리더십 경험을 바탕으로 코칭 고객들은 자주 한나에게 조언을 구하고 때로는 조언을 요청하기도 한다. 그녀는 주로 일대일 코칭에 중점을 두고 있으며 팀 코칭 참여 경험은 제한적이다.

5년 전 비즈니스 행사에서 만난 한나와 레나는 동료로서 긴밀한 관계를 유지해 오고 있다.

과제

레나는 코칭을 지지하는 사람으로, 임원팀 구성원과 일대일로 작업할 수 있도록 한나를 고용했다. 임원 코칭은 의무 사항은 아니다. 레나는 CEO 전환, 회사 성장 및 개인 경력 개발을 진행하는 동안 팀을 지원하고자 한다. 레나는 한나로부터 코칭을 받지 않을 것임을 분명히 밝힌다.

프로그램은 총 12회기로 구성되어 있으며, 첫 6회는 격주로 진행되고, 이후 6회는 월 1회 진행된다. 코칭 회기는 비밀이 보장되며 코칭 회의에서 논의된 내용은 레나와 공유되지 않는다. 분기별로 코칭 고객, 코치, 레나가 함께 '삼각 측량 회의triangulation meetings'를 열어 레나가 인지한 관찰 가능한 변화와 코칭 고객이 공유하고자 하는 통찰에 대해 논의한다.

레나와 한나는 매월 관리 업데이트 회기를 갖고 한나가 완료한 회기의 수와 대상자를 공유한다.

코칭

지난 3개월 동안 한나는 기존 리더 가운데 한 명인 필 샌즈Phil Sands와 새로 합류한 멤버 가운데 한 명인 제이크 앨버리Jake Albury와 함께 작업해 왔다. 나머지 4명의 임원진은 아직 코칭에 대한 관심을 표명하지 않았다. 이 두 명과의 논의를 통해 그녀는 그룹내에 '기존legacy' 대 '신규newbie' 사고방식mentality의 역동이 있다는 것을 알 수 있었다. 게다가, 이러한 팀 내 균열은 회의에서 협업과 의사소통의 단절과 함께 심각한 갈등으로 나타나고 있으며, 레나를 약화시키고 회사의 성장을 위협하고 있다.

레나는 한나에게 사적인 만남을 요청하며 이러한 도전과제를 돕기 위해 코칭을 받고 싶다고 말한다.

한나는 갈등한다.

코칭을 받은 지 얼마 되지 않았지만 팀에 근본적인 이슈가 있다는 것을 알 수 있다. 그녀는 "일대일 코칭이 최선의 방법일까, 아니면 팀 코칭으로 보완할 것을 제안해야 할까?"라고 고민한다. 이를 검토하며, 그녀는 자신의 스킬 셋skill set을 자가 평가하고 "나는 몇 년 동안 CEO로서 팀을 관리하며 많은 갈등을 봐왔지만 이것이 공식적인 팀 코칭과 같은 것인가? 다른 팀 코치를 영입하라고 제안해야 할 것 같다."라고 생각한다.

또한 한나는 팀과의 신뢰를 쌓기 위해 노력해왔다. 처음에 팀원들에게 레나가 자신에게 코칭을 받지 않을 것임을 분명히 밝혔다. 한나는 레나와의 오랜 관계를 고려할 때, 자신이 '상사'를 코칭할 경우 팀에서 자신을 독립적이고 객관적으로 보지 않을까 걱정하고 있다.

핵심 도전 과제

- 한나는 일대일 코칭이 조직에 도움이 되는 유일한 접근 방식이 아닐 수 있다는 사실을 깨달았다. 한나는 팀 코칭 경험이 부족하므로 자신이 팀의 결속력과 공통점을 찾는 데 진정으로 도움이 되는 적절한 기술을 갖추고 있는지 고민한다.
- 한나는 CEO인 레나와의 개인 코칭 여부를 숙고해야 할 필요가 있다. 첫째, 코칭 참여의 시작부터 합의된 사항이 아니며, 둘째,

레나와 한나 사이에 기존 관계가 있기 때문이다.
- 한나는 신뢰의 바다를 항해하는 새로운 CEO와 함께 '신규' 리더와 '기존' 리더가 있는 임원팀에서 불신의 문화를 감지하면서 위의 도전과제에 직면해야 한다.

> ### 윤리적 함의
>
> - **투명성**: 한나와 레나는 친한 지인이 되었다. 두 사람은 커리어의 다양한 전환점에서 서로를 도왔고 서로의 내면을 잘 알고 있다. 한나가 레나의 팀원들을 코칭할 때 이러한 점이 어떻게 사각지대가 될 수 있을까?
> - **신뢰**: 한나가 레나를 고객으로 받아들인다면 이는 초기 합의를 위반하는 것이므로 한나가 코칭하는 팀원들과 쌓아온 신뢰에 영향을 미칠 수 있다.
> - **전문성**: 한나는 이것이 올바른 코칭 참여 방식(일대일 코칭 대 팀 코칭)인지 결정해야 하며, 외부 팀 코치로서의 경험이 부족하다는 점도 고려해야 한다.

토론을 위한 성찰 질문

1. 한나가 이전에 자신의 팀에서 갈등을 관리한 경험이 유료 고객을 대상으로 외부 팀 코칭 과제를 수행하기에 충분한가? 이 결정에 접근하기 위한 최선의 대안은 무엇인가?
2. 한나가 오랜 관계를 염두에 두고 레나를 코칭 고객으로 받아들이는 데 동의할 경우 어떤 위험이 따르는가? (코치, 코칭 고객 및 팀에 대한 위험을 고려하라.)
3. 코치는 이전의 지식과 가정을 가져오지 않고 코칭 고객과의 일대일 대화를 어떻게 진행할수 있는가?

연구 메모

연구 과제

사례 연구 35
신경다양성 장애 환경에서의 코칭

저자: 조나단 드루리Jonathan Drury[1]
번역: 이서우

개요

경력 초기 코치가 훈련 중에 경험을 쌓기 위해 프로보노 코칭pro-bono coaching을 제공하고 있었다. 40대 초반의 여성 고객은, 한 동료로부터 이 훈련 코치가 신경다양성 장애neurodivergent[2]를 지닌 자폐성인을 전문적으로 코칭한다는 소식을 듣고 이메일을 통해 개인적으로 연락을 했다. "자폐인은 서로 정보를 잘 공유하고 좋은 관계를 형성하는 기술을 가지고 있다." 그리고, "자폐인과 비자폐인이 혼합된 그룹에서는 공유되는 정보가 훨씬 적다."(Crompton et al.,

---

1) **조나단 드루리**Jonathan Drury: 영국. 조나단은 전문 대화 촉진자, 컨설턴트, 트레이너이자 자폐증, 신경다양성, 체계적 트라우마 전투combat를 위한 회생력regenerative 접근을 전문으로 하는 치료적 코치therapeutic coach이다. 그는 Dialogica의 공동 창립자이자 자폐증을 위한 마음챙김Mindfulness for Autism® 및 자폐증 대화 접근법Autism Dialogue Approach®의 창시자이다.
2) 신경다양성 장애neurodivergent: 뇌신경의 차이로 인해 발생하는 다름(예: 자폐특성, 지적스펙트럼, ADHD, 학습 장애, 사회소통장애, 조현스펙트럼, 성격장애 등)을 생물적 다양성으로 인식하는 관점이다(암스트롱, 토머스(2019).『증상이 아니라 독특함입니다: 부모와 교사를 위한 신경다양성 안내서』

2020, p.1). 고객은 자신을 '고기능 자폐인high-functioning autistic[3]'(이제는 시대에 뒤떨어진 용어)이라고 스스로 밝혔으며, 임원 및 기업 고객과 함께 일하는 새로 자격을 취득한 자영업 치료사였다.

이 사례는 코치가 충분히 훈련되지 않았다고 느끼고 스스로 편안함을 느끼지 못하면서도 고객을 신경다양성이 있는 동료로 동일시했던 코칭의 중요한 순간을 탐구한다. 두 사람의 관계가 단절되고 관계적 긴장 수준이 높아지면서 지원이 약화되었다.

사례 연구

배경

코치 지기Ziggy는 아직 코치 교육을 받고 있는 초기 경력 코치였다. 그는 코칭 시간을 쌓기 위해 프로보노 코칭을 제공하기로 했다.

코칭 고객 줄리Julie는 활동을 기업 환경으로 확장하고자 하는 치료사로서 링크드인LinkedIn에 광고된 프로보노 코칭 제안을 보고 코칭 받고 싶다고 결정했다. 그녀는 자신의 '신경다양성' 상태를 공개하지 않았다.

---

[3] 고기능 자폐: 자폐인의 지능수준은 다양하지만 대부분은 지적장애 범위의 지능지수를 가지고 있다. 지적장애가 아닌 경우는 '고기능 자폐high-functioning autism(HFA)'라고 한다(『상담학 사전』 김춘경 외).

첫 만남에서 지기는 줄리가 시간을 잘 지키고, 말이 빠르고, 화면에 매우 조직적으로 보이는 것을 주목했다. 줄리의 뒤에 특이한 장식품과 책들이 색깔에 따라 진열되어 있는 것을 발견했다. 줄리는 '스트레스를 최소화하고, 지속 가능성을 보장하며, 다가오는 변화의 과정과 그 이후의 성공을 달성'하고 싶다는 목표를 설명하면서 '훨씬 더 높은 수준의 자기 알아차림과 자제력self-mastery이 필요할 것'이라고 말했다.

추가로 탐구한 결과, 줄리는 자폐인으로서 자기 정체성을 탐구하고자 하는 깊은 의도를 밝혔다. 그녀는 사회적 의사소통과 타인에게 이해받는 것에 어려움을 겪고 있다. 이점은 개인적으로나 치료사로서의 역할에도 자신을 제약하고 있다고 말했다. 그녀는 몇 주간의 강도 높은 작업과 훈련이 끝난 후에는 '술로 자가 치료를 하고 울면서 잠을 청하는' 멜트다운meltdowns[4]이 점점 심해졌다고 보고했다. 지기는 줄리의 행동에서 산만함과 성급함을 느꼈고, 자폐증과 흔히 동반되는 ADHD가 있느냐는 질문에 그녀는 잘 모르겠지만 가끔 주의 집중에 어려움을 겪는다고 말했다.

지기는 이 정보를 코치 훈련 튜터이자 수퍼바이저에게 전달했고, 그들은 코칭을 계속할 자신이 있다고 느꼈다.

---

4) 멜트다운meltdowns: 격렬한 스트레스 상황에서 자해, 자학을 하거나 머리를 감싸쥐고 주저앉아 외부로부터의 감각을 차단하는 등의 행동

과제

지기와 줄리는 온라인 코칭 기간을 통해 줄리가 자신의 더 깊은 정체성과 역할 이면의 자기와 연결하는 능력을 키우고, 자신과 더 창의적이고 생산적으로 관계를 맺고, 역할의 영향을 일부 완화하는 데 도움이 될 수 있다는 데 동의했다. 지기는 이메일을 통해 서면으로 작성된 계약서를 보내면서 천천히 신중하게 계약을 체결하도록 주의를 기울였다.

코칭

첫 번째 회기에서 관계를 형성하면서 상호 간에 가치관이 일치한다는 느낌이 들었다. 비슷한 신경학적 프로필, 나이, 배경, 관심사 등 둘 관계의 모든 면에서 서로를 신뢰할 만했다. 지기는 자폐인이 비자폐인과의 소통보다 서로 간의 소통에서 더 편안함을 느낀다는 연구를 떠올렸으며, 이는 자신의 경험을 뒷받침해 주었다.

초기 관계를 구축하고 탐색하는 동안 줄리는 상당히 개방적이었고 지기는 자신의 사생활 일부를 공유했다. 지기는 다른 신경다양성 장애를 지닌 사람과 지나치게 동일시하는 것을 경계해야 할 필요성을 느꼈다. 지기는 현재의 경험에 초점을 맞추면서 공간을 잘 유지했다.

세 번째 회기에서는 줄리가 정체성에 대한 현재의 고민을 구체화하는 데 중점을 두었다. 지기는 줄리가 자신을 어떻게 보는지 완전히 이해하기 어려웠다. 지기가 코칭 프레임에서 줄리에게 자신의 이해를 다시 성찰하게 하려 할 때마다 줄리는 "아니요, 내가 말하려는 것은 그런 뜻이 아닙니다."라고 대답했다.

지기가 줄리가 자신을 어떻게 보는지 평가하고 이해하기에는 상당한 장벽이 있다는 것이 점점 더 분명해졌다. 또한 지기는 가끔 둘이 너무 빨리 더 깊은 공간, 즉 영적인 차원으로 넘어간다고 느꼈다.

줄리는 가끔 눈물을 흘리기도 했고, 반복적으로 분노를 느끼기도 했다. 화가 난 자신에 대해 더 짜증을 내기도 했다. 지기는 그녀의 정신 건강이 심각하게 악화될 경우를 대비해 상담을 추천할 가능성을 남겼으며, 어느 시점에서는 줄리에게 코칭은 치료가 아니라는 점을 상기시켜야 할 필요성을 느꼈다. 그들은 또한 줄리의 과거와 그녀의 '제한을 두고 있는 가정limiting assumptions'과 어떤 연관성이 있을 수 있는지 살펴봤다. 그 뒤 이어진 대화 가운데 일부는 다음과 같다.

줄리: 제 어린 시절로 거슬러 올라갑니다. 저는 항상 좌우로 흔들리거나 흔드는 것을 좋아했고 엄마도 그렇게 하라고 격려해 주셨어요. 그렇지만 학교에서는 그걸로 인해 진짜로 비웃음을 받았어요.

지기: 그건 정말 힘들었겠네요.

줄리: 네! 정말 힘들고, 그것때문에 화가 나기도 하지만 (한숨) 제게 지적할 수 있는 무언가가 있다는 점에서는 괜찮기도 하고…, 그랬던 것이 제가 이런 이유 가운데 하나가 아닐까 싶습니다. 저는 언제나 적응하지 못했기 때문에 지금의 저와 관련이 있지만, 그게 제 모습이고 저는 그렇게 해 왔습니다. 저는 그것을 다뤄왔어요. (잠시 멈춤) 제가 분명히 완전히 다루지를 못 했어요, 그렇지 않았다면 지금쯤 밖에서 잘 어울리고 있겠죠. (웃음)

지기는 이 대화가 방안에 어떻게 들렸는지 감지하면서 잠시 멈추어 성찰했다. 줄리는 평소처럼 예리한 자기 관찰력과 개방성을 보였지만, 큰 소리로 긴장된 웃음을 동시에 보이는 모순[불일치]를 보였다. 지기는 자폐증 여성의 '자폐적 가면autistic masking 또는 위장 camoulfaging'이 갖는 깊은 의미를 떠올렸다.

지기는 관계에서 코치로서 점점 더 무력감을 느끼고 있었다. 두 사람 사이에 먹구름이 끼고 경계가 흔들리는 것 같았다. 그는 줄리가 '희미했다가 점차 다가오는 변화looming change'라는 표현을 사용한 것을 떠올리며, 기업 환경으로 진출하는 것이 잠재적으로 피해를 줄 수 있으며, 그녀가 아직 얼마나 많은 것이 위태로운지 깨닫지 못했을 수 있다고 생각했다. 갑자기 처리해야 할 데이터가 너무 많아진 것 같았다.

지기는 개입 유형을 선택해야 했고, 줄리에게 미칠 잠재적 영향을 예측하기second-guessing 시작했다. 둘 사이에는 근본적인 실존적 딜레마가 있었다. 그는 무슨 일이 일어나고 있는지, 이를 어떻게 관리해야 하는지 성찰하고 가설을 세우려고 노력하면서 점차 불안해졌다. 더는 자신이 적극적 조력자 역할을 하지 못하는 것 같았다.

그는 이웃의 전동 공구 소리와 햇빛이 자신의 화면에 비치는 것을 더 의식하게 되었다. 이것이 집중을 방해했고, 시간이 지날수록 지기는 짜증이 나고 공허해졌으며, 두사람의 연결이 밀물과 썰물처럼 되다 안되듯하는 걸 느꼈다. 지기는 침묵을 지켰고, 그 덕분에 줄리는 어느 정도 책임의 무게를 감당할 수 있었다. 줄리가 방을 둘러보는 것을 보면 알수 있듯이 줄리의 관심은 약해져있었다. 지기는 이 상황을 경험하면서 책임에 대한 우려가 더 커지고 동시에 무심하게 떨어져 있는 detached 느낌이 들었다. 그리고 둘 사이에 벌어지는 간극이 점점 더 걱정되었다.

핵심 도전 과제

- 지기는 훈련 코치로서 언제나 도전적이고 성숙하고 더 많은 경험이 필요한 과도한 동일시 over-identification 가능성이 있는 과제를 맡기에는 경험(그리고 코칭 수퍼비전에 참여)이 부족했다.
- 지기는 줄리와 지나치게 동일시했으므로 그녀 나름의 독특한 한 개인으로 보지 못했고, 그녀의 강점과 대처 메커니즘의 차이 distinctive를 탐색하지 못했다.

- 지기는 어떤 한 코칭 시나리오에서 자신의 고조된 감각 입력에 대해 어떻게 표현하고, 반응하며, 대처했는지에 대해 많은 자책 self-blame에 시달렸고, 이로 인해 초점을 고객에서 자신에게로 돌려 충분한 프레즌스를 발휘하는 능력에 영향을 미쳤다.

윤리적 함의

- **안전**: 코치가 사용할 수 있는 도구가 신경다양성 장애(자폐) 고객인 줄리에게는 충분하지 않았고, 그 결과 역량 부족과 안전감이 감소했다.
- **전문적 실천에 대한 책임**: 코치는 자신의 코치로서의 경험이 제한적이라는 점을 인식하고 튜터의 지도를 요청했다.
- **경계**: 코치는 역할 이탈의 위험을 인식하고 모니터링하여 고객에게 그들의 작업 경계에 대해 상기시켰다. 전형적이고 비전형적인 신경학 및 사회의 변화하는 가치들이 그 조건에서 드러났다.

연구 메모

> **토론을 위한 성찰 질문**
>
> 1. 명확함을 위한 회기에서 줄리가 언급한 '점차 다가오는 변화'가 무엇을 의미하거나 가리키고 있다고 생각하는가?
> 2. 줄리의 정신적 취약 가능성과 코치의 최소한의 경험을 고려할 때, 윤리적 조율을 개선하고 줄리를 위한 안전한 환경을 조성하기 위해 무엇을 했어야 하는가?(또는 피할 수 있었는가?)
> 3. 교육 환경과 수퍼비전이 코치의 개인적 경험에 더 윤리적으로 조율될 수 있었던 방법은 무엇인가?

참고 문헌

- Crompton, C. J., Ropar, D., Evans-Williams, C. V., Flynn, E. G., & Fletcher-Watson, S. (2020). Autistic peer-to-peer information transfer is highly effective. *Autism*, 24(7), 1704–1712. https://doi.org/10.1177/1362361320919286

연구 과제

10장
코칭에서의 홍보

코칭 비즈니스는 그 자체로 무수히 많은 복잡한 윤리적 도전 과제를 안고 있다. 여기에는 코치 컨설팅 조직의 소유자가 직면하는 도전도 포함된다. 이 장에서는 코치 또는 코칭 비즈니스를 홍보하는 방법, 여러 이해관계자와의 계약, 코치가 되기 위한 경력 변화에 대한 우려를 중점적으로 다룬다.

사례 연구 36
코칭을 동료 코치에게 하청하는 경우 윤리적 도전 과제

저자: 김 모건Kim Morgan[1]
번역: 이서우

개요

코칭 서비스를 제공하는 회사들은 기업 또는 조직 고객의 직원에게 현장 코칭을 제공하기 위해 자영업 형태의 협력 코치 네트워크와 일한다. 이는 협력associate 코치가 스폰서 조직 내의 개인 및 관리자들과 업무 관계를 긴밀하게 발전시킨다는 것을 의미한다. 이런 경우 추가 또는 다른 종류의 작업에 대한 요청이 자주 발생하며, 협력 코치에게 직접 요청하는 경우가 있다. 이런 상황들은 계약, 의사소

---

[1] **김 모건**Kim Morgan: 영국 체스터 대학교 객원 연구원 겸 베어풋 코칭Barefoot Coaching Ltd 설립자이자 CEO. 그녀는 2001년에 베어풋 ICF 공인/대학원 자격증 코치 교육 과정을 설계했다. 리더십 분야에서 베어풋 코칭은 가장 신뢰받고 존경받는 코치 교육 제공업체 가운데 하나로 국제적인 명성을 쌓았다. 변화를 만들고자 하는 코치들에게 세계적 수준의 교육을 제공하고, 실질적이고 지속적인 변화를 원하는 개인과 조직에 코칭을 제공함으로써 탁월한 코칭을 통해 세상을 더 밝은 곳으로 만들겠다는 비전은 변함이 없다. 코칭을 널리 알리고자 하는 열정으로 베스트셀러인 『코치의 사례집The Coach's Casebook』(2015)과 『코치의 생존 가이드The Coach's Survival Guide』(2019) 두 권의 책을 출간. 심리학 잡지에 매달 코칭 칼럼을 기고하며, 코칭과 관련된 모든 것에 대해 인기 있는 콘퍼런스 연사로 활동하고 있다.

통 경로, 코칭 회사와 협력 코치 간의 역할과 책임에 관한 법적 및 윤리적 문제를 제기한다.

사례 연구

배경

피터Peter는 임원 코칭 비즈니스를 직접한다. 그는 10년 전 회사에서의 역할에 환멸을 느끼고 코치로서 훈련을 받았다. 사업을 시작한 지 얼마 지나지 않아 피터는 이전 직장에서 쌓은 '작은 인맥little black book[2]' 덕분에 수요가 많았다. 피터의 고객은 대부분 은행과 보험 업계에서 일하는 고위 임원들이다. 피터는 6회에 걸친 일대일 임원 코칭 프로그램을 제공하며, 모든 고객에게 정해진 내용을 정확히 제공한다. 가망 고객과 현재 고객은 무엇을 기대할 지, 각 회기에서 무엇을 다룰지 미리 알고 있다.

　1년 전, 피터는 자신의 일과 삶의 균형을 점검했다. 그는 코치로서 수요가 많았지만 그 어느 때보다 더 많은 시간을 일하고 있었다. 피터는 신뢰할 수 있는 코치들을 채용하여 협력 코치로서 자신의

---

[2] [역자] little black book: 주소록, 특히 연인의 상세한 내용이 기록된 주소록(출처: 위키백과). 피터의 경우 이전의 경력에서 얻은 중요한 인맥과 연락처가 포함된 주소록을 의미하는 것으로 보인다.

코칭 프로그램을 고객에게 제공하기로 결정했다.

그는 협력 코치 계약서를 작성하여 협력 코치에게 지급할 수수료를 명시하고 협력 코치가 제공할 서비스를 '코칭 서비스'로 광범위하게 정의했다.

협력 코치들은 피터의 회사와 계약하고 수수료는 피터에게 유리하게 60/40으로 나눈다. 피터의 회사는 일을 수주하고, 업무 범위에 대해 고객 조직과 계약을 맺으며, 고객 조직에 직접 청구서를 보낸다. 또 협력코치들과는 하청 계약을 한다. 협력 코치 개인에게 표준 6회 코칭 프로그램에 대한 완전한 교육을 제공하고 프로그램과 함께 워크북을 제공한다.

제인Jane은 피터의 협력 코치 가운데 한 명이다. 은행 및 회계 분야에서 경력을 쌓은 그녀는 피터와 정기적으로 함께 일하게 된 것을 기쁘게 생각한다. 그녀는 협력 코치로 일한 9개월 동안 피터의 고객들로부터 좋은 피드백을 받았다.

과제

피터는 최근 새로운 고객 조직에 제인을 소개하여 비즈니스의 고위 관리자를 코칭하도록 했다. 피터는 이 고객을 유치하기 위해 열심히 일했다. 이 회사의 CEO인 아니타Anita는 이전에 비즈니스에서 코칭을 적용해 본 적이 없었고 코칭이 충분히 비즈니스 결과에 집중되지 않을 것이라는 우려가 있었다. 피터는 자신의 프로그램은 고위 관리자들의 역할과 관련있으며 코칭 고객에 집중되어 있다고 자신 있게 아니타를 안심시켰다.

피터의 평소 관행에 따라, 제인은 아니타, 제인, 코칭 고객인 리나Rina가 참여하는 초기 3자 회의에 참여해야 했다. 제인은 코칭의 주요 목표가 업무에서 리나가 자기주장을 강화하고 업무 우선순위를 정하는 능력을 향상시키는 것이라는 데 아니타와 동의했다.

피터는 제인에게 이 코칭 과제가 회사가 영향력을 발휘할 수 있는 중요한 기회라고 강조했다. 스폰서 조직이 코칭을 처음 경험하는 것이었고, 좋은 경험을 했다면 더 많은 일을 할 수 있는 가능성이 있었기 때문이다.

코칭

제인과 리나가 초기 코칭 회기에서 만났을 때, 제인은 피터가 규정한 절차를 따라 리나에게 '일의 바퀴Wheel of Work' 코칭 도구를 작성하도록 요청하는 것으로 시작했다. 리나는 코칭 도구는 무시하고 대신 자신의 어린 시절, 문화적 환경, 남성이 지배하는 환경에서 여성으로서 겪는 어려움, '유리 천장'이 정말 움직이지 않는다고 느끼는 점 등에 대해 길게 이야기했다. 그녀는 자신을 더 믿고 싶었고 자기 주장이 부족해서 자신의 경력 전망을 방해하고 있다고 느꼈다.

제인은 갈등을 겪었다. 그녀는 피터와 함께 일하지 않을 때 독자적으로 여성 개발 프로그램을 운영했다. 그녀는 피터와의 계약 조건과 본능적으로 코칭 대화를 나누고 싶은 마음 사이에서 갈등하고 있었다. 그렇지만 제인은 피터의 코칭 프로그램을 제공하기로 약속했다. 리나에게 "지금부터 다음 회기까지 어떤 행동을 취할 준비가 되어 있나요?"라고 물으며 그 과정을 따르려고 했다.

리나는 "아직 실행 계획을 세울 준비가 되지 않았어요. 저에게 가장 가치 있는 일은 직장에서 여성으로서 제 역할을 탐색하는 것입니다."라고 대답했다.

제인은 아무 생각 없이 "사실 그게 제가 주로 하는 일이에요. 저는 여성 개발 코칭과 강의를 제공하고 있지만, 귀사와 합의한 것은 임원 코칭 프로그램을 따르기로 한 것입니다."라고 말했다.

"재협상하면 안 되나요?" 리나가 흥분한 목소리로 물었다.

제인은 리나의 질문을 무시하고 대신 "음, 우리 다음 회기에서 제 여성 개발 과정의 일부 연습을 함께 진행해 볼 수 있을 것 같아요."라고 제안했다.

몇 주 뒤, 리나는 제인의 다음 여성 개발 과정을 온라인으로 예약했다. 제인은 리나가 자신을 검색했을 것이라는 것을 알았다.

제인이 피터와 얘기할 시간이 생기기도 전에, 피터가 제인에게 전화를 걸어 아니타가 코칭 회기를 취소했다고 전했다. 그녀는 직원들에게 임원 코칭을 제공하려는 조직의 첫 번째 시도가 성공하지 못한 것에 실망하고 있었다.

아니타는 리나가 자신에게 가장 적합한 개발 솔루션은 여성 개발 과정이라는 점을 분명히 알고 있었다고 말했다. 이는 같은 생각을 가진 여성 그룹에 속하고 그룹 내에서 네트워킹 기회를 얻을 수 있다는 점에서 리나에게 부가적인 가치를 제공했다. 아니타는 리나가 제인의 수강비용을 지원하기로 동의했다. 아니타는 피터에게 "현재 일대일 코칭에 대한 요구사항은 없지만 앞으로 이를 염두해 두겠다."라고 설명했다. 그녀는 향후 사내에서 제인의 여성 개발 과정을 운영하는 것도 고려하고 있으며, 리나가 이 과정을 수강하는 동안 조직에 적합한지 평가할 것이라는 사실을 알리는 것이 적절하다고 생각했다.

피터는 대규모 기업 고객을 잃었다.

제인은 자신의 프로그램에 새로운 참가자가 생겼고 조직에서 더 많은 일을 할 수 있는 가능성이 생겼다.

핵심 도전 과제

- 의사소통 라인: 코칭 계약에 대한 명확한 의사소통 라인을 사전에 합의하기 위해 당사자들이 무엇을 더 할 수 있었을까? 이에 대한 책임은 어디에 있는가?
- 고객의 요구 사항 변경에 대한 대처: 투명하고 윤리적인 방식으

로 재계약을 수행하는 방법
- 누가 누구와 계약하는가? 리나가 제인과 계약 할 수 있나? 제인은 피터의 회사와 스폰서 사이의 계약을 해지하거나 재계약할 권한이 있는가?

윤리적 함의

- **계약 위반**: 계약 범위를 벗어난 코칭 컨설턴트의 행동. 계약된 과제의 조건을 위반함
- **이해 상충**: 개인적, 재정적, 법적, 상업적 이해 상충
- **계약 체결**: 시스템적 관점에서 공개적이고 투명한 계약 체결, 관련된 모든 당사자의 역할, 책임 및 권리 명시

연구 메모

토론을 위한 성찰 질문

1. 제인은 피터, 스폰서, 코칭 고객에 대한 책임과 자신의 개인적인 이익 사이에서 어떻게 균형을 맞출 수 있는가?
2. 피터와 제인은 윤리적 원칙과 가치, 그리고 코칭 공간에서 각자의 '평판을 계속 쌓아가는 것'의 중요성을 항상 염두에 두고 합의된 상업적 기준으로 상황을 해결하기 위해 무엇을 할 수 있는가?
3. 피터는 협력 코치들로부터 필요한 것을 얻고 그들이 스폰서 조직과의 거래할 때 요구되고 기대되는 것이 무엇인지 명확하게 알 수 있도록 협력코치와의 계약서에 어떤 조건을 명시할 수 있는가?

연구 과제

사례 연구 **37**
비즈니스 코치의 모범

저자: 프란신 캠폰Francine Campone[1]
번역: 이서우

개요

의사와 마찬가지로 윤리적 코치도 '해를 끼치지 않는다do no harm'라는 의도를 갖고 있다. 코치는 자신의 선택과 행동이 고객, 동료, 전문직에 미칠 수 있는 잠재적 영향과 행동 강령 및 관련 법률 준수를 검토해야 한다. 홍보 자료와 활동을 할 때, 윤리적 코치는 말과 이미지가 만들어내는 기대치를 검토한다. 가망 고객들은 코치의 약속과 자기 소개를 바탕으로 만나기를 기대하며 코치에 대한 '정신적

---

[1] **프란신 캠폰**Francine Campone: 미국의 캠폰 코칭, 컨설팅 F. Campone Coaching and Consulting 대표. International Coaching Psychology Review의 아메리카 지역 편집자이며 EMCC, ICF, 글로벌 수퍼바이저 네트워크의 회원이다. 『Coaching Supervision: Voices from the Americas』(2022)의 수석 편집자이며 『Innovations in Leadership Coaching Research and Practice』의 공동 편집자이다. 연구 출판물에는 코칭/심리치료 경계에 대한 사례 연구, 코치와 그들의 코칭에 미치는 삶의 사건의 영향, 코칭에서의 성인 학습 이론, 코치를 위한 반영 학습, 성인 직장에서의 코칭 및 코칭 관련 연구 동향에 대한 책 챕터가 포함되어 있다. 코칭 수퍼비전, 멘토링, 코치 트레이닝을 제공하고 있다.

이미지'를 만든다. 역량, 기술 및 지식에 대한 과장된 주장, 자신의 프로세스의 마법에 대한 무비판적인 믿음은 진실성, 성실성integrity 및 전문성에 대한 책임이라는 윤리적 원칙에 위배된다. 이러한 명시적 및 암묵적 주장은 개인에게 피해를 입힐 뿐만 아니라 해당 분야의 신뢰성에도 해를 끼칠 수 있다.

여기에 제시된 사례에서 코치는 '이상화된 자기idealized self'를 홍보하여 비현실적인 기대감을 조성한다. 결과적으로, 효과적인 코칭에 필수적인 신뢰는 존재하지 않는다. 또한, 코치가 자신의 '표현된 자기presented self' 모습에 초점을 맞추는 것은 고객의 자율성과 존엄성에 대한 존중이라는 윤리적 원칙을 충족하지 못할 뿐만 아니라, 다른 사람의 작업에 대한 코치의 성실성과 존중이 부족함을 보여준다.

사례연구

배경

루크레 코칭 협력사Lucre Coaching Associates는 비즈니스 및 기업가 코칭을 전문으로 하는 코치를 제공하는 웹사이트이다. 웹사이트에 협력 코치로 등록된 코치들은 전문 코치 인증 기관의 코칭 자격증을 보유할 필요는 없다. 그러나 자신이 이윤을 창출하는 기업에서의 성공을 증명해야 하며, 사이트 디렉토리에 등록되기 위해 수수료를 지불해야 한다. 이 웹사이트의 브랜딩은 코치의 비즈니스 자격을 홍보하고 코치가 '고객의 비즈니스 성공을 보장하기 위해 자신의 전문 지식을 공유'한다고 명시하고 있다. 이 사이트에는 출처를 밝히지 않은 인용문인 "루크레는 세계적 수준의 비즈니스 코치를 위한 최고의 사이트이다."라는 문구와 여러개의 포춘지 선정 500 기업의 로고도 포함되어 있다.

협력 코치 가운데 한 명인 조슈아Joshua는 작은 식료품 회사를 세계적인 특산물 수입 회사로 성장시켰다. 그는 최근 사장 겸 CEO에서 은퇴하고 새로운 사업을 시작하기 위해 코치로서의 커리어를 시작했다. 그는 코치들이 리더를 성공적으로 코칭할 수 있는 '검증된 프로세스'를 코치들에게 제공하겠다는 약속을 한 저자가 제공하는 3일간의 집중 코치 교육을 이수했다. 조슈아는 코치 교육에서 제공된 워크북과 자신의 비즈니스 경험에서 얻은 예시를 삽화로 활용하여 e-book을 만들었다. 이 책은 다른 리더와 리더십 코치들이 쓴 책과 아티클에서 출처를 밝히지 않고 조슈아가 의역한 리더십 팁과 실천으로 구성되어 있다.

루크레의 협력 웹페이지를 구축하면서 조슈아는 자신이 전략적 재무 관리, 대인 커뮤니케이션 및 국제 네트워킹에 '고도로 숙련된' 사람이라고 말하며 자신의 비즈니스 성공을 강조한다. 그는 잠재 고객에게 "더 강력하고 '역동적인 자기'로 나아가기 위한 초대장"으로 자신의 e-book 무료 사본을 제공한다. 그는 이상적인 코치 페르소나를 표현할 언어와 이미지를 고려한다. 조슈아는 '팔로워를 리더로 변화'시키고 '고객을 위한 놀라운 돌파구를 만들겠다'라고 약속한다. 그는 박수를 보내는 청중 앞에서 상을 받는 모습을 담은 사진을 게시한다.

데릭Derrick은 혁신적인 기술 비즈니스를 성장시키고자 하는 창업자이다. 그는 자신의 문제 가운데 하나가 타고난 과묵함과 위험과 갈등을 피하려는 성향이라는 것을 알고 있다. 그와 그의 두 파트너는 일하는 방식과 소통하는 방식이 매우 달라서 사업의 나아갈 방향에 대해 논쟁을 벌이기도 한다. 데릭은 루크레가 비즈니스 전문성을 강조하고 다양한 글로벌 기업 로고를 보유한 것을 보고 자신이 선택한 코치가 더 넓은 시장으로 진출하는 데 도움을 줄 수 있을 것이라고 생각한다. 데릭은 자신이 키우고 싶은 역동적이고 자신감 넘치는 리더십 스타일을 가진 조슈아를 보고 그에게 연락을 취한다.

과제

데릭은 조슈아에게 연락하여 케미스트리 미팅을 예약한다. 조슈아는 약속을 확정하고 자신의 e-book을 첨부하며 데릭에게 감사를 표하고 '이 책을 당신의 새로운 성경이라고 생각하라'라고 격려한다.

케미스트리 미팅에서 데릭은 조슈아의 자신감, 자기신념, 에너지 넘치는 소개에 매력을 느끼면서도 약간 압도된다. 그런데도 데릭과 조슈아는 비즈니스 리더로서 자신의 목소리를 키우고 비즈니스 파트너와의 상호 작용에서 보다 적극적으로 행동하는 두 가지 영역에서 데릭을 코칭하기 위해 특정 회기 동안 함께 작업하기로 합의한다.

코칭

(예 1) 데릭이 최근 파트너 가운데 한 명과의 대화를 제시하며 보다 설득력 있고 자신감 있게 대응할 방법을 찾고 싶다고 말한다.

> 조슈아: 좋아요! '강력한 대응하기'라는 제목의 작은 책 페이지를 살펴봅시다.
>
> 데릭: 읽어봤는데 어느 것도 저에게 맞지 않는 것 같아요. 뭔가 제 발목을 잡는 것이 있는데, 그 문제를 해결해 주겠다고 약속하신 놀라운 돌파구가 필요할 것 같아요.
>
> 조슈아: 저는 여기서 당신의 신뢰를 요청하고 있습니다. 저는 그 문구들을 모두 사용해 봤고 매번 효과가 있었습니다. 여기서 몇 가지를 시도해 보시겠어요?

(예 2) 데릭이 조슈아에게 자신의 기술 제품을 글로벌 기업에 출시하기 위한 전략을 개발하고 싶다고 말한다.

> 데릭: 루크레 코치들이 주요 글로벌 기업과 함께 일한 경험이 있는 것 같은데, 제 제품이 해당 시장에 진출할 수 있는 방법에 대한 인사이트를 제공해 주셨으면 좋겠습니다.
> 조슈아: 제가 식품 제조업체와 파트너십을 맺기 위해 무엇을 했는지 말씀드릴게요.

(예 3) 데릭이 조슈아의 웹페이지에 있는 수상 사진을 언급하며 다음과 같이 묻는다. "무슨 일이 있었나요?"

> 조슈아: 지역 중소기업 단체를 위해 제가 한 일을 인정받은 것이었습니다.
> 데릭: 그 그룹이 코칭이나 리더십 역할로 당신을 인정한 건가요?
> 조슈아: 저는 장학 기금에 상당한 금액을 기부했습니다.

핵심 도전 과제

- 고객 자율성에 대한 존중과 명예honor[2]의 실패. 데릭은 조슈아의 '코칭'이 주로 자신의 프로세스, 자료, 비즈니스 경험 및 성공에

---

[2] [역자] 명예honor: 고객의 자율성을 단순히 인식하는 것 이상으로, 그 자율성을 중요하게 여기고, 그가 내린 결정과 선택을 충실히 따르며, 그 선택이 존중받을 가치가 있다는 것을 의미하는 단어로 해석된다.

대한 정의에 주의를 환기시키는 것으로 보이므로 대화에서 조슈아에게 조종당하고 있다고 느낀다.
- 코칭 고객은 코치의 진술의 정확성에 대해 점점 더 의문을 가지게 되며, 그를 신뢰하지 않게 된다.

> ### 윤리적 함의
>
> - **코치 자격을 나타내는 정직성과 정확성**: 이 코치는 대인 커뮤니케이션에 매우 능숙하다고 주장하며 고객을 위해 돌파구를 만들 수 있다고 말한다. 그러나 그의 짧은 코치 훈련은 구체적이고 근거 없는 비즈니스 코칭 방법을 가르치고 있으며 광범위한 코칭 기술을 배양하는 데 중점을 두지 않는다. 컨설팅 웹사이트에 글로벌 기업 로고를 사용하고 코치 페이지에 수상 사진을 게재한 것은 오해의 소지가 있으며 코치에게 없는 경험을 제안한 것이다.
> - **타인의 지적 재산권 존중**: 코치는 다른 사람의 저작물을 저작자 표시 없이 많이 차용했는데도 e-book의 자료를 자신의 것으로 표시한다. 전문 윤리 강령 및 대부분의 국가의 법적 기준에서는 자료의 출처를 존중하고 인정하는 것이 필요하다.

- **비현실적인 결과를 약속하고 잘못된 기대감을 조성하는 행위**: "더 역동적이고 강력한 자기로 나아가세요.", "놀라운 돌파구를 만들어 보세요." 등의 언어는 감정을 조작하는 것이며 측정할 수 없고 구체적이지 않은 코칭 결과를 암시한다. 이러한 약속은 코치가 '마법'을 일으킬 수 있다는 것을 암시하며, 코칭 파트너십에서 고객의 구체적인 요구 사항과 고객의 역할에 대한 언급을 생략한다.

연구 메모

토론을 위한 성찰 질문

1. 조슈아는 여러 종류의 전문성을 주장한다. 조슈아의 배경과 교육을 고려할 때 이러한 주장들은 얼마나 윤리적인가?
2. 조슈아의 웹페이지와 루크레의 웹페이지의 언어는 비즈니스 통찰력과 전문성을 강조한다. 코치와 고객의 관계에서 조슈아와 루크레가 코치의 역할을 어떻게 보는지와 관련하여 이러한 언어가 의미하는 바는 무엇인가? 이것이 코치와 코칭 전문직에 대한 고객의 관점에 미칠 잠재적인 영향은 무엇인가?
3. 조슈아의 e-book은 다른 사람들의 작업에 크게 의존하고 있다. 각색과 의역은 코치가 타인의 지적 재산을 존중해야 할 책임에서 어느 정도까지 벗어날 수 있는가? 코치는 윤리적으로 얼마나 많은 '독창성'을 주장할 수 있는가?

연구 과제

사례 연구 38
코칭은 당신의 꿈의 직업이다

저자: 프란신 캠폰Francine Campone[1]
번역: 이서우

개요

도덕적 민감성은 개인이 사회적 상황과 말과 행동의 잠재적 해석에 적응할 것을 요구한다(Narvaez & Rest, 1995). 바우만Bauman(2017)은 포스트모던 시대에 우리 모두는 소비사회의 소비자라고 말한다. 온라인 및 디지털 매체는 대인관계나 사회적 맥락 없이도 상품을 홍보할 수 있는 환경을 제공한다.

 이 사례에서는 한 코치 훈련 기관이 잠재 구매자의 자존감과 이기심에 호소하기 위해 언어와 이미지를 어떻게 조작했는지 알아본다. 자동 응답 시스템의 사용은 개인화된 일련의 맞춤형 홍보물을 제공한다. 소비자와 상품이라는 포스트 모던적 구조틀에 따라, 코칭 실천은 개인적인 이득의 수단으로 제시되고, 코치 훈련은 수입과 생활 방식의 수단으로 제공된다. 품질과 자질은 모호한 용어로

---

[1] **프란신 캠폰**Francine Campone: 사례 연구 37의 저자 소개 참조

다루어지고 잠재 고객은 정보에 입각한 선택을 하는데 유용한 특정 세부 사항에 접근할 수 없다. 윤리적 이슈에는 정확성과 투명성, 코칭의 분야와 전문성에 대한 존중, 품질과 자격 보장에 대한 우려가 포함된다.

사례 연구

배경

(참고: 이 사례는 다양한 코치 양성 프로그램 사이트에서 가져온 진술로 구성되었으며 개별 조직을 대표하지 않는다. URcoach는 가상의 기업이다.)

재닛Janet은 인적 자원 관리에서 30년의 경력을 쌓고 은퇴를 계획 중이며, 다음 직업으로 코칭을 고려하고 있다. 동료가 단기 코치 훈련 및 인증 프로그램을 제공하는 영리 회사인 UR코치 트레이닝 인스티튜트 웹사이트의 링크를 전달한다. URcoach의 설립자이자 CEO는 미디어 기술 분야의 기업가이며 비인증 및 무소속 코칭 학교에서 코칭 자격증을 취득했다.

URcoach 훈련 기관의 시작 페이지는 다음과 같은 헤드라인으로 시작된다.

공인 코치가 되어 이상적인 커리어를 시작하세요! 공인 코치는 높은 수입을 올리고 다른 사람들의 성장을 돕습니다. 자신만의 속도와 직장 생활을 설정하면서 다른 사람들에게 긍정적인 영향을 미치고 싶은 어떤 분야의 전문가라면 코칭이 적합합니다.

이 단락에 이어서, 이 사이트에서는 대화 중인 전문가처럼 보이는 세 장의 사진을 제공한다. 사진 뒤에는 더 많은 텍스트가 이어진다.

다른 사람들이 조언과 지원을 구하러 찾아오나요? 그렇다면 당신은 타고난 코치입니다. UR코치 인스티튜트의 모든 프로그램은 변혁적인 학습 프로세스를 사용하며 자신감 있게 타인을 코칭 할 수 있는 도구와 기법을 제공합니다. 모든 프로그램은 녹화 웨비나, 독서 및 토론을 결합한 온라인 방식으로 진행됩니다. 각 자격증 프로그램의 8주 동안 코칭 회기를 진행하는 방법, 고객을 변화시키는 질문과 도구, 다양한 수익 흐름을 위한 서비스와 제품을 포함하여 재정적 보상이 있는 코칭 실천을 구축하고 운영하는 비즈니스 측면에 대해 배우게 됩니다.

비즈니스, 라이프 또는 건강 코칭 분야의 전문 코치 자격증을 제공합니다. 저희 졸업생들은 프로그램을 수료하기 전부터 고객을 유치하고 있으며 여러분도 그렇게 할 수 있습니다. 공인 코치 자격을 갖춘 강사진이 여러분의 성공을 지원하기 위해 개별 맞춤 지원을 제공합니다. 프로그램 졸업생들은 같은 생각을 가진 동료들로 구성된 커뮤니티를 형성하고 학습과 성장을 지속할 수 있는 자원을 이용할 수 있습니다. 자세한 내용을 알아보고 성공적인 졸업생의 이야기를 들으려면 **여기를 클릭**하여 무료 웨비나에 등록하세요. **당신은 코치입니다.**

이 단락 뒤에는 다섯 개의 주요 글로벌 기업의 회사 로고가 따라온다.

과제

재닛은 웹사이트를 살펴본 후, 다음 주에 예정된 무료 웨비나에 등록한다. HR 분야에서 일한 경험으로 코칭 분야에 대해 어느 정도는 알고 있지만, 스스로 역량을 갖추기 위해 어떤 훈련과 투자가 필요한지 잘 모른다. 그녀는 훈련 내용, 강사의 자격, 전달 방법 등 제공되는 교육에 대해 더 잘 이해하고 싶다. 또한 재닛은 조직에 대한 감각을 얻고 다른 훈련 옵션과 비교하는 방법을 알고 싶다.

코칭

재닛은 웹 세미나에 대한 승인 이메일과 줌^{zoom} 링크를 받는다. 재닛은 승인과 함께 "지금 당신의 숨겨진 코치를 발견해 보세요!"라는 자가 진단 설문지를 받는다. 호기심이 생긴 재닛은 설문지를 작성해서 보낸다. 다음 날 재닛은 URcoach의 책임자로부터 다음과 같이 시작하는 개인 맞춤형 메모를 받는다.

친애하는 재닛,

설문지를 보내주셔서 감사합니다. 당신에게는 자유로워지기를 기다리는 강력한 내면의 코치가 있다는 것이 분명합니다.

이메일에는 URcoach의 세 가지 자격증을 모두 이수한 프로그램 졸업생은 일주일에 3일만 일해도 여섯 자릿수 수입을 올릴 수 있다고 적혀 있다. 이 책임자는 재닛에게 세 가지 자격증 프로그램에 한꺼번에 등록하면 6개월 안에 모든 과정을 수료하고 많은 사람들에게 자신을 마케팅할 수 있다는 특별 제안을 한다. 편지의 마지막에는 고객 유치를 위한 세 가지 전략을 자세히 설명하는 e-book을 '등록 보너스'로 제공한다.

다음 주에 재닛은 무료 웨비나에 참석한다.

재닛은 웨비나에서 자신의 성공 사례를 공유하는 프로그램 졸업생들이 소셜 미디어에서 큰 프로필을 구축한 훨씬 젊은 사람들이라는 점에 주목한다. 발표자들은 매우 활기차고 열정적이며 이 프로그램이 어떻게 삶을 변화시켰는지에 대해 이야기한다. 웨비나는 '기분 좋은' 경험이지만, 프로그램 내용이나 교수진의 내용에 대한 추가 정보는 거의 제공하지 않는다. 재닛은 훈련 프로그램에서 기대하는 전문적인 내용을 찾지 못했다.

웨비나 이후, 재닛은 URCoach 훈련 기관으로부터 매주 적은 비용으로 테스터 코스를 수강하도록 초대하는 이메일을 받기 시작한다. 페이지 하단의 옵트 아웃 링크opt out link2)를 선택했지만, 이메일은 매주 계속 도착한다. 재닛은 기관 웹페이지의 이메일 주소로 이메일을 보내서 이메일 목록에서 삭제해 달라는 요청을 한다.

핵심 도전 과제

구매자의 관점에서 볼 때, 재닛이 프로그램의 품질과 경력 전망에 대한 진실성이나 정확성을 판단하기에 충분한 세부 정보를 제공하지 않아 정보가 불완전하다고 생각할 수 있다. 이메일 목록에서 삭제되지 않고 지속적으로 제공되는 '미리 맛보기 수업' 제안은 프로그램 자체가 사기이거나 원래 제안 자체가 합법적 교육 프로그램보다는 수익원을 창출하기 위한 수단임을 의심하게 만든다.

연구 메모

---

2) [역자] 옵트 아웃 링크opt out link: 이메일 또는 웹사이트에서 사용자가 특정 유형의 커뮤니케이션을 받지 않기 위해 선택할 수 있는 링크

윤리적 함의

- **홍보 자료의 정확성과 투명성**: 웹사이트의 언어는 함축적이고 정서 지향적이며 모호한 언어에 크게 의존한다. '자격증'과 '인증'이라는 용어의 사용은 시장에서 인정받을 수 있는 자격증을 의미한다.
- **코칭과 코치 훈련을 금융 상품으로 제시**: 코칭의 전문성과 현장의 윤리 강령은 고객과 고객 서비스, 코치 역량 및 자격을 우선시한다.
- **역량과 기준이 식별되지 않음**: 자가진단은 정당한 평가 도구가 아닌 마케팅 파이프라인의 한 요소로 보인다.

토론을 위한 성찰 질문

1. 타고난 코치가 있는가? 그렇다면 그들은 어떤 훈련을 통해 전문가로서의 역량을 갖출 수 있는가?
2. 비계열사의 기업 이미지 및 로고 사용에는 어떤 법률, 정책 또는 규정이 적용되는가?
3. 연락처 정보 및 연락 권한을 대가로 무료 웨비나 또는 e-book과 같은 유인책을 제공할 때 윤리적으로 고려해야 할 사항은 무엇인가?

참고 문헌

- Bauman, Z. (2017). Tourists and vagabonds: Or, living in postmodern times. In Joseph E. Davis (ed.), *Identity and Social Change*. Routledge. Ch. 1, pp. 23–41.
- Narvaez, D., & Rest, J. (1995). Four components of acting morally. In William M. Kurtines & Jacob L. Gurwitz (eds.), *Moral Development: An Introduction*. Allyn & Bacon, pp. 385–400.

연구 과제

사례 연구 39
조직 및 이해관계자 계약 시 윤리적 문제

저자: 롭 캠프Rob Kemp[1]
번역: 이서우

개요

조직 내 코칭을 제공하는 외부 코치로 일하려 할 때, 코치들은 조직의 이해 관계자 및 코칭 책임자commisiosner를 만난다. 이들은 코칭 전문가, 학습 및 개발 전문가, 인사 전문가 및 고위 관리자(종종 라인 관리자)와 같은 조직 내 다양한 위치에서 올 수 있다. 게다가, 가끔은 전문 구매자beyer도 과정에 한 부분 참여하기도 한다. 이때 코치의 역할은 친숙함, 편안함, 불편함의 정도가 다를 수 있다. 코치는 현재 '사업주' 또는 '영업사원'의 입장에서 자신을 설명하며, 이때 활용하는 일부 기술과 접근 방식은 코치로서 일하는 방식과 상충

---

[1] **롭 캠프**Rob Kemp: 영국의 Barefoot Coaching 소속. 롭은 생명과학 분야에서의 기업 경력을 쌓은 후 약 20년 전 독립 코치로 활동을 시작했다. 초기 코치 트레이닝을 받은 후, 롭은 셰필드 할람Sheffield Hallam 대학교에서 석사 학위를, 옥스퍼드 브룩스Oxford Brookes 대학교에서 코칭 및 멘토링 박사 학위DCM를 취득했다. 롭은 현재 Barefoot Coaching에서 인증 코치 트레이닝 책임자로 활동하고 있다.

될 수 있어 긴장감을 유발한다. 이 시나리오에서는 코치와 조직에 중요한 몇 가지 역동이 존재할 수 있다. 수입과 관련된 업무가 걸려 있을 때는 더 깊은 생각과 검토가 필요한 잠재적 영향이 작용할 수 있다. 이 사례 연구는 이 시나리오와 매우 유사한 나의 개인적인 경험뿐만 아니라, 연구 과정에서 설명된 많은 경험을 종합한 것이다 (Kemp, 2022).

사례 연구

배경

앨리스Alice는 오랜 경력의 전문 코치이다. 그녀는 교육을 잘 받았으며 좋은 대학에서 여러 대학원 과정을 이수하여 뛰어난 코칭 훈련 자격을 갖추고 있다. 그녀는 런던시의 고위 임원들과 5년 이상 함께 일한 경험이 있는 신뢰할 수 있고 잘 훈련한 코치이다. 그녀의 초기 기업 경력은 대기업 내에서 좋은 네트워크를 형성했기에 이런 관계를 활용하여 기업의 코칭의 '구매자'에게 접근한다.

앨리스는 런던에 본사를 둔 다국적 금융 서비스 기업의 주요 이해관계자 몇 명을 만났다. 앨리스는 그 기업의 문화와 분위기를 잘 알고 있었기 때문에 회의에 맞는 복장을 했다. 그녀는 '한 장짜리

서류one-pager'로 자신의 자격 증명을 제시했고, 자신의 학력과 신중하게 선택한 추천사도 어필할 수 있을 것이라고 생각했다.

회의에는 조직 내에서 학습과 개발을 책임지고 있는 인사팀장 도미닉Dominic, 잠재 코칭 고객의 라인 매니저인 나오미Naomi, 그리고 잠시 동안 나오미의 매니저이기도 했던 영국 비즈니스 책임자 커트Kurt가 참석했다.

일반적인 서두를 마친 뒤 잠재적 코칭 고객인 사이먼Simon과의 코칭 목적에 대한 논의가 시작되었다.

과제

도미닉은 사이먼의 성과에 대한 몇 가지 문제를 설명하며 코치를 찾는 이유에 대한 상황을 제시한다. "그는 긴박감을 이해하지 못하는 것 같고, 늦게 의견을 내서 프로젝트가 지연되는 경우가 많습니다."라고 도미닉이 말한다. 팀에서 가장 상급자인 커트는 사이먼의 운영 스타일이 매우 다르다고 하면서, 사이먼이 나머지 팀원들과는 다르다고 말한다(그는 나머지 팀원들은 '일을 잘하고 있다'라고 말한다). 이어서 사이먼의 매니저인 나오미가 코칭 과제에서 원하는 것이 무엇인지 다음과 같이 의견을 제시한다.

"그가 프로그램에 적응하고, 속도를 내고, 동료들과 같은 수준으로 운영할 수 있도록 도와주면 좋겠어요. 그렇게 하지 못하면 완전히 다른 상황에 처하게 되니까요!"

내부 팀은 사이먼의 성과가 문제이며, 코치의 역할은 긴급성 부족, 업무 제출 지연, 동료들과 다른 운영 스타일의 차이를 해결하는 것이라는 데 동의했다. 사이먼에 대한 비판적인 목소리는 일치했지만 회의에서 사이먼이나 그의 관점을 대변하는 목소리가 없다는 생각이 앨리스에게 떠오른다.

고위 리더인 커트는 사이먼의 '차이'에 대해 관찰한 뒤 자리를 떠났고, 앨리스, 도미닉, 나오미와 함께 토론이 이어졌다.

코치인 앨리스는 사이먼의 행동이 문제를 일으키는 것으로 보이는 구체적인 예를 들어달라고 요청했다. 나오미는 사이먼의 성과가 기대에 못 미친다고 생각하는 몇 가지 사례를 제시하며 때로는 대놓고 불만을 드러내기도 했다. 나오미는 잠재적 신규 고객 앞에 노출된 사이먼이 대면 고객 제안을 위한 작업을 제때 완료하지 못한 사례를 들었다. 그녀는 자신이 '그를 감싸주긴 했지만' '만족스럽지는 않았다'라고 말했다. 앨리스는 그녀가 사이먼을 감싸고 있는 것인지, 아니면 자신의 체면을 살리고 있는 것인지 궁금해졌.

앨리스는 그 사례 때문에 무슨 일이 있었는지 물었고 나오미는 "그래서 우리가 이 회의를 하는 겁니다."라고 대답했다.

그들이 함께 있는 동안 앨리스의 머릿속에는 여러 가지 생각들이 맴돌았다. 그녀는 말한 것 가운데 많은 부분이 걱정되었고, 과제의 설정에 대해서도 마찬가지였다. 그것은 교정remedial이었고, 그녀가 맡은 역할은 '코치이의 속도를 높이는 것'이었기에 문제는 코칭 고객과 완전히 함께 하는데 있었다the problem was seen in sitting fully with the coaching client.[2] 코칭은 '문제를 고치는 수단'으로 여겨졌다. 또한 앨리스는 회의실에 있는 상급자들과 그들의 역할에도 염두를 두고 있자니 나오미와 사이먼의 관계도 우려되었다. 그녀는 사이먼의 잠재적인 미래에 대해 궁금해졌다. 이것이 단지 조직을 떠나는 단계에 불과한 것일까? 앨리스는 회의 중에 이런 생각이 떠오르며 심각한 고민에 빠졌다.

그러나 앨리스는 근본적인 도전을 제기하기 보다는 명확함을 위한 예시를 살피기 위한 질문 이외에는 어떤 점에도 의견을 표현하지 않았다. 그녀는 고개를 끄덕이고 메모하며 열심히 경청했다. 전문적인 태도를 유지하며 상황이 전개되도록 내버려 두었다.

이러한 앨리스의 **존재 방식**way of being'은 도미닉과 나오미에게 앨리스가 이 일을 수행할 수 있는 적절한 코치임을 만족시키는 것으로 보였다.

반면에 앨리스는 자신이 그 상황에 대해 어떤 도전도 하지 않았다고 생각했고, 그 점이 마음에 걸렸다. 더 도움이 될 수 있는 질문을 제기하지 않았다는 사실에 스스로 짜증이 났다. 회의가 끝난 뒤 성찰하며 그녀는 시간이 지나도 가라 앉지 않는 감정, 즉 자신이 최

---

2) [역자]: 코치와 고객이 충분히 시간을 가지고 깊이 있게 상호작용하는 과정에서 문제가 발생하거나, 그런 방식의 코칭이 문제로 인식된다는 의미로 보인다.

선의 모습을 보여주지 못했다는 느낌이 남았다.

코칭

앨리스는 지금 이 시점에서 도전하면 일을 잃을 수도 있고, 나중에 새로운 코칭 고객으로부터 상황을 좀 더 파악한 후 필요하면 도전할 수 있다는 생각으로 스스로를 위로했다. 적어도 그녀는 일을 따냈으니 사이먼과 연결해서 '코칭의 실제 작업real work'을 할 수 있을 것이라 생각했다. 명성 있는 고객이기도 하고, 그 일을 따내기 위해 불편함을 감수하더라도 최소한 첫발을 들여놓았으니a foot in the door 앞으로 더 많은 일이 있을지도 모른다.

핵심 도전 과제

- 앨리스는 유료 고객에게 자신이 요구하는 작업에 적합한 코치라는 것을 만족시키는 것(작업 수주)과 제기한 과제에 대한 자신의 우려와 관찰을 표현해야 하는 그 '적정선' 사이에서 갈등하고 있다. 그녀는 고객과 자신의 생각을 표현하거나 이야기하지 않았고, 고객은 앨리스가 과제에 대해 어떤 긴장감을 느끼고 있다는 사실을 알지 못한다.
- 앨리스는 코칭에 대한 조직의 의도(지시적)에 따라 주어진 과제

를 시작하고 있으며, 코칭은 코칭 고객에 의해 주도되고 지시되어야 한다는 자신의 신념(비지시적)과 갈등을 느낀다.
- 앨리스는 이 과제에서 발생할 수 있는 관계 역동 및 시스템 역동에 대한 확신이 없으며, 이것이 모든 이해관계자를 만족시키는 자신의 능력을 손상시킬 가능성이 있다고 느낀다. 그녀는 이 시나리오에서 모든 사람의 요구를 충족시킬 수 있을지에 대해 의구심을 품고 있다.
- 이 상황에는 작업 수주를 부여할 수 있는 권력, 문제를 정의하고 제시할 수 있는 권력, 행동을 지시하고 결과를 정의할 수 있는 권력 등이 강하게 존재한다. 반대로 이 작업을 시작할 때 코칭을 받는 고객인 사이먼에게는 권력과 발언권이 부족하다.

연구 메모

윤리적 함의

- **계약**: 초기 계약은 대화에서 제외된 코칭 고객을 포함한 모든 관련 당사자의 역할, 책임 및 권리를 다루지 않았다.
- **코칭의 가치**: 코치는 스폰서와 코칭이 무엇이고 무엇을 위한 것인지에 대해 논의하지 않았으며, 서로 다른 견해는 다루지 않은 채 '교정적으로' 또는 '문제를 고치는 수단'으로 고용하겠다는 스폰서의 기대를 암묵적으로 받아들였다.
- **이해 상충**: 코치는 자신의 평판 문제(개인적, 직업적)에 대한 우려로 인해 자신의 의도를 우선시하고 수주 작업을 맡길 수 있는 권력을 가진 사람들에게 겉으로는 공손한 태도를 보였다.

토론을 위한 성찰 질문

1. 코치가 이해관계자와의 계약 논의에서 어떻게 개방적이고 정직할 수 있는가?
2. 조직 코칭 과제에서 돈이 어떻게 왜곡될 수 있는가?
3. 조직과 계약할 때 어떻게 하면 우리 자신, 고객, 조직 그리고 전문직에 더 완전한 서비스를 제공할 수 있는가?

참고 문헌

- Kemp, R. (2022). The emotional labour of the coach – In and out of the coaching 'room'. *International Journal of Evidence Based Coaching and Mentoring*, S16: 185-195.

연구 과제

사례 연구 40
학습 및 개발 책임자가 코칭 실무 명패를 걸고 있다

저자: 웬디-앤 스미스Wendy-Ann Smith[1],
에바 허쉬 폰테스Eva Hirsch Pontes[2], 두미사니 마가드렐라Dumisani Magadlela[3]
번역: 이서우

개요

경력 전환은 경력 개발 만큼이나 오래된 이야기이다. 특히 인사 전문가와 같은 프랙티셔너들 사이에서 경력을 바꿔 코치가 되는 경우가 많다. 코칭 분야의 진정성integrity이 확고한 기반을 갖기 위해 고군분투하는 동안, 교육을 덜 받은 프랙티셔너들이 이 분야에 진입하면 코칭 분야 전체가 위험에 처하게 된다. 경험과 연구에 따르면 자격이 없거나 제대로 훈련받지 않은 프랙티셔너는 코칭 프랙티스 분야의 가장 큰 위험과 위협 가운데 하나이다(ICF 글로벌 연구, 2020).

이 사례는 한 전문가가 인사 담당 임원이라는 고위직에서 코치로 전환하는 과정을 보여준다. 직업을 전환하는 일부사람들의 선택

---

1) 웬디-앤 스미스Wendy-Ann Smith: 이 저서의 편집자. 편집자 소개 참조.
2) 에바 허쉬 폰테스Eva Hirsch Pontes: 이 저서의 편집자. 편집자 소개 참조.
3) 두미사니 마가드렐라Dumisani Magadlela: 이 저서의 편집자. 편집자 소개 참조.

과 특권은 자신과 작업, 역량과 서비스를 어떻게 표현하느냐에 따라 코칭 분야의 평판에 잠재적으로 해를 끼칠 수 있는 위험을 갖고 있다. 그것은 훈련부터 비즈니스 확보에 이르기까지 직업 전환에 따르는 윤리적 도전과 지뢰밭을 보여준다. 코칭은 효과적인 작업 관계가 역량과 지식에 대한 신뢰에 기반하기에 프랙티셔너는 경험을 쌓기 위해 인내심이 필요한 조력 직업이다. 깊고 탄탄한 전문적 지혜와 지식, 프랙티셔너의 노하우, 좋은 인맥과 전문 네트워크가 [곧 바로] 새로운 경력이나 역할에서의 성공을 보장하지 않는다.

사례연구

배경

주디Judy는 다국적 기업의 인적 자원 학습 및 개발 부서 책임자로 오랫동안 뛰어난 경력을 쌓았다. 그녀는 경력에 큰 변화sea change가 필요하다고 느꼈다. 경력을 쌓는 동안 그녀는 조직에서 제공하는 리더십 개발 워크숍과 임원 코칭에 참여했다. 그녀는 이것이 기업 리더십 경력 이후 자신이 전환해야 할 새로운 방향이라고 오랫동안 생각해 왔다. 그녀는 여러 과정을 마치자마자 사직서를 제출하고 퇴사했다.

과정을 마치는 동안 주디는 웹사이트를 만들기 위해 웹 기술자를 고용했다. 웹사이트에는 그녀가 코칭, 웰빙, 코칭의 신경 심리학을 훈련받았다고 명시했다. 또한 그녀는 최고 경영진C-suite과 글로벌 인재를 지원한 오랜 경력이 있다고 했다. 모든 소셜 미디어 채널에서 코치 홍보에 상당한 역량을 가진 개인 비서를 고용했다.

장기간 코칭을 받았고 학습 및 개발 분야에서 20년 이상 일한 경력과 세 가지 과정을 수료한 경력을 고려할 때, 주디는 이 정도면 코칭 프랙티스 명패를 걸고 일을 시작하기에 충분하다고 생각했다.

학습 및 개발 책임자로 일하던 마지막 몇 달 동안, 그녀는 고용주와 조용히 합의하여 글로벌 리더십 인재와 최고 경영진을 코칭하는 독립 코칭 계약자로 복귀하기로 했다. 조직 내에서 긍정적인 관계를 미리 구축해 두었기에 주디의 비즈니스는 급성장했다. 다국적 기업의 한 부서에서 리더로 일했던 그녀의 리더십 경험이 도움이 될 수 있다는 사실에 모두들 매우 만족해했다.

큰 변화

주디는 코칭 연구 과정을 시작했다. 그녀는 짧고 빠른 과정에 끌렸다. 이는 그녀의 성격과 변화에 대한 실용적인 접근 방식에 잘 맞았다. 많은 잠재적 가능성 중에서 주디는 코칭 기술 기초 과정을 신청하기로 했다. 이 과정은 온라인으로 4일간 반나절씩 진행되며 자기 학습이 주를 이룬다. 각 과정 요소를 완료하면 자동으로 생성된 수료증이 다음 날 이메일로 전송되었다.

그녀가 신청한 두 번째 과정은 하루에 반나절씩 2주 동안 진행되는 것으로 조금 더 길었다. 일부 내용은 온라인 자가 학습이었고 멘토링을 위한 여러 화상 그룹이 있었다. 이 과정은 리더십을 위한 웰빙에 대해 배우는 것으로 홍보되었다. 주디는 코로나 이후 웰빙이 화두인 만큼 이 과정이 첫 번째 과정을 보완하는 데 큰 도움이 될 것이라고 생각했다. 교육 회사에서 수료증을 제공했다.

주디는 코칭의 신경심리학을 가르치는 것으로 홍보된 과정도 이수했다. 이 과정은 6주 동안 매주 하루 3시간씩 총 6회로 구성되었으며, 그녀의 코칭 통찰력을 변화transform시키고 혼잡한 코칭 공간에서 돋보일 수 있게 해줄 것을 약속했다. 그녀는 최종 시험을 통과하고 코스 콘텐츠 멘토링 프로그램에서 적절한 동료 피드백을 받은 후 수료증을 받았다.

코치 명패를 걸고 8개월 뒤, 주디는 그녀의 사업을 확장하기로 결정했다. 그녀는 30년 동안 경력을 쌓으며 관계를 맺어온 다른 다국적 조직들에서 고위급 인맥을 통해 코치로서의 관리자 훈련 프로그램을 제공하기로 했다. 세 번의 계약들을 따냈고, 회사의 리더십과 새로운 글로벌 인재들에게 코칭 기술을 훈련하기 시작했다.

웹사이트는 다국적 조직을 위한 다양한 단기 코치 교육 프로그램을 포함하도록 업데이트했으며, 여기에는 모든 참석자를 위한 세 번의 일대일 코칭 회기가 기본으로 포함되어 있다.

주디는 코칭 자격증을 취득할까 고민했지만 지금은 취득하지 않기로 했다. 이를 우선순위로 생각하지 않았고 '지금 정말 중요한 일에 돈과 에너지를 투자해야 한다'라고 생각했다.

그녀의 사업은 번창하고 있었다.

코칭

글로벌 리더십 인재 그룹을 위한 관리자-코치 워크숍에서 주디가 진행하는 교육 중 한 참석자 파브리지오 Fabrizio는 학부에서 신경심리학을 공부한 적이 있는데, 주디가 발표하는 주장의 타당성에 대해 우려를 표명했다. 파브리지오는 제한된 공부를 통해 이 주장들이 타당하지 않다는 점을 알고 있었다. 이로 인해 파브리지오는 주디의 강의 자료 대부분에 의문을 품게 되었다. 그는 조직의 인사 부서에 피드백을 제공하고 싶었지만, 주디가 여전히 인사 부서와 긴밀한 관계를 맺고 있고, 그녀와 그녀의 새로운 직업적 노력에 매우 충성스러운 사람들이 많다는 것을 알고 있었으므로 걱정이 되었다.

파브리지오는 주디와 일대일 코칭을 시작할 때가 되자 망설였다. 사실 그는 두 번이나 일정을 변경한 끝에 마침내 마음을 고쳐먹고 첫 번째 회기에 참석했다. 이 회기는 도시의 호화로운 호텔 로비에서 진행될 예정이었다. 파브리치오는 주디와의 관계에 대한 신뢰와 유대감을 느끼기 어려웠다. 또한 장소 선택에 대해서도 불편함을 느꼈다. 그는 자신이 이해한 대로 코칭을 제공할 수 있는 그녀의 수용력capacity과 기술에 의문을 가졌다. 그가 보기에 주디는 '자기'가 결정한 전문적인 지식을 전수하는 데 많은 시간을 보내고 싶어 하는 것 같았다.

주디는 점점 멀어지는 거리와 불신, 관계의 단절을 인식하지 못했다. 다음 회기를 해안 산책로를 따라 가기로 결정했다. 두 사람은 울퉁불퉁한 길을 걸으며 이야기를 나누고 구불구불한 길을 따라 걸었다. 주디는 코칭을 하면서 자연을 걷는 것이 긴장을 완화하고 코칭을 향상시키는 데 도움이 된다는 글을 읽은 적이 있었다. 그렇지만 파브리지오는 주변에 사람이 몇 명만 있어도 공공장소에서 이야기하는 것을 매우 불편해했다. 그 뒤에 그는 주디에게 남은 코칭 회기를 완료하고 싶지 않다고 말했다. 그녀는 무엇이 문제인지 의문을 품기 시작했고 어떤 결과가 초래될지 걱정했다. 주디는 이전 직장에서 인사팀에 근무했던 오랜 친구에게 연락하여 계약에 영향을 미치지 않을지 확인했다.

핵심 도전 과제

- 주디는 이전에 회사에서 매우 성공적인 경력을 쌓았다. 그렇지만 공급 업체로 재취업하면서 그녀의 평판과 인간관계는 위험에 처

하게 된다.
- 모든 코치가 그러하듯 주디도 처음부터 시작해야 했다. 그녀는 새로운 비즈니스에 접근하고 자신의 작업을 성장시키기 위해 이전 동료들과의 관계에 의존했지만, 이러한 관계는 코칭 고객으로부터 잠재적인 신뢰 부족의 원인이 되었다.
- 주디는 코칭 경험, 기술, 코칭 공간을 창조하고 버텨내는holding 수용력capacity이 부족한 것을 보완해야 한다. 다국적 기업에서 부서를 이끌고 있을 때와는 다른 사고방식이 필요했기 때문에 파트너십을 구축하는 것은 어려웠다. 그녀의 전문적인 역량에 대한 자신감도 고갈되어 갔다.
- 주디의 평소 접근 방식은 지나치게 자기주장이 강했고, 이는 코칭 공간에서의 그녀의 존재방식에서도 분명하게 드러났다. 이것은 그녀의 코칭 수용력에 대한 자신감과 코칭 고객과의 신뢰하고 자신감 있는 관계에 영향을 미쳤다. 고객들은 그녀의 역량competency, 기술, 그리고 수용력에 의문을 제기했다. 악순환이 시작되었고 학생들과 코칭 고객들이 그녀에게 도전하면 할수록, 그녀는 더욱 불안하고 독단적이며 지시적인 태도를 보이게 되었다.

윤리적 함의

- **전문성**: 코치는 프랙티스를 안내하는 짧은 과정과 자격증에 지나치게 의존했다. 자신이 초보 수준의 코칭 역량과 경험을 지녔다는 점을 스스로 인정했어야 했다. 그녀가 코칭 실천에서 성장하려면 비즈니스 뿐만 아니라 추가적인 교육, 멘토링, 수퍼비전이 필요했다.
- **이해 상충**: 코치는 코칭 고객보다 스폰서와의 관계에 더 신경을 썼다. 그녀의 목표는 이전 고용주와의 미래 비즈니스 기회를 보장하는 것이었다.
- **신뢰**: 코치가 인사부 사람들과 오래된 개인적인 관계를 가지고 있다는 것은 잘 알려진 사실이었다. 코치는 코칭 고객에게 코칭 관계가 발전할 수 있도록 기밀 유지와 역할과 같은 측면을 명확히 설명하지 않았다.

연구 과제

토론을 위한 성찰 질문

1. 코치가 이전 업무 및 비즈니스 인맥을 활용하고 그런 관계에서 비롯된 코칭 계약engagement에서 신뢰와 안전을 유지하려면 어떻게 해야 하는가?
2. 위와 같은 상황에서 고객이 잘못된 인식을 바로잡을 수 있는 경로는 무엇인가?
3. 코칭 실천의 초기 단계에 있는 코치가 자신을 성실하게 integrity 나타내고 있음을 어떻게 보장할 수 있는가?

참고 문헌

- International Coaching Federation (ICF) (2020), Global Coaching Study: Executive Summary. Source: https://coachingfederation.org/app/uploads/2020/09/FINAL_ICF_GCS2020_ExecutiveSummary.pdf

연구 과제

부록 A
Coaching and psychology bodies

Association of Coach Training Organizations (ACTO)
https://actoonline.org

Graduate School Alliance of Education in Coaching (GSAEC)
https://gsaec.org

International Society for Coaching Psychology
https://www.isfcp.info/

The Africa Board for Coaching, Consulting and Coaching Psychology (ABCCCP)
https://www.abcccp.com

The Association for Coaching (AC)
https://www.associationforcoaching.com

The Association for Professional Executive Coaching and Supervision (APECS)
https://www.apecs.org

The Center for Credentialing and Education (CCE)
https://www.cce-global.org

The European Mentoring and Coaching Council (EMCC)
https://www.emccglobal.org

The Institute of Coaching at McLean, Harvard Medical School Affiliate (IOC)
https://instituteofcoaching.org/

The International Association of Coaching (IAC)
https://certifiedcoach.org

The International Coaching Community (ICC)
https://internationalcoachingcommunity.com

The International Coaching Federation (ICF)
https://coachingfederation.org

The Worldwide Association of Business Coaches (WABC)
https://wabccoaches.com

Psychology (coaching)

Australian Psychological Society (APS)
https://psychology.org.au

British Association for Counseling and Psychotherapy (BACP)
https://www.bacp.co.uk

Psychology Board Australia (AHPRA)
https://www.psychologyboard.gov.au

The American Psychological Association (APA)
https://www.apa.org

The British Psychological Society (BPS)
https://www.bps.org.uk

Coaching supervision

Association of Coaching Supervisors
https://www.associationofcoachingsupervisors.com

부록 B
Associations and forums

Australian Association for Professional and Applied Ethics (AAPAE)
http://aapae.org.au/

Coaching Ethics Forum (CEF)
www.coachingethicsforum.com

Foundation for Professional Development
https://www.foundation.co.za/

Globethics: Global Ethics Forum
https://www.globethics.net/web/gef

Graduate School Alliance for Education in Coaching (GSAEC)
https://gsaec.org/

International Ethics Organizations: Centers and Organizations Working in Business Ethics
https://www.bentley.edu/centers/center-for-business-ethics/resources/international-ethics-organizations

Markkula Center for Applied Ethics
https://www.scu.edu/ethics/

부록 C
Coaching codes of ethics

Association of Coach Training Organizations (ACTO)
https://actoonline.org/global-voice/ethics-news/

International Society for Coaching Psychology
https://www.isfcp.info/ethics/

The Africa Board for Coaching, Consulting and Coaching Psychology (ABCCCP)
https://www.abcccp.com/services/#standards

The Association for Coaching (AC)
https://www.associationforcoaching.com/page/AboutCodeEthics

The Association for Professional Executive Coaching and Supervision (APECS)
https://www.apecs.org/apecs-ethical-stance

The Center for Credentialing and Education (CCE)
https://www.cce-global.org/credentialing/ethics/bcc

The European Mentoring and Coaching Council (EMCC)
https://www.emccglobal.org/leadership-development/ethics/

The International Association of Coaching (IAC)
https://certifiedcoach.org/about/ethics/

The International Coaching Community (ICC)
https://internationalcoachingcommunity.com/standards-and-ethics/

The International Coaching Federation (ICF)
https://coachingfederation.org/ethics/code-of-ethics

The Worldwide Association of Business Coaches (WABC)
https://wabccoaches.com/wabc-advantage/global-standards-and-ethics/

자료
글로벌 윤리강령
: 코치, 멘토, 수퍼바이저를 위한 글로벌 윤리강령[1]

번역 및 해설: 김상복

소개와 목적

이 문헌 1장~5장에 언급한 모든 기관(이하 '기관')은 본 윤리강령 (이하 '강령')에 서명한 기관을 말한다.

회원 기관인 우리는 데이터 과학과 인공지능(AI)을 비롯한 디지털 기술로 점점 더 전문화되고 있는 코칭, 멘토링, 수퍼비전의 우수한 프랙티스를 유지하고 장려하는 데 최선을 다하고 있다. 코치, 멘토, 수퍼바이저, 트레이너, 훈련생 등 여러 임무를 수행하는 회원은 회원 자격을 유지하기 위해 본 강령의 각 항과 원칙을 준수하는 데 동의한다.

---

[1] ⓒGCoE 2016. Updated June 2021. https://www.globalcodeofethics. org/download-the-code/
(2024.4.) 번역: 김상복 newlifecreator@gmail.com

본 강령은 코칭, 멘토링을 위한 전문 현장에 명시된 내용 및 요구사항과 일치한다. 유럽 법률에 따라 초안이 작성된 이 헌장은 유럽의 자율 규제self-regulation 이니셔니브를 열거하는 전용 유럽 연합 데이터베이스European Union database에 등록되어 있다.

본 강령은 법적 구속력이 있는 문서는 아니다. 그러나 회원이 할 수 있는 것과 없는 것을 자세히 설명하는 지침 문서guidance document이다. 본 강령은 전문적 우수성 개발을 촉진하는 코칭, 멘토링, 수퍼비전 분야의 모범 사례best practice에 대한 우리의 기대치를 제시한다.

강령의 목적은 다음과 같다.

- 모든 회원에게 적절한 지침guidelines, 책임accountability과 행동 기준standards of conduct을 제공한다.
- 회원들이 코치, 멘티, 수퍼바이지(이후 모두 '고객client'이라 함)와 일하고, 동료 프랙티셔너practitioners, 스폰서sponsors, 이해 관계자stakeholders 및 기타 전문가professionals와 상호 작용할 때 어떻게 행동하며 수행해야 할지를 명시한다.
- 각 기관의 전문 역량competence과 연계하여 회원들의 전문성 개발development과 성장growth을 지원한다.
- 자기를 전문 코치나 멘토라고 반드시 밝히지는 않더라도 작업

에 코칭이나 멘토링 기술을 사용하려는 개인을 위한 지침^{guide} 역할을 한다.
- 참여 기관의 불만 처리 절차^{procedures}안에서 모든 불만이나 징계 심리 및 조치의 근거로 활용한다.

윤리 강령

본 윤리 강령은 5개 장으로 구성되어 있다. 본 강령에 서명한 모든 회원 기관의 목록만이 아니라 전문적 행동^{behaviour}과 특정한 행위^{conduct}에 대한 각 기관이 일반적으로 기대하는 바를 제시한다.

1. 용어
2. 고객과의 작업
3. 전문적인 특정한 행위
4. 우수 사례
5. 글로벌 윤리 강령 서명 조직

1. 용어

a) 본 강령에서는 적절한 용어를 다음과 같이 지칭한다.

- 코치이coachees, 멘티mentees, 수퍼바이지suspervisees, 훈련생students을 '고객client'이라 칭한다.
- 코치, 멘토, 수퍼바이저, 트레이너를 '실천하는 회원practicing members' 또는 '회원members'으로 칭한다.
- '전문적 작업professional work'이란 코칭, 멘토링, 수퍼비전을 말한다.
- '전문성profession'은 코칭, 멘토링, 수퍼비전을 말한다.

b) 본 강령의 서명자들은 '전문가professiosn', '전문적professional'이라는 용어가 법적 규제를 받고 있지 않지만 점차 전문화되고 professionalised 자율 규제self regulated되고 있는 활동activities에 사용되고 있음을 인정한다.

c) 본 강령의 서명자들은 '코치', '멘토', '수퍼바이저'라는 직함은 보호되지 않으며, 전문 단체의 회원 여부와 상관없이 실천 분야의 모든 사람이 사용할 수 있음을 인정한다.

d) 각 서명자는 본 강령을 준수해야 하는 회원 및 기타 이해관계자(이하 통칭하여 '회원'이라 함)를 정확히 정의해야 한다.

e) 본 강령을 올바르게 이해하기 위해 회원은 코칭, 고객, 회원, 멘토, 멘토링, 스폰서, 수퍼바이저, 수퍼비전, 트레이닝 등 본 강령에 사용하는 주요 단어의 정확한 의미에 대해 각 전문 단체의 정의와 용어를 숙지하고 있어야 한다.

2. 고객과 작업

맥락

2.1. 어떤 자격으로든 고객과 전문적으로 일할 때 회원은 모두 본 강령Code에 따라 행동해야 하며, '실천하는 회원'에게 합리적으로 기대할 수 있는 수준의 서비스를 제공하기 위해 최선을 다해야 한다.

계약

2.2. 회원은 고객과 작업 시작하기 전에 고객에게 본 강령을 제공하고, 강령 준수에 대한 약속을 명시적으로 설명해야 한다. 또 회원은 고객과 스폰서에게 각 기관의 이의제기 절차를 알려야 한다.

2.3. 회원은 고객과 작업을 시작하기 전에 재정, 서비스 제공에 필요한 것logistical[추가적 진단과 평가 제공물, 장소비, 진행비], 기밀 유지 약정을 포함한 코칭, 멘토링, 수퍼비전 계약의 성격과 조건 및 내용을 고객과 스폰서가 알고 충분히 이해할 수 있도록 설명하고 노력해야 한다.

2.4. 회원은 자신의 전문 지식과 경험을 활용하여 고객과 스폰서의 기대치를 이해하고 이를 충족할 계획에 대해 합의agreement에 도달해야 한다. 또 회원은 다른 관련자relevant parties의 요구와 기대도 고려해야 한다.

2.5. 회원은 자신이 사용하는 방법을 개방적이고 투명하게 공개하고, 관련 과정 및 표준에 대한 정보를 고객과 스폰서에게 기꺼이willing to 공유해야 한다.[Willingness]

2.6. 회원은 계약 기간이 고객과 스폰서의 목표를 달성하기에 적절한지 확인하고 고객의 독립성과 자립성self-reliance[독립독행] 및 권한위임empowerment을 촉지하기 위해 적극적으로 노력 한다.

2.7. 회원은 코칭, 멘토링, 수퍼비전, 트레이닝이 이루어지는 환경이 학습과 성찰을 위한 최적의 조건을 제공하여 계약에 설정된

목표를 달성할 공산likelihood을 높일 수 있는지 확인해야 한다.

2.8. 회원은 항상 고객의 유익을 우선해야 하지만 동시에 이런 유익이 스폰서, 이해관계자, 더 넓은 사회 또는 자연환경에 해를 끼치지 않도록 알아차림과 책임을 높여야 한다.

정직성integrity

2.9. 회원은 자신이 선택한 고객 그룹과 함께 일하기에 적합한 자격을 갖추고 고객, 스폰서, 이해관계자, 동료 프랙티셔너에게 관련 경험, 전문 자격, 멤버십과 자격증을 정직하게 표현해야 한다.

2.10. 회원은 모든 당사자와의 의사소통에서 코치, 멘토, 수퍼바이저로서 자신이 제공하는 가치를 정확하게 표현해야 한다.

2.11 회원은 게시된 홍보 자료 및 기타 자료에서 자신의 전문 역량, 자격 또는 인증에 대해 허위 또는 오해의 소지가 있는 주장을 하거나 암시하지 말아야 한다.

회원은 타인의 저작물, 아이디어 및 자료의 소유권을 원저작자에게 귀속시키고 자신의 소유라고 주장하지 않는다.

2.12 회원은 모든 이해 상충을 공개하고 관련 법률 안에서 행동하며 부정직dishonest, 불법unlawful, 비전문적upprofessional, 불공정 또는 차별적 행위discriminatory를 확산, 지원 또는 공모하지 않는다.

기밀 유지

2.13. 회원은 고객과 함께 일할 때 법에 의해 정보 공개가 요구되지 않는 한 모든 고객 및 스폰서 정보에 대해 가장 엄격한 수준의 기밀을 유지해야 한다.

2.14. 회원은 고객 및 스폰서와 기밀 유지가 유지되지 않는 조건 (예: 불법 활동, 본인 또는 타인에 대한 위험)에 대해 명확하게 합의하고, 법에 의해 정보 공개가 요구되지 않는 한 가능한 경우 해당 기밀 유지 한도에 대한 동의를 얻어야 한다.

2.15. 회원은 기밀성, 보안 및 개인정보 보호를 보장하는 방식으로 디지털 파일 및 통신을 포함한 고객 작업의 모든 데이터와 기록을 보관, 저장 및 폐기하고, 데이터 보호 및 개인정보 보호와 관련하여 해당 고객 국가의 모든 관련 법률 및 계약을 준수해야 한다.

2.16. 회원은 고객에게 자신이 수퍼비전 받고 있음을 알리고 이러한 맥락에서 고객이 익명으로 언급될 수 있음을 명시해야 한다. 고객은 수퍼비전 관계 자체가 기밀 관계임을 보장받아야 한다.

2.17. 고객이 아동 또는 취약한 성인인 경우, 회원은 모든 관련 법률을 준수하면서 고객의 최선의 이익을 위해 적절한 수준의 기밀을 보장하기 위해 고객의 스폰서 또는 보호자와 합의해야 한다.

부적절한 상호 작용

2.18. 회원은 고객 또는 스폰서와의 모든 실제적physical, 가상적virtual 상호작용에 적용되는 명확하고 적절하며 문화적으로 민감한 경계를 설정하고 유지할 책임이 있다.

2.19. 회원은 현재 고객 또는 스폰서와의 연애 또는 성적 관계를 피하고 자제해야 한다.(이하 조항을 2019년 이후 삭제 함.)
　앞에 언급한 당사자(현재 고객 또는 스폰서)와 잠재적인 성적 친밀감의 가능성을 경계하고 안전한 환경을 제공하기 위해 친밀감을 피하거나 참여를 취소하기 위한 적절한 조치를 취해야 한다.

이해 상충

2.20. 회원은 고객의 동의 없이 고객을 착취하거나 그 관계에서 부적절한 재정적 또는 비재정적 이익을 얻으려 하거나 고객의 개인, 직업 또는 기타 데이터를 사용해서는 안 된다.

2.21. 이해 상충을 피하기 위해 회원은 고객과의 [코칭 등] 작업 관계를 다른 형태의 관계와 명확히 구분한다.

2.22. 회원은 작업 관계를 통해 발생하는 상업적 또는 개인적 성격의 이해 상충 가능성을 인지하고 고객 또는 스폰서에게 손해가 발생하지 않도록 신속하고 효과적으로 이를 해결해야 한다.

2.23. 회원은 고객 관계가 다른 고객 관계에 미치는 영향을 고려하고 영향을 받을 수 있는 사람들과 잠재적인 이해 상충에 대해 논의한다.

2.24. 회원은 모든 이해 상충을 고객에게 공개적이고 투명하게 공개하고, 효과적으로 관리할 수 없는 이해 상충이 발생하는 경우 그 관계에서 물러나는 데[중단] 동의한다.

전문적 관계 종료 및 지속적인 책임감

2.25. 회원은 코칭, 멘토링, 수퍼비전 서비스 계약의 조항에 따라 진행 과정의 어느 시점에서든 계약을 종료할 수 있는 고객의 권리를 존중한다.

2.26. 회원은 고객이 다른 형태의 전문적인 도움을 받는 것이 더 낫다고 판단되는 경우 고객 또는 스폰서가 코칭, 멘토링, 수퍼비전 계약을 종료하도록 권장해야 한다.

2.27. 회원은 회원이 예기치 않게 서비스를 완료할 수 없는 경우 서비스 연속성 계획을 세우는 등 서비스 종료에 대비하여 고객을 준비시켜야 한다.

2.28. 회원은 작업 종료되는 경우 현재 고객과 그 기록을 양도할 수 있는 조항을 마련해야 한다.

2.29 회원은 자신의 전문[직업]적 책임이 전문[직업]적 관계가 종료된 후에도 계속된다는 것을 이해한다. 여기에는 다음 사항이 포함된다.
- 기밀, 개인 또는 기타 데이터를 신중하고 윤리적으로 관리하

여 고객 및 후원자와 관련된 모든 정보의 기밀을 유지한다.
- 회원 또는 전문가 커뮤니티의 전문성 또는 청렴성을 손상시킬 수 있는 이전 관계의 악용 을 피한다.
- 합의한 모든 후속 평가 또는 조치를 제공한다.

3. 전문가 행동

전문직의 평판 유지

3.1. 회원은 항상 전문직 서비스의 평판을 긍정적으로 반영하고 향상시키는 방식으로 행동하며, 기술technology 사용이 전문적 표준professional standards에 부합하도록 보장한다.

3.2. 회원은 회원과 다른 전문가들이 사용하는 다양한 프랙티스와 데이터 기술 및 AI 사용을 포함하여 코칭, 멘토링, 수퍼비전에 대한 모든 윤리적인 정보를 바탕으로 한 접근 방식을 존중해야 한다.

책임감 있는 행동

3.3. 회원은 포용성, 다양성, 사회적 책임, 기후 변화에 관한 각 단

체의 성명서 및 정책을 준수한다.

3.4 회원은 어떠한 이유로도 고의로 차별하지 않으며, 기술technology 사용이나 부정확하거나 가짜 데이터를 포함하여 차별과 편견이 발생할 수 있는 영역에 대한 자체적인 알아차림을 제고하기 위해 노력한다.

3.5. 회원은 무의식적인 편견과 구조적인 불공정의 잠재력을 인식하고 개인의 차이를 포용하고 탐구하는 존중과 포용의 접근 방식을 취하도록 노력한다.

3.6. 회원은 차별적이거나 자기 행동과 조치에 대해 책임을 지지 않으려는 것unwilling to으로 인식되는 동료, 고용인, 서비스 제공자 및 고객에 대해 건설적으로 이의를 제기하고 지원을 제공한다. [unwillingness]

3.7 회원은 자신의 말, 글, 비언어적 의사소통에서 암묵적인 편견이나 차별이 있는지 모니터링한다.

3.8 회원은 포용성, 다양성, 기술, 변화하는 사회적 및 환경적 요구의 최신 발전과 관련하여 자기 알아차림을 높이는 데 기여하

는 전문성 개발 활동에 참여한다.

전문적 행동의 위반

3.9. 회원은 불만 처리 절차에서 확인된 강령 위반으로 인해 공인 자격인증 상태 및/또는 단체 회원 자격 상실을 포함한 제재를 받을 수 있음을 인정한다.

3.10. 회원은 다른 회원이 비윤리적인 방식으로 행동하고 있다고 믿을 만한 합리적인 이유가 있는 경우 이의를 제기하고, 해결이 실패할 경우 해당 회원을 해당 단체에 제기한다.

법적 및 법으로 정한 계약상의 의무$_{obligations}$와 작업 관련[또 도의적] 의무$_{duties}$

3.11. 회원은 최신 정보를 파악하고 준수해야 할 의무가 있다.
- 전문 작업이 이루어지는 국가의 모든 관련 법적 요건
- 아동 또는 취약한 성인과 함께 일할 때 보호 법규
- 작업 상황에 맞는 관련 조직 정책 및 절차

3.12. 회원은 코칭, 멘토링, 수퍼비전 작업에 대한 적절한 전문 배

상책임보험에 가입해야 하며, 해당 배상 보험을 이용할 수 있는 국가에서 활동하는 경우 해당 보험에 가입할 수 있다.

4. 우수 사례

수행 능력

4.1. 회원은 자신의 전문적 역량의 한도 내에서 활동해야 한다.
회원은 적절한 경우 고객에게 더 경험이 많거나 적절한 자격을 갖춘 회원을 소개해야 한다.

4.2. 회원은 실천할 수 있을 만큼 충분히 건강하고 그에 걸맞는 건강한be fit 상태여야 한다.
그렇지 않거나 건강상의 이유로 안전하게 실천할 수 있는지 확실하지 않은 경우, 전문가의 안내나 지원을 구한다.

지속적인 수퍼비전 On-going supervision

4.3. 회원은 코칭, 멘토링 또는 수퍼비전 실천, 전문 기관의 요구사항 및 인증 수준에 적합한 수준의 자격과 경험을 갖춘 수퍼바이저와 동료 수퍼비전에 참여해야 하며, 성찰적 실천에 참여

한 근거evidence를 갖고 있어야 한다.

4.4. 회원은 수퍼비전 내에서 전문적 또는 개인적인 다른 기존 관계가 제공되는 수퍼비전의 질을 방해하지 않도록 해야 한다.

4.5. 회원은 일반적으로 AI 및 기술 사용으로 인해 발생하는 윤리적 딜레마와 본 강령의 잠재적 또는 실제 위반에 대해 수퍼바이저 또는 동료 수퍼비전 그룹과 논의하여 지원 및 안내를 받아야 한다.

전문성의 지속적 개발

4.6. 회원은 관련 교육 및 미래 지향적인 전문성의 지속적 개발 continuing professional development(CPD) 활동에 참여하여 코칭 및/또는 멘토링 역량과 수퍼비전 능력을 개발해야 한다.

4.7. 회원은 자신의 전문성 수준에 맞는 전문가 커뮤니티에 기여해야 한다. 여기에는 동료 '실천하는 회원'에 대한 비공식적인 동료 지원, 전문성 발전, 연구, 저술 등에 기여 등이 포함될 수 있다.

4.8. 회원은 고객, 스폰서, 이해관계자의 피드백, 기타 CPD 활동을 통해 자신의 작업과 역할의 질과 관련성을 체계적으로 성찰하고 평가하여 작업을 개선한다.

5. 글로벌 윤리 강령 서명자
   - 코치, 멘토, 수퍼바이저를 위한 윤리 강령

글로벌 윤리 강령은 서명자들을 위한 가장 중요한 윤리 구조 틀 framework이며, 불만 처리 절차나 모든 잠재적 윤리 문제를 다루지는 않는다. 대신, 각 서명기관에 전반적인 거버넌스에 대한 책임을 위임하여 프랙티스의 다양성 및 지역 또는 특정 상황과 관련된 다양한 윤리적 뉘앙스를 반영하는 구체적인 정책과 절차를 개발하고 적용하도록 한다.

　이러한 추가 사항은 강령의 본질과 모순되지 않으며, 다른 공동 서명자가 채택해야 할 의무를 수반하지 않는다.

　이러한 추가 사항은 전문 기관 간의 지속적인 협력 교류의 일환으로 서명자들이 공유할 수 있다.

　글로벌 윤리 강령의 서명 기관은 다른 서명기관과 관련된 불만 사항에 관여하지 않는다. 그러한 불만 사항은 해당 기관에 직접 접수해야 한다.

　회원 가입, 인증, 표준, 거버넌스, 불만 처리 절차 등 각 강령 서명기관에 대한 자세한 내용은 서명기관 관련 웹사이트를 참조하시기 바란다.

현재 강령 서명기관은 여기에서 확인할 수 있다.
https://www.globalcodeofethics.org/signatories/

글로벌 강령 서명기관이 되는 방법을 알아보려면 administrator@emccglobal.org으로 문의하기 바란다.

Date of first signing up to the Code	Version first signed up to	Name and website of membership body	Membership body logo
5 February 2016	1.0	EMCC http://www.emccglobal.org	EMCC GLOBAL
5 February 2016	1.0	Association for Coaching (AC) www.associationforcoaching.com	Association for Coaching
1 May 2018	2.0	Association for Professional Executive Coaching and Supervision www.apecs.org	APECS
1 May 2018	2.0	Associazione Italiana Coach Professionisti www.associazionecoach.com	AICP
1 May 2018	2.0	Mentoring Institute, University of New Mexico www.mentor.unm.edu	UNM MENTORING INSTITUTE

Date of first signing up to the Code	Version first signed up to	Name and website of membership body	Membership body logo
1 December 2018	2.0	International Mentoring Institute (IMA) www.mentoringassociation.org	
16 December 2019	2.0	Associação Portuguesa de Gestão das Pessoas www.APG.pt	
27 July 2021	3.0	International Organization for Business Coaching (IOBC) www.IOBC.org	
24 November 2021	3.0	The Association of Business Mentors http://www.associationof-businessmentors.org	
27 July 2022	3.0	COMENSA (Coaches and Mentors of South Africa) http://www.comensa.org.za	
8 June 2023	3.0	EASC (European Assiciation for Supervision and Coaching) https://www.easc-online.eu/en/	
5 September 2023	3.0	Swiss Coaching Association (SCA) https://www.s-c-a.ch/	

[번역자 해설]

코칭 분야에서 윤리적 체계 확립과 글로벌 윤리강령의 의미

- 김상복

코칭 윤리 규정을 확립하기 위한 노력은 오랜 기간 코칭 단체들의 노력과 협력 작업의 산물이다. 이 같은 선구적 노력이 있었기에 많은 코칭 단체들이 자신의 윤리규정을 손쉽게 구성할 수 있었다.

'시작은 상담 및 심리치료 등 치료분야의 전문윤리와 이해관계자들과 권력의 복합성 등 추가적 이슈들을 포함한 비즈니스 윤리에서 찾아볼 수 있다'(J. Passmore. 2014. p.137). 각 단체의 개별적 노력이 일정한 전환을 마련한 것은 2008년 2월 '코칭 전문직의 역량과 평판을 지속적으로 향상시키기 위하여'라는 메타 원칙과 공유된 전문적 가치에 대한 서술을 만들어 낸 일이다. 중심이 된 조직으로는 '국제 코칭대회Global Convention on Coaching(GCC)', '국제 코칭 연구포럼International Coaching Research Forum(ICRF)', '영국코칭원탁회의UK COACHING ROUND TABLE', 코칭협회Association for Coaching(AC), '전문임원코칭 수퍼비전협회Association for Professional Executive Coaching and Supervision(APECS)', '영국의 유럽 멘토링 코칭 회의EMCC UK', '국제코치연맹 영국챕터ICF UK'등이다. 여기에는 40여 개국에서 온 코칭 학자와 프랙티셔너들이 참여한 걸로 알려졌다. 이후 코칭 윤리 연구에 많은 코치와 연구자들이 참여해 논문과 단행본을 내놓게 되었다.

코칭 단체간 노력은 '몇 년 후인 2012년에, ICF, EMCC 및 AC는 코칭과 멘토링의 윤리적인 실천을 위한 벤치마크로 전 세계적으로 공유되고 수용되는 행동 강령을 만들기 위해 힘을 합쳤다. 이러한 노력은 글로벌 코칭 및 멘토링 동맹Global Coaching and Mentoring Alliance(GCMA)으로 불렸으며, 코칭 및 멘토링 새로운 전문성을 발전시키기 위한 목적으로 결성되었다'(Ioanna Iordanou & Patrick Williams). 이후 AC와 EMCC가 주축이 되어 글로벌 윤리 강령 Global Code of Ethics(GCoE)을 주도하게 된다. 첫 번째 버전은 2016년 나왔다. 이후 세 번 째 버전이 2021년 7월에 나왔으며 23년 9월 부분적 수정이 포함되었다.

이후 글로벌윤리 강령은 다지털화 및 AI 사용, 기후 위기 등 현실 문제를 포괄라고, 다양성, 포용성 아젠다에 대처하는 등 계속 해왔고, 모든 코칭 조직을 포괄하고 지원하는 위치를 갖게 되자 많은 조직들이 참여했다(2024년 7월 현재 12개의 조직이 서명). 이 과정 중 논의 과정에서 언제 부틴가 ICF는 참가하지 않고 있다.

본문 중 [ ] 부분은 역자가 첨부한 것이다.

참고 자료

『코칭수퍼비전』 J. Passmore 엮음. 권수영, 김상복, 박순 옮김
『현대코칭의 이론과 실천』 타티아니 바흐키로바 외 엮음. 김상복, 윤순옥, 한민아, 한선희 옮김

색인

A

C-suite 298, 471
DEFINE 64
DEIB 325, 326, 327, 329, 330, 331
EMCC 14, 15, 53, 335, 441, 478, 481, 500, 502, 503
Knowing to Doing 20, 34
LGBT+ 103
2개 국어를 구사하는bilingual 271

ㄱ

가면 쓰기 227
가상 지도virtual map 377
가정assumptions 38, 43, 58, 60, 61, 72, 112, 113, 118, 227, 293, 310, 320, 329, 419, 425
가치 충돌 195, 200, 402
각오가 된 상태preparedness 210
개인 코치private coach 13, 206, 354, 398

경계 관리managing boundaries 118, 145, 151, 175
경계 설정 200, 292
고기능 아스퍼거 225
고기능 자폐인high-functioning autistic 422
고위 경영진senior leadership team(SLT) 264, 297, 300, 316
공동 수퍼비전co-supervision 156
공유 모델shared model 70
공유한 관심사 57
공정성impartial 41, 109, 274, 302, 316, 323, 401, 402
과도한 동일시over-identification 427
과정의 일관성 65, 75
과학자-실무자 모델 73
관계적 내러티브 57
관계적이며 창의적인 대화 과정 24
교차 성cross-gender 181
구체적인 경험 26, 27
권력 역동power dynamics 91, 98, 140, 312,

315, 322, 384, 411
귀인attributions 61, 264
균등화equalisation 60
그룹 수퍼비전 156, 168, 187, 221, 226, 245, 271, 273
기존legacy 416
김 모건Kim Morgan 433

ㄴ

내 편on side 149, 150
내재적 열망intrinsic aspirations 132
누설leakage 353, 354
능동적 실험 26

ㄷ

다양성diversity 269, 277, 285, 305, 315, 325, 329, 383, 384, 406, 413, 494, 495, 499, 503
다크 웹dark web 354, 358
단절disconnect 122, 127, 416, 422, 474
담아내는contain 156
담합적 자세 33
대수롭지aired 320
더 넓은 맥락과 시스템 다루기Addressing broader context and systems 140
데이비드 A. 레인David A. Lane 53, 335
데이터 위반data breach 353
돌봄의 연속성continuity of care 342
동시성synchronicity 114, 117
두미사니 마가드렐라Dumisani Magadlela 14, 213, 469

떠오르는 것emerging 140

ㄹ

라몬 에스트라다Ramón Estrada 345
라자싱헤Rajasinghe 24, 29
롭 캠프Rob Kemp 459

ㅁ

마주함encounter 57, 68, 71, 73, 75
만약의 사태what ifs… 122
멜트다운meltdowns 423
명확성clarity 109, 118, 128, 145, 151, 172, 249, 264, 283, 369, 370
모니카 머레이Monica Murray 413
목적 적합성 210
목적과 관점을 취하는 수용력 66
무능력감incompetence 176
무언의 기준unspoken criterion 147
무의식적으로involuntarily 8, 39, 40, 118, 174, 250, 368
문화적 해석cultural translations 383
미래 지향성 74

ㅂ

바흐키로바Bachkirova 23, 25, 62
반 나우워버그Van Nieuwerburgh 23
반응reactive 136
발달되지 못한lesser-developed 290
배정받은 코치mandated coach 398
복잡 적응 시스템 사고complex, adaptive systems

thinking 366
복잡성의 범위와 역할 48
부적절한inappropriate 224, 410, 491, 492
불편한 침묵uncomfortable silence 135
브라이언 로스트론Bryan Rostron 55
비이성애자non-binary 106, 107
비지시성nondirectiveness 255

ㅅ

사례 개념화 54, 81
사례 공식화 36, 39, 56, 57, 58, 63, 81
사례 구성 36, 61
사례 연구 82, 91, 92, 102, 110, 121, 156, 167, 175, 214, 215, 222, 232, 243, 259, 270, 288, 306, 335, 360, 363, 395, 405, 441, 460
사례 연구 읽기 63, 75
사무적인 말투with a clipped accent 158
사별bereavement 112, 119, 143, 175, 178, 179, 181, 333
사이 대화in-between conversation 365
사이먼 캘로우Simon Callow 55
사일로 문화 223
사회문화적 요인sociocultural factors 139
삼각 측량 회의triangulation meetings 416
상실감loss 113, 117, 338
상호 의존성intedependencies 366
상호 작용interactions 28, 36, 38, 59, 61, 65, 198, 221, 282, 289, 366, 445, 484, 491
상호교차성intersectionalit 175, 181
생각을 말로 표현 42

서비스 수준 약정Service Level Agreements(SLAs) 233
서술적/기술적 해명 61
선의의 원칙principle of beneficence 101
성소수자LGBT 103, 104
성에 기반한 권력Gender-based power of both genders 402
성적인 접근sexual advance 408
성찰적 관찰 26, 27
세 가지 성찰 공간 59
소속감belonging(DEIB) 325, 326, 327, 329, 330, 331
수용하지 않음non-acceptation 283
숨겨진 역동background dynamics 398
쉴라 스트로브리지Sheelagh Stawbridge 55
스타니스랍스키Stanislavski 55, 79
스타우트 로스트론Stout Rostron 62
슬픔grief 175
시연 프랙티스presencing exercise 187
식품의약국FDA 125
신경과학의 접근 62
신경다양성 장애neurodivergent 421, 428
신경다양성neurodiversity 227, 228, 229, 381, 421, 422
신경일반적 세계neurotypical world 227
신규newbie 416, 418
신체적 능력 210
실마리thread 136
실비나 M. 슈피겔Silvina M. Spiegel 383
실용적인 방법 48
실존적 접근 방식existential approach 114
실존주의 60, 111, 113
실천 직후 성찰 38
심리적 안전감 198

ㅇ

악의적인 주장malicious allegations 149
안전한 보관소vault 338
알렉산드라 J.S. 포에이커Alexandra J.S. Fouracres 353
암과 함께 살아가는 사람 55
애도 중심 서비스bereavement-oriented services 114
앨런 듀런트Alan Durrant 55
약자를 괴롭히는 사람bully 273
에바 허쉬 폰테스Eva Hirsch Pontes 14, 167, 221, 243, 469
예상projection 68, 105, 107, 118, 125, 133, 172, 197, 217, 270, 291, 335, 336, 337, 375, 391, 414
옵트 아웃 링크opt out link 456
완화되는mitigate 121
욕구 단계hierarchy of needs 246
웬디-앤 스미스Wendy-Ann Smith 13, 19, 53, 395, 469
위장camouflaging 98, 426
위치성positionality 55
유리 천장을 깬 여성a glass-ceiling-breaking woman 395
유사한 행동 227
유출exfiltrate 353, 354, 356, 357, 359
유해한 업무 환경toxic work environment 111
윤리 실천 역량ethical capability 10
윤리성ethicality 27, 28, 33, 40, 42, 43, 48
윤리의 수용력ethical capacity 10
윤리적 구분ethical sorting 204
윤리적 나침판compass 211
윤리적 대화 29
윤리적 딜레마ethical dilemma 10, 12, 20, 34, 121, 122, 184, 368, 369, 498
윤리적 민감성sensitivity 29, 35, 48
윤리적 분별력discernment 29, 211
윤리적 선택의 순간ethical moments of choice 102, 110
윤리적 성숙성maturity 9, 10, 24, 42, 518
윤리적 실행 29
윤리적 알아차림ethical awareness 12, 20, 28, 30, 40, 48
윤리적 역량competence 20
윤리적 영향ethical repercussion 169, 174, 275, 306
윤리적 예민함acuity 22
윤리적 의사결정의 일관성 30
윤리적 주춧돌ethical cornerstone 208
윤리적 타협ethical compromise 375
윤리적 평화 29
윤리적 함의ethical implication 43, 91, 141, 172
윤리적 허용 영역zone of ethical acceptability 34, 375
음조tonality 117
의도적 순환 학습 24
의미의 공식화 61
의미 형성 수용력 66
의사결정 능력decision-making abilities 27
의식적 무의식적 편견 218
의식적 사고 40
이머징 리더십emerging leadership 110
이브 터너Eve Turner 145, 335
이상화된 자기idealized self 442
이중성duality 184
인물을 이해하는 방식 55
인원이 꽉 찬full house 176

인지적 차이 227
일관성consistent 30, 33, 65, 75, 78, 128
일치하고aligned 128
임원 리더십 팀executive leadership team(ELT) 316
임원으로 존재감executive presence 133

ㅈ

자기 의심self-doubt 136, 209
자기 주도권self-directing 109
자기-성찰 능력 38
자제력self-mastery 423
자치권self-governing 109
자폐 스펙트럼 221, 226, 228
자폐적 가면autistic masking 426
자폐적인 방식 224, 225
작업 동맹working alliance 310
작은 인맥little black book 434
잠재적 영향을 예측하기second-guessing 426
잠재적 피해potential damage 126
장field 62
재빠르게 생각하기 224
적극성assertiveness 272
적절한 시점milestone 301
적절한 행동 40
전략strategie 124, 125, 126, 128, 131, 155, 207, 222, 223, 251, 281, 282, 303, 326, 328, 446, 455
전략적 계획strategic planning 133, 253
전략적 공명판sounding board 209
전문가 교차 수퍼비전cross-professional supervision 156
전이transference 118, 119

전인적 인간whole person 131
전일 프로그램 회기 207
전장 승진battlefield promotions 297
전환transitioning 33, 116, 122, 124, 125, 126, 127, 174, 185, 198, 203, 204, 208, 271, 282, 308, 364, 368, 413, 415, 469, 470, 502
정서적 불안/거북함uneasiness 209
정신ethos 414
조나단 드루리Jonathan Drury 421
조사 활동campaign 279
조직 내 문화적 장벽cultural barriers in the organization 137
조직 정보organisational knowledge 146
조직 환경organizational environment 139
존재 방식way of being 184, 463
주의care 36, 70, 113, 117, 118, 132, 158, 163, 164, 200, 226, 356, 367, 376, 390, 423, 424, 447
주제repertoire 248
죽음ending 89, 112, 113, 116, 176, 177, 178, 333, 336, 337, 339
준비성readiness 210
중요한 선택의 순간 23
지속가능성sustainability 53, 306, 308
진단과 처방 54

ㅊ

초능력superpowers 272
최고 경영진top executives 278, 279, 298, 299, 300, 396, 471
최고운영책임자COO 124

최고의 윤리적 기준highest ethical standards 148
최고인사책임자CHRO 122
최고 전략 책임자chief strategy officer 124, 125, 126
추상적 개념화 26
축소하거나 과소평가하기minimizing 405
충분한 공간enough space 115
취약성vulnerability 118, 156, 325, 327

ㅋ

캐롤라인 아담스 밀러Caroline Adams Miller 395
컨스텔레이션constellations 365
케미 회기chemistry sessions 116, 279, 299, 300
코치봇coachbot 374
코칭 관계coaching relationship 70, 107, 116, 125, 249, 317, 401, 476
코칭 개입engagement 65, 77, 215, 255
큰 변화The sea change 20, 114, 133, 306, 470, 471

ㅌ

타자화othering 243, 247
통합적 체험 학습 과정 62
투명성transparency 134, 274
투명한 나눔 207
특정 문certain doors 119
특혜privilege 245
티모시 웨스트Timothy West 55
팀원들이 청중 196
팀을 정리하다sort the team out 366
팀 효과성 진단 205

ㅍ

파멜라 A. 라르드Pamela A. Larde 405
판단 중지 60
포용성inclusion 325
표현된 자기presented self 442
프란신 캠폰Francine Campone 441, 451
프랙티스 내부 성찰 37
프랙티스 직후 성찰 37
프랙티스의 질적 강화 59
프로세스 관련 활동 207
프루넬라 스케일Prunella Scales 55
피쉬 보울gold-fish bowl 157, 160

ㅎ

함정에 빠졌다고trapped 274
합리적 기술 224
합의agreement 488
해로울 수 있는harmful 118
해를 끼치지 않는다do no harm 226, 363, 441
현상학적 탐구 60
협력 코치associate coach 433, 434, 435, 440, 442, 443
형평성equity 109, 131, 325, 383
혜택benefit 249
황금 행동 규칙 199
회색 영역 34
희미했다가 점차 다가오는 변화looming change 426

역자 소개

김상복

한국코치협회 KSC, 국제코칭연맹 PCC.

 기업 공공기관, 비영리 조직 CEO, 임원, 전문직(창작,법률,의료 보건)등을 위한 코칭을 하고 있다. 리더십 코칭에서 승계, 전환, 개인 강화에 관심이 있고 기업가정신, 조직원의 웰빙 분야로 확대를 준비 중이다.

 정신분석을 전공했고 현대 정신분석과 내러티브학을 코칭의 근거이론으로 삼고 이를 개척하고 있으며 '자유연상 중심'을 개인 회복, 창의성 개발에 활용하며 이를 라이프 코칭으로 확대하고 있다.

 2012년 이후 한국코칭수퍼비전아카데미를 운영하며 코치를 위한 수퍼비전을 제공하고, 그룹코칭 수퍼비전, '수퍼비전으로 수퍼바이저 되기' 훈련 과정을 운영한다. 최근 팀 코칭 수퍼비전으로 관심을 기울이고 있다.

코칭관련 전문 서적 번역과 출판을 위한 '코칭북스'를 운영해 현재 60여 권을 발행했다.

저서: 『코칭튠업21: ICF 11가지 핵심 역량과 MCC 역량』(2017), 『실전코칭 시리즈: 누구나 할 수 있는 대화모델』(2018, 개정판: 2024), 『첫고객·첫세션 어떻게 할 것인가』(2019)

번역: 『정신역동과 임원코칭』(2019), 『정신역동코칭: 30가지 고유한 특징』(2023), 『코칭과 정신건강 가이드』(2022), 『10가지 코칭주제와 사례연구』(2022), 『트라우마와 정신분석적 접근』(2023)

공동 번역: 『코칭수퍼비전』(2014), 『코칭의 역사』(2015), 『코칭 윤리와 법』(2018), 『코칭, 컨설팅 수퍼비전의 관계적 접근』(2019), 『코치 앤 카우치』(2020), 『수퍼비전: 조력 전문가를 위한 일곱 눈 모델』(2019), 『내러티브 코칭』(2021), 『정신분석 심리치료의 기본 과정』(2021), 『정신역동과 마음챙김 리더십』(2021), 『수퍼바이지와 수퍼비전』(2024)

번역 감수: 『101가지 코칭전략과 기술』(2016), 『코칭심리학 2판』(2023)

www.supervision.co.kr/www.biondysupsok.co.kr/coachingbooks.co.kr

newlifecreator@gmail.com

김현주

한국코치협회 KSC

내부/사내 코치를 양성하고 지속적인 훈련과 수퍼비전으로 내부/사내 코치들의 역량 강화를 통해 행복한 일터를 만드는 데 일조하고 있으며, 성장과 발전을 위한 도약을 앞두고 있는 중소기업의 대표와 임원들에게 일대일 코칭, 그룹 코칭을 통해 변화하는 조직에 필요한 리더십 장착 코칭을 진행하고 있다. 또한 조직의 운영 단위인 팀이 한 방향으로 목표를 향해 항해 할 수 있도록 시스템적 접근을 적용한 팀코칭을 하고 있다.

팀 코칭 아카데미에서 트레이너로 활동하고 있으며, 일대일 코칭, 그룹 코칭, 팀 코칭을 하면서 꾸준히 수퍼비전을 받으며 지속적인 성찰과 학습으로 얻은 경험을 살려 코칭 교육 프로그램을 개발하고 전문코치 역량 중심 훈련 과정을 운영 중이며, 현장에서 발로 뛰면서 즐겁게 코치활동을 하고 있다.

다양한 활동을 통해 나답게 사는 삶, 일과 삶의 균형을 소망하는 많은 고객을 코칭의 현장에서 만나게 되었고, 함께 고민하는 과정에서 개인 맞춤형 직무설계에 대한 이론과 실전을 연구하고 있다.

또한 실전에서 경험한 다양한 딜레마 상황에서 수퍼비전을 통해 코치의 윤리적 선택을 위한 민감성과 성숙성에 관심을 갖게 되었고 현장 사례를 중심으로 학습하는 과정에서 번역에 참여하게 되었다. 윤리와 수퍼비전은 코치가 되어가는 과정의 두 기둥이라는 경험을 하면서 '충분히 좋은' 코치가 되기 위해 하루 하루 조금씩 정진하고 있다.

대기업에서 20년간 조직 경험을 했으며, 현재는 김현주코칭센터를 운영하고 있다. 교육학 박사과정을 수료하였고, 한국코칭학회 상임이사, 팀 코칭 아카데미 전문가과정 트레이너, 코어리더십센터 마스터 코치로 활동하고 있다. 끊임없는 지원과 지지를 보내주는 남편과 어느새 친구처럼 생각을 터놓고 이야기 나눌 수 있을 정도로 훌쩍 커버린 두 딸과 함께 삶의 현장에서 부딪히고 넘어지며 배우고 성장하면서 소소한 취미로 질문공장을 운영하고 있다.

저서로는 『세상의 모든 질문』(2018), 『코치 100% 활용하는 법』(2021, 공저)이 있다.

이메일 문의: together3344@naver.com

질문공장 www.questionfactory.co.kr

이서우

한국코치협회 KPC

기업에서 리더를 대상으로 일대일 코칭, 그룹 코칭을 주로 하고 있으며, 고객을 코치형 리더로 성장하도록 돕고 있다. 리더를 코칭하면서 리더만 코칭한다고 조직에 변화가 생기는 것이 아니라는 것을 체험하면서 팀 코칭에 관심을 가지게 되었다. 관련 공부와 현장 경험을 쌓으며 현재는 팀 코칭으로 영역을 넓혀 활동하고 있으며 특히, 시스템/복잡계 기반 컨스텔레이션 팀/그룹 코칭 분야에 관심이 있다. 그룹코칭과 팀코칭 프로그램을 개발하는 용역을 수행했고 이 경험으로 팀 코칭에 대한 이해가 더욱 깊어졌다. 지금은 팀 코칭 아카데미에서 트레이너로 활동하면서 팀 코칭에 푹 빠져있는 중이다.

라이프 코칭으로는 3년간 장애인 복지센터에서 코칭을 하며 발달장애아를 둔 부모님들을 코칭했다. 고객 대상 1년 이상 코칭하면서 꾸준히 수퍼비전을 받았고, 이를 계기로 코치의 수용력과 고객 역동, 인간에 대한 이해가 깊어졌다. 발달장애아를 둔 부모 코칭을 지속적으로 하면서 엄마들의 모임을 만들고 그들의 코칭 문화를 만들고 싶은 소망도 있다.

코칭 윤리와 수퍼비전은 앞으로 가고 싶은 이정표 같은 분야이다. 자격증을 따기 위한 코더코가 아니라 실전 코칭 역량을 올려줄 수 있는 코칭 수퍼비전과 전문코치라면 꼭 알아야 할 코칭 윤리를 더 깊이 더 넓게 공부해서 많은 코치들에게 전파하고 싶다.

대기업에서 20년 근무했으며, 2019년부터 이서우 상담코칭센터를 운영하고 있다. 한국코칭학회 상임이사, 한국코치협회 코치 인증 심사위원, 팀 코칭 아카데미 전문가 과정 트레이너이며, '코칭 마인드셋'을 주제로 심리학 박사학위를 받았고, 대전대학교 심리학과 겸임교수이다.

2021년에 『코치 100% 활용하는 법』을 공저하였다.

이메일: seowoo7058@naver.com

발간사

호모코치쿠스 50
코칭 윤리 사례 연구

2018년 『코칭 윤리와 법』(호모코치쿠스 4)이 발행된 이후 실로 6년 만에 『코칭 윤리 사례 연구』를 소개 한다. 당시 『코칭 윤리와 법』의 원서는 2005년에 나온 것이며 코칭 윤리를 주제로 세계에서 처음 나온 기념비 같은 책이었다. 그러나 기대를 갖고 출간한 책이 거의 그대로 창고에 쌓여있는 실정이다. 국내에서 코칭 윤리를 강조하는 분위기가 확산돼도 이 책을 찾는 코치가 그리 많지 않았다. 그러나 코칭 윤리 형성 과정과 배경, 코칭이 독립적 발전을 이루기 위한 노력에서 일어난 2003년의 미국 콜로라도 주 사건과 이에 대한 전 세계 코치들의 노력 등은 지금도 검토해야 할 중요한 내용이다.

반면에 그동안 우리들의 코칭 윤리는 자격 응시 면접이나 시연 때 '기밀 유지' 보호 언급이나, 코칭 기관의 코칭 윤리 '조문'에 대한 해설 정도가 윤리 학습의 전부였다. 코칭 윤리를 위한 '설명적 접근'조차 어려워하고 낯설어하는 분위기에서 코칭 윤리에 대한 새로운 관심을 확대하기는 난망한 일이었다. 한때 '윤리는' 상담 전공 대학원 수준의 커리큘럼에 적어도 한 학기를 할애받은 적이 있지만 다른 과목 배치가 늘어나 그마저도 어려워 학회 차원의 연례 발표회에서 시간을 잠시 배치하여 해결하고 있다.

역자가 코칭 윤리에 관심을 갖게 된 것도 이런 배경이 있다. 연세대학교 연합신학대학원 부설 코칭아카데미에서 이를 우려한 교수진의 배려로 1일 워크숍으로 코칭 윤리 강의 및 워크숍을 하게 되었다. 평소 코칭 강의에서 ICF 및 한국코치협회의 '11가지 핵심역량' 부분을 코칭 윤리 관점에서 설명해 온 노력을 전해 들은 것이다. 학기 방학에 진행했던 이 강의는 역자에게도 코칭 윤리를 사유하는 큰 계기가 되었다. 이후 코치 훈련 과정 프로그램인 '코칭 튠업 21'을 진행하며 '코칭 윤리 사례'를 중심으로 코칭 윤리를 진행했다. 그렇지만 국내 사례를 체계적으로 정리하기는 쉽지 않았다. 우선 사례의 기본이 공개되지 않아 자료를 인용할 수 없었고, 풍문으로 구성된 내용을 사례화하기는 어려워 주로 해외 사례와 코칭 수퍼비전에서 이슈로 제기되는 내용을 중심으로 사례를 재구성해 활용해 왔다.

이후 해외에서는 『크리스찬 코칭을 위한 윤리와 리스크 관리』 (2016), 『코칭에서 가치와 윤리』(2017)등이 출판되었고, 모든 코칭 저술에는 코칭 윤리 관련 주제 논문이 한 편씩은 수록되었다. 그러나 첫 윤리 책이 창고에 쌓여 있는 것을 생각하니 출판에 엄두가 나지 않았다. 그 대안으로 정신건강 전문가와 코치를 위한 안내서 『ADHD 코칭』, 『코칭과 트라우마』(2022), 코칭과 심리치료의 경계를 다룬 『코칭과 정신건강 가이드』(2022) 『10가지 코칭 주제와 사례 연구』(2022) 등 코칭 윤리 이해를 배경으로 한 주제별 접근을 다룬 책에 집중해 출판해 왔다. 이 책들은 코칭 윤리를 심층적으로 이해하는 데 큰 도움이 될 것이다.

그런 와중에 해외에서 최근 코칭 윤리에 관한 두 권의 책이 새로 나왔다. 그 가운데 한 권이 바로 이 책인 『코칭 윤리 사례 연구』이다. 이 책은 일대일 코칭, 내부/사내 코칭, 팀 코칭, 수퍼비전 코칭 등을 망라한 40여 개의 사례로 구성되었다. 사례 제출자도 세계 전 지역에서 참여했다. 독자들은 이 사례만 보아도 코칭 윤리와 관련된 코칭 영역이 이렇게 넓고 모든 주제와 관련된다는 사실에서 시각을 확대할 수 있을 것이다. 이어서 이 책의 자매 편이자 기본이 된 해설과 연구 중심의 『코칭 윤리 연구와 실천 핸드북: 윤리적 성숙성과 실천을 위한 가이드』를 빠른 시일에 선보일 계획이다.

사례 연구 중심 교육은 코칭과 코칭 윤리에 대한 접근을 손쉽게 하고, 교육 참여자의 주체적 해석과 발언을 부각하고 이를 중심에 둘 수 있게 한다. 추가 설명이 필요한 부분에 대한 관심보다는 코칭 윤리 이슈를 중심으로 오늘날 우리의 상황이나 맥락 안에서 사례를 재해석 하는 게 필요하다. 또 사례에서 보여지는 '코칭 현장'의 실상을 함께 상상하는 것을 즐기며 윤리적 민감성과 윤리 이슈를 추가 발굴해 공부하면 큰 도움이 된다.

권두 논문 두 편에서는 '사례 연구'를 위한 다양한 방법론이 약술되어 있다. 사례 연구 방법 자체가 다양하게 발전되어 왔다는 것을 알 수 있다. 논문 집필자는 책에 제시된 사례 접근을 위한 목적, 과정, 관점이라는 세 축의 방법을 제시한다. 일단 이 같은 축으로 사례를 분석하는데 역자도 동의한다. 그렇지만 사례 연구를 위한 텍스트는 어떤 사례 연구 방법이나 시각으로 읽는 가에 따라 달라질 수 있다. 대표적인 예로 목적-과정-관점을 내러티브의 전개와 전환으로 다시 읽는 것이다. 인물, 상황, 사건, 관계 역동의 변화에 주목하는 것이다.

사례 보고는 사례 종결 뒤 이를 경험자가 자기 관점에서 재구성하고, 기밀 유지를 의식하며 변환하게 한다. 그러나 언제나 핵심 내용은 변화가 없다. 또 일정한 사례 기술문으로 재정리하면 더욱 다양한 관점으로 사례 분석을 가능하게 하는 텍스트가 된다. 이는 우리의 윤리 학습은 물론 코칭 사례 연구에 큰 획기를 마련해 줄 것이다.

언제나 그래왔듯 마감을 재촉하며 서투른 작업을 정리해 준 이상진 님과 정익구 코치의 지원에 감사드린다. 논문과 교육 등 분방한 일정과 산적한 과제를 앞두고 번역 마감과 대처에 힘써 준 김현주, 이서우 코치에게도 감사를 드린다. 우리의 이런 작은 노력이 모든 코치들이 윤리적 성숙을 이루는 데 큰 도움이 될 것을 믿는다.

2024년 8월 17일
발행인 김상복

호모코치쿠스

코칭 튠업 21
: ICF 11가지 핵심 역량과 MCC 역량

김상복 지음

뇌를 춤추게 하라
: 두뇌 기반 코칭 이론과 실제
Neuroscience for Coaching

에이미 브랜 지음
최병현, 이혜진 옮김

마음챙김 코칭
: 지금-여기-순간-존재-하기
Mindful Coaching

리즈 홀 지음
최병현, 이혜진, 김성익, 박진수 옮김

코칭 윤리와 법
: 코칭입문자를 위한 안내
Law & Ethics in Coaching

패트릭 윌리암스, 샤론 앤더슨 지음
김상복, 우진희 옮김

조직을 변화시키는 코칭 문화
How to create a coaching culture

질리안 존스, 로 고렐 지음
최병현, 이혜진 외 옮김

내러티브 상호협력 코칭
: 3세대 코칭 방법론
A Guide to Third Generation Coaching:
Narrative-Collaborative Theory and Practice

라인하드 스텔터 지음
최병현, 이혜진 옮김

임원코칭의 블랙박스
Tricky Coaching

맨프레드 F. R. 케츠 드 브리스 외 편집
한숙기 옮김

마스터 코치의 10가지 중심 이론
Mastery in Coaching

조나단 패스모어 편집
김선숙, 김윤하 외 옮김

코칭·컨설팅
수퍼비전의 관계적 접근
Supervision in Action

에릭 드 한 지음
김상복, 조선경, 최병현 옮김

정신역동과 임원코칭
: 현대 정신분석 코칭의 기초1
Executive Coaching:
A Psychodynamic Approach

캐서린 샌들러 지음
김상복 옮김

수퍼비전
: 조력 전문가를 위한 일곱 눈 모델
Supervision in the Helping Professions

피터 호킨스, 로빈 쇼헤트 지음
이신애, 김상복 옮김

코칭 프레즌스
: 코칭개입에서 의식과 자각의 형성
Coaching Presence: Building Consciousness and Awareness in Coaching Interventions

마리아 일리프 우드 지음
김혜연 옮김

멘탈력
정신적 강인함에 대한 최초의 이론적 접근
Developing Mental Toughness:
Coaching strategies to improve
performance, resilience and wellbeing

더그 스트리챠크직, 피터 클러프 지음
안병욱, 이민경 옮김

코치 앤 카우치
Coach and Couch

맨프레드 F.R. 케츠 드 브리스 외 지음
조선경, 이희상, 김상복 옮김

리더의 정치학
: 조직개혁과 시대전환을 위한 창발 리더십 모델
Leading Change: How Successful Leaders
Approach Change Management

폴 로렌스 지음
최병현, 윤상진, 이종학, 김태훈, 권영미 옮김

고용 가능성
고용+가능성 업그레이드 전략
Developing Employability and Enterprise:
Coaching Strategies for Success in the Workplace

더그 스트리챠크직, 샬롯 보즈워스 지음
조현수, 최현수 옮김

게슈탈트 코칭
바로 지금 여기
Gestalt Coaching: Right here, right now

피터 브루커트 지음
임기용, 이종광, 고나영 옮김

강점 기반 리더십 코칭
: 조직 내 긍정적 리더십 개발을 위한 가이드
Strength_based leadership Coaching
in Organization An Evidence based guide
to positive leadership development

덕 매키 지음
김소정 옮김

영화, 심리학과 라이프 코칭의 거울
The Cinematic Mirror for Psychology and
Life Coaching

메리 뱅크스 그레거슨 편저
앤디 황, 이신애 옮김

영웅의 여정
자기 발견을 위한 NLP 코칭
The Hero's Journey: A voyage of self-discovery

스테판 길리건, 로버트 딜츠 지음
나성재 옮김

VUCA 시대의
조직 문화와 피어코칭
Peer Coaching at Work

폴리 파커, 팀 홀, 캐시 크램,
일레인 와서먼 지음
최동하, 윤경희, 이현정 옮김

정신역동 마음챙김 리더십
: 내면으로의 여정과 코칭
Mindful Leadership Coaching
: Journeys into the interior

맨프레드 F.R. 케츠 드 브리스 지음
김상복, 최병현, 이혜진 옮김

실존주의 코칭 입문
: 알아차림·용기·주도적 삶을 위한 철학적 접근
An Introduction to Existential Coaching

야닉 제이콥 지음
박신후 옮김

공감으로 완성하는 코칭
: 평범함에서 탁월함으로
Coaching with Empathy.

앤 브록뱅크, 이안 맥길 지음
김소영 옮김

내러티브 코칭
: 새 스토리의 삶을 위한 확실한 가이드
Narrative Coaching: The Definitive Guide to Bringing New Stories to Lif

데이비드 드레이크 지음
김상복, 김혜연, 서정미 옮김

ADHD 코칭
: 정신건강 전문가를 위한 가이드
ADHD Coaching: A Guide for Mental Health Professionals

프란시스 프레벳, 아비가일 레브리니 지음
문은영, 박한나, 가요한 옮김

시스템 코칭
: 개인을 넘어 가치로
Systemic Coaching: Delivering Value Beyond the Individual

피터 호킨스, 이브 터너 지음
최은주 옮김

글로벌 코치 되기
: 코칭 역량과 ICF 필수 가이드
Becoming a Coach

조나단 페스모어, 트레이시 싱클레어 지음
김상학 옮김

시스템 코칭과 컨스텔레이션
개인, 팀 및 그룹에 대한 원칙, 실천 및 적용
Systemic Coaching & Consitellations

존 휘팅턴 지음
가향순, 문현숙, 임정희, 홍삼렬, 홍승지 옮김

10가지 코칭 주제와 사례 연구
: 20개 사례, 40개 논평, 720개 주석, 19개 실습 사례
Complex Situations in Coaching

디마 루이스, 폴린 파티엔 디오숑 지음
김상복 옮김

유연한 조직이 살아남는다
포스트 코로나 시대
뉴노멀이 된 유연근무제
Flexible Working

젬마 데일 지음
최병현, 윤재훈 옮김

인지행동 코칭
: 30가지 고유한 특징
Cognitive Behavioural Coaching: Distinctive Features

마이클 니난 지음
엘리 홍 옮김

쿼바디스
: 팬데믹 시대, 죽음과 리더의 실존적 도전
QUO VADIS?: The Existential Challenges of Leaders

맨프레드 F. R. 케츠 드 브리스 지음
고태현 옮김

코칭과 트라우마
: 생존 자기를 넘어 나아가기
Coacing and Trauma

줄리아 본 스미스 지음
이명진, 이세민 옮김

단일 회기 코칭과 비연속 일회성 코칭
: 30가지 고유한 특징
Single-Session Coaching and One-At-A-Time Coaching: Distinctive Features

윈디 드라이덴 지음
남기웅, 안재은 옮김

리더십 팀 코칭
: 변혁적 팀 리더십 개발을 넘어
Leadership Team Coaching

피터 호킨스 지음
강하룡, 박정화, 박준혁, 윤선동 옮김

코칭과 정신 건강 가이드
: 코칭에서 심리적 과제 다루기
A Guide to Coaching and Mental Health:
The Recognition and Management of Psychological Issues

앤드류 버클리, 캐롤 버클리 지음
김상복 옮김

팀 코칭 이론과 실천
팀을 넘어 위대함으로
The Practitioner's handbook of TEAM COACHING

데이비드 클러터벅, 주디 개년 편집
강하룡, 박순천, 박정화, 박준혁,
우성희, 윤선동, 최미숙 옮김

리더의 속살
: 추악함, 사악함, 기괴함에 관한 글
Leadership Unhinged: Essays on the Ugly, the Bad, and the Weird

맨프레드 F. R. 케츠 드 브리스 지음
강준호 옮김

웰다잉 코칭
생의 마지막 여정을 돕는
Coaching at End of Life

돈 아이젠하워, J. 발 헤이스팅 지음
정익구 옮김

정신역동 코칭
: 30가지 고유한 특징
— 현대 정신분석 코칭의 기초2
Psychodynamic Coaching: Distinctive Features

클라우디아 나젤 지음
김상복 옮김

리더의 일상적 위협
: 모래 늪에서 허우적거릴 때 살아남는 방법
The Daily Perils of Executive Life: How to Survive When Dancing on Quicksand

맨프레드 F. R. 케츠 드 브리스 지음
고태현 옮김

경영자의 마음
: 리더십, 인생, 변화에 대한 명상록
The CEO Whisperer: Meditations on Leadership, Life, and Change

맨프레드 F. R. 케츠 드 브리스 지음
강준호 옮김

리더십 팀 코칭 프랙티스(3판)
: 매우 효과적인 팀을 만드는 사례 연구
Leadership Team Coaching in Practice: Case studies on creating highly effective teams

피터 호킨스 편저
강하룡, 박정화, 윤선동, 최미숙 옮김

코칭심리학(2판)
실천연구자를 위한 안내서
Handbook of Coaching Psychology

스티븐 팔머, 앨리스 와이브로우 편저
강준호, 김태리, 김현화, 신혜인 옮김

팀 코칭 사례 연구
The Team Coaching Casebook

데이비드 클러터벅, 타미 터너 외 지음
박순천, 박정화, 우성희, 윤선동 옮김

팀 코치 되기
: 팀 코칭 가이드
Coaching the Team at Work: The definitive guide to team coaching

데이비드 클러터벅 지음
동국대학교 동국상담코칭연구소 옮김

수퍼바이지와 수퍼비전
: 수퍼비전을 위한 가이드
Being Supervised A Guide for Supervision

에릭 드 한, 윌레민 레구인 지음
김상복, 박미영, 한경미 옮김

지혜 방정식
: 불확실한 시대, 지혜로 이끄는 법
Leading Wisely: Becoming a Reflective
Leader in Turbulent Times

맨프레드 F. R. 케츠 드 브리스 지음
조경훈 옮김

코칭 윤리 사례 연구
Ethical Case Studies for Coach
Development and Practice

웬디-앤 스미스, 에바 허쉬 폰테스, 두미
사니 마가드렐라, 데이비드 클러터벅 편저
김상복, 김현주, 이서우 옮김

········· (출간 예정)

코칭수퍼비전의 이론과 모색
Coaching and Mentoring Supervision:
Theory and Practice

타티아나 바흐키로바, 피터 잭슨, 데이비드 클러터벅 편저
김상복, 최병현 옮김

탁월한 팀을 만드는 55가지 도구와 기법
: 팀 코칭 툴킷
The Team Coaching Toolkit: 55 Tools and
Techniques for Building Brilliant Teams

토니 르웰린 지음
박순천, 박정화, 윤선동 옮김

인지행동 기반 라이프코칭
Life Coaching: A Cognitive behavioural approach

마이클 니난, 윈디 드라이덴 지음
정익구 옮김

현대 코칭의 이론과 실천
The SAGE Handbook of Coaching

타티아니 바흐키로바, 고든 스펜스,
데이비드 드레이크 편저
김상복, 윤순옥, 한민아, 한선희 옮김

해결 중심 팀 코칭
Solution Focused Team Coaching

커스틴 디롤프, 크리스티나 뮐, 카를로
페르페토, 라팔 스자니아프스키 지음
김현주, 이서우, 정혜선, 허영숙 옮김

잡크래프팅
Persnalization at Work

롭 베이커 지음
김현주 옮김

조직개발 중심 팀 코칭
: 팀, 리더, 조직, 코치, 수퍼비전 접근
Team Coaching for Organisational
Development: Team, Leader, Organisation.
Coach and Supervision Perspectives

헬렌 징크 지음
김채식, 박정화, 우성희, 윤선동 옮김

관계 중심 팀 코칭
Relational Team Coaching

에릭 드한, 도로시 스토펠시 편저
김현주, 박정화, 윤선동, 이서우 옮김

잡크래프팅
: 자율적 직무재창조와 실천
ジョブ・クラフティング: 仕事の自律的再
創造に向けた理論的・実践的アプローチ

다카오 요시아키, 모리나가 유타 엮음
김현주, 이정숙 옮김

조직 역할 분석(ORA) 기반 코칭
Coaching in Depth: The Organizational
Role Analysis Approach

존 뉴턴, 수잔 롱, 버카드 시버스 지음
박정화 옮김

코칭 윤리 연구와 실천 핸드북
: 윤리적 성숙성과 실천을 위한 가이드
The Ethical Coaches' Handbook

웬디-앤 스미스, 조나단 패스모어, 이브 터너, 이-링 라이, 데이비드 클러터벅 편저
김상복 옮김

코칭 수퍼비전 가이드
Coaching Supervision: A practical guide for supervisees

데이비드 클러터벅, 캐롤 휘태커, 미셸 루카스 지음
김상복 옮김

101가지 코칭 수퍼비전 질문과 기술
101 Coaching Supervision Techniques, Approaches, Enquiries and Experiments

미셸 루카스 편저
김상복, 김현주, 이서우, 정혜선, 허영숙 옮김

동료 수퍼비전
: 코칭과 멘토링의 성찰적 실천
Peer Supervision in Coaching and Mentoring: A Versatile Guide for Reflective Practice

태미 터너, 캐롤 휘태커, 미셸 루카스 지음
김현주, 박정화, 이서우, 정혜선, 허영숙 옮김

호모스피릿쿠스

나르시시스트와 직장생활하기
Narcissism at Work: Personality Disorders of Corporate Leaders

마리 린느 제르맹 지음
문은영, 가요한 옮김

정신분석 심리치료의 기본과 실천
: 정신분석·지지적 심리치료와의 차이

아가쯔마 소우 지음
최영은, 김상복 옮김

조력 전문가를 위한 공감적 경청
共感的傾聴術
:精神分析的に"聴く"力を高める

고미야 노보루 지음
이주윤 옮김

코로나 시대의 정신분석적 임상
'만남'의 상실과 회복
コロナと精神分析の臨床

오기모토 카이, 키타야마 오사무 편집
최영은, 김태리 옮김

트라우마와 정신분석적 '접근'
핵심 이론과 일곱 가지 사례
トラウマの精神分析的アプローチ

마쓰기 구니히로 편집
김상복 옮김

라캉 정신분석 치료
이론과 실천의 교차점
ラカン派精神分析の治療論

아가사가 가즈야 지음
김상복 옮김

코칭 A to Z

**누구나 할 수 있는
코칭 대화 모델**
: GROW_candy 모델 이해와 활용

김상복 지음

세상의 모든 질문
: 아하에서 이크까지,
  질문적 사고와 질문 공장

김현주 지음

**첫 고객·첫 세션
어떻게 할 것인가**
(1) 윤리적 가이드라인과 전문가 기준
    에 의한 고객 만남
(2) 코칭 계약과 코칭 동의 수립하기

김상복 지음

코칭방법론
: 조직 운영과 성과 리더십 향상을
  돕는 효과성 코칭의 틀

이석재 지음

코치 100% 활용하는 법
: 코칭을 만난 당신에게

김현주, 박종석, 박현진, 변익상,
이서우, 정익구, 한성지 지음

실전 코칭 운영과 코칭 스킬
: capability, skill, narrative

김상복 지음

코칭 하이브리드

영화처럼 리더처럼
: 크고 작은 시민리더 이야기

최병현, 김태훈, 이종학,
윤상진, 권영미 지음

마음챙김 코칭
: WHO에서 실행까지
Mindfulness Coaching: Have
Transformational Coaching Conversations
and Cultivate Coaching Skills Mastery

사티암 베로니카 찰머스 지음
김종성, 남관희, 오효성 옮김

사랑하는 사람의 상실로
슬픈 나를 위한 셀프 코칭
슬픈 나를 위한 코칭

돈 아이젠하워 지음
안병욱, 이민경 옮김

**고통의 틈 속에서
아름다움 찾아내기**
: 슬픔과 미망인의 여정에 대한 회고

펠리시아 G Y 램 지음
강준호 옮김

코쿱북스

코칭의 역사
Sourcebook Coaching History

비키 브록 지음
김경화, 김상복 외 15명 옮김

101가지 코칭의 전략과 기술
: 젊은 코치의 필수 핸드북
101 Coaching Strategies and Technique

글래디나 맥마흔, 앤 아처 지음
김민영, 한성지 옮김

리더십을 위한 코칭
Coaching for Leadership

마샬 골드 스미스,
로렌스 라이언스 외 지음
고태현 옮김

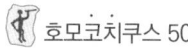 호모코치쿠스 50

코칭 윤리 사례 연구

초판 1쇄 발행   2024년 8월 17일

| 펴낸이 | 김상복
| 지은이 | 웬디-앤 스미스, 에바 허쉬 폰테스, 구미사니 마가드렐라,
           데이비드 클러터벅
| 옮긴이 | 김상복, 김현주, 이서우
| 편 집 | 정익구
| 디자인 | 이상진
| 제작처 | 비전팩토리
| 펴낸곳 | 한국코칭수퍼비전아카데미
| 출판등록 | 2017년 3월 28일 제2018-000274호
| 주 소 | 서울시 마포구 포은로 8길 8. 1005호
문의전화 (영업/도서 주문)
          전화 | 050-7791-2333
          메일 | jyg9921@naver.com
          편집 | hellojisan@gmail.com
www.coachingbooks.co.kr
www.facebook.com/coachingbookshop

ISBN 979-11-89736-61-3 (93180)
책값은 뒤표지에 있습니다.

코칭북스는 한국코칭수퍼비전아카데미의 코칭 전문 브랜드입니다.